이야기하기로 본

제주의 원풍경 아이덴티티

질적연구방법론의 전개
심리학적 어프로치

오 선 아 吳宣兒

한국어 번역판을 내면서

지금은 2016년 10월 가을입니다.

이 책은 2000년 7월 일본의 큐슈대학에서 박사학위를 받고 2001년 6월 당시의 후쿠오카에 있던 '재단법인 아시아태평양센터'(현재는 '재단법인 후쿠오카 도시과학연구소'와 통합하여 '공익재단법인 후쿠오카 아시아 도시연구소')의 출판 조성금을 받아 학위논문인 「語りから見る原風景の構造と心理的機能(이야기하기로 보는 원풍경의 구조와 심리적 기능」)을 「語りからみる原風景—心理学からのアプローチ(이야기하기로 보는 원풍경-심리학적 어프로치」로 수정하여 일본어판 단행본으로 펴낸 것을 이번에 한국어로 번역, 출판하는 책입니다.

마침 원풍경 논문의 집필이 끝나고 일본어판 책이 출판될 당시 제주도에서는 제주의 국제자유도시화를 위한 논의가 한창이었고 "제주국제자유도시 기본계획(2001년)" 및 "제주국제자유도시특별법(2002년)"이 차근차근 공포·시행되기에 이르렀습니다. 제주도가 제도를 앞세워 국제자유도시화를 지향해 가는 이상 제주도 사람들의 삶의 모습과 자연의 풍경들과 아이덴티티를 형성하고 있는 원풍경이 많이 변해가는 건 필연일 수 밖에 없다는 막연한 불안을 느꼈던 것이 생각 납니다. 이런 배경속에서 2002년 2월에 제주발전연구원 주최로 큐슈대학의 미니미 히로후미(南 博文)지도교수님과 도시환경디자인 전공의 대학원생들 그리고 제주도발전연구원의 연구원들과 제주전문대학 교수 및 제주대학교의 교수님들 몇 분과 같이 '국제자유도시를 지향하는 제주의 원풍경'이라는 제목하의 소규모 심포지움을 행한 바도 있습니다.

일본에서 책을 내고 벌써 15년이나 지났습니다. 학문의 흐름과 축적도 끊임없이 변하고 논문을 위해 조사를 했던 제주도도 너무나 많이 변했다고 느낍니다. 어느 날부터인가 제주도에 '제주 올레길' 코스가 지정되는 등 이제 제주도의 원풍경 · 제주인의 아이덴티티의 일부가 관광상품화 되었다는 생각이 들었습니다. 원풍경은 그냥 옛날 풍경이 아니라 마음속에 살아있는 장소와 공간 자연과 사람들의 삶이 얽혀진 심리적 가치를 갖고 있는 풍경입니다. 고향집에 들를 때 마다 제주도의 우리집 올레는 걷지만 관광코스로 명명되어 상품화된 새로운 올레길이라는 그 번호가 매겨진 산책길들은 아직 걸어보지 못했습니다.

이 책은 일본에서 15년 전에 출판된 소위 옛날 책이라고 할 수 있지만 연구의 진행속도나 한국의 현실안에서는 감히 현재의 책이라고 생각합니다. 나아가 한국심리학계에서도 질적연구의 예가 요구되고 있어 모자라지만 또 그냥 15년 전 모습 그대로 우선 한국어로 번역해서 출판하게 되었음을 밝힙니다. 원풍경에 대한 연구가 그리 많이 진행되지 않아 아직도 새로운 테마이고, 관광객과 이주민들이 많이 들어오는 제주도라는 현재의 상황이 원풍경이라는 키워드로 생각해 봐야할 시점이나 상황인 것같아 본 연구가 현재진행형이며 미래를 연구해 가야 할 테마라는 생각이 드는 것도 사실입니다.

책 제목도 키워드도 원풍경이고 그 조사 지역 조사협력자들이 제주도 거주자들이긴 하지만, 이책은 제주도의 원풍경 자체를 일일이 조사하거나 제주도만의 연구서가 아닌 이론서로서 기초적인 연구서입니다. 제주도의 아이덴티티 연구의 선결과제라는 인식하에 원풍경이라는 일상 용어를 학문적인 영역에서 검토하기 위한 개념을 만들고, 그 개념간의 관계를 통해 구조화 해가며, 원풍경을 취하는 시점과 방법을 제시한다는 점에서 새로운 아이덴티티의 이론서라 해야 더 가까울 것도 같습니다.

원풍경 연구는 지역개발 도시개발에 관련하는 건축학 영역이나 마을 만들기 · 지역 만들기 활동을 하는 실천의 장에서 참조하고자 할 때가 많습니다. 저는 심리학속에서 원풍경 연구를 해서인지 그냥 모양이나 형태자체 보다는 개개인의 장소 · 공간 · 자연 등의 체험을 바탕으로 하는 마음속에 있는 기억 · 추억 · 느낌 등과 관련되는 것들을 중요하게 생각합니다. 너무나 당연해서 자기 스스로는 소중하다고 느끼지 못하다가 그것들이 파괴되거나 왜곡, 변경되거나 상실해 가는 상황에 접했을때 원풍경에 대해 좀더 의식적으로 보게 되는 경우도 있을 겁니다. 도시개발이나 지역만들기를 해나갈 때 '경제적 가치'나 '실용가치'는 계획의 발상에 금방 반영되기 쉽다고 생각합니다. 원풍경의 발상은 특히 주민이나 시민들의 '심리적 가치'로 볼 수 있습니다. 사실 더 중요한 이러한 심리적 가치는 경제적 가치로 연결이 잘 되지 않아 아주 쉽게 무시되기도 하겠지요. 한편 심리적 가치가 상품화와 연결되어 그 상품화 자체가 목적적이 되기도 합니다.

저는 원풍경연구로 이 논문을 썼는데, 원풍경에 접근하기 위해서 '같이 이야기하는 방법'으로 조사하여 질(質)적 분석을 했습니다. 제가 학위를 받고 일본문부성 산하기관인 일본학술진흥회 특별연구원으로 채용되어 포스트닥터의 과정을 밟게 된 2000년 당시는 일본에서는 양(量)적 연구 방법이 메이져여서(지금도 그렇지만) 질적연구방법으로 박사학위를 받는 논문은 그리 많지 않은 상황이었습니다. 박사과정에 있을 때와 학위를 받고나서 학회 등에 초청받아 많은 발표와 심포지움을 하게 되었는데 심리학적인 '원풍경'으로 보다는 연구방법론의 실제 예로서 더 주목을 받아 '질적연구 방법론'으로 많이 불려 다녔습니다. 그리고 또 하나의 연구 영역이기도 한 구술연구, 제가 '이야기하기'라고 표현하는 내용은 일본어로는 '語り(가타리)' 심리학에서는 영어로 'Narrative(네러티브)'입니다. 이 책에서는 네러티브 자체의 리뷰는 깊게 하지 않았습니다만 네러티브 연구의 맥락으로 이해하셔도 된다고 봅니다. 제가 질적연구 방법론으로 발표를 많이 하게 된 이유는 거대 이론가들의 방법을 답습하거나 억지로 끼워맞추지 않고 오직 데이터 속에서 나타나는 것을 취하여 저 스스로 개념과 구조를 밝히는 장치를 만들면서 수행했기 때문인지도 모릅니다(거대 이론가들의 방법을 배울 필요가 없다는 뜻이 아니니 오해 않길 빕니다). 그리고 삭년 2015년과 올해 2016년 여름에 한국심리

학회 연차대회에서 한국의 연구자들과 관계학자들의 초청으로 저의 연구를 발표, 소개하는 기회를 가진 바 있었는데 또한 그 섹션이 '질적연구 마당' 이었습니다.

이 연구를 제주의 원풍경과 제주인의 아이덴티티를 취하는 하나의 구체적인 예로서, 원풍경을 이해하는 이론서로서, 구술연구의 일 예로서, 질적연구 방법론의 한 예로서 참조해 주신다면 더없이 기쁘겠습니다. 이 번역본은 잘 다듬어지지 않고 모자란 점도 많을 것입니다. 앞으로 다시 기회를 잡고 논문 형태가 아닌 일반인들도 쉽게 접할 수 있는 일반서적으로 새로운 모습을 보일때 좀 더 개선되고 알기 쉽게 쓰고자 노력할 것입니다.

끝으로, 저의 연구를 위해 원풍경 이야기 하기에 참여해 주시고 인터뷰와 설문 등에 협조해 주신 분들에게 다시한번 심심한 사의를 표합니다. 그리고 이번 한국어 출판 이전에 제주도 현지에서 저와 함께 2002년 처음으로 원풍경 논의의 터를 마련해 주셨던 당시 고충석 제주발전연구원장님, 조성윤, 고동희, 김태일, 오윤근, 양상호 등 제 교수님들과 한림화, 박원배 연구원님께도 그 선견지명에 깊은 공감을 표하는 바입니다. 또 제주문화를 사랑하는 김천석, 오정숙님 등 뜻을 같이 하는 분들의 조언과 격려에도 감사드립니다.

무엇보다도 와병중이신 어머님 간병에도 불구하고, 매사에 느릿느릿한 저에게 언제나 조언과 격려를 하며 번역과 사진, 디자인 등을 도와준 남편 이영운과 미국 유학중인 딸아이 한빛의 힘이 가미되어 번역이 이루어졌음을 밝힙니다. 또한 어려운 여건에서도 번역출판비의 일부를 지원해 주신 제주발전연구원 제주학연구센터의 박찬식 센터장님과 좌혜경 박사님 및 연구원 여러분들, 편집을 담당해서 일일이 작업을 해 주신 온누리출판사 김용택 사장님과 김애심님께도 고마운 말씀을 드립니다.

2016년 10월 새벽 일본 다카사키 서재에서...

(일본어판) 출판에 부쳐

규슈대학(九州大学) 대학원 인간환경학연구원
교수 미나미 히로후미(南博文)

본 서는 한국의 제주도에서 태어나고 자란 필자인 오선아(吳宣兒)가 펼쳐 낸 「원풍경론(原風景論)」이다. 원래 박사논문으로서 규슈대학에 제출된 연구논문이어서 서술의 문체는 딱딱한 논문체이지만 데이타를 중심으로 탄탄하게 써 낸 실증성이 대단히 높은 내용으로 되어 있다. 사실은 저자 본인의 살아있는 목소리로 다시 쓰는 것이 더 생생하고 더 좋을지도 모른다. 저자는 평소에도 아주 정열적으로 이야기하는 사람이어서 그 편이 더 이 책에서 말하고 싶은 것, 전달하고 싶은 것이 직접적으로 표현될 것이라 생각하기 때문이다. 이러한 느낌의 일단은 저자가 쓴 「서문」에 잘 나타있다고 생각된다.

그러나, 본 서는 일부러 오선아의 박사논문 그대로 세상에 내 놓고 토론을 청하는 형태로 원형을 유지할 필요가 있다고 생각되어 출판에 이르게 되었다. 그리고 저자인 오선아가 「서문」에서도 밝히고 있는 것처럼 원풍경에 관해서는 아직도 잘 이해되지 않는 점들이 수북히 쌓여 있어서 자신의 언어로 다시 쓰여지는 기회가 오는 것은 아주 나중이 되리라고 생각되기 때문이다. 그것은 언젠가는 다른 형태의 책으로 되어 세상에 보여질 날이 오리라고 믿지만, 우선은 이제 막 묶어낸 원풍경 연구의 성과를 신선도가 높은 지금 바로 세상에 내어 보이는 게 더 바람직하다고 생각되었다.

「원풍경(原風景)」이라고 하는 이 매력적인 개념은 일상의 개인이 이야기하면서 풀어내 녹이고 해석해 가면서 개인을 초월한 지역 · 나라 · 문화 · 민족 · 시대 등 공동체의 차원으로까지 관점을 넓혀 나갈 수 있게 하는 시점을 획득하는 것이 본 서에서 목표로 삼아온 것이다. 오늘날 주변에서 어렵지 않게 접할 수 있는 「원풍경」이라고 하는 용어를 환경심리학, 문화심리학, 발달심리학의 분석개념으로서 실제로 적용해 보려고 시도하는 단계에서 가로막는 커다란 과제가 있었다. 이러한 과제는 아직까지 충분히 해결되지 않았지만 이번 오선아의 「이야기하기를 통한 원풍경」이라고 하는 시점에 의하여 열려진 필드는, 앞으로 점점 열매를 맺어가는 연구성과들을 이끌어내게 할 유망한 원풍경의 선행연구라고 확신한다.

한국의 제주도라고 하는 지역에 한정하여, 철저하게 개인으로서 서로 이해하고 알고 있는 협력자(조사대상자)들과 이야기 해 가는 현장 속에서 엮어내어진 몇 가지의 분석개념과 그것을 서로 묶어 연결시킨 가설군은, 이제부터 많은 지역과 맥락 속에서 연마되어 갈 것이다.

실제 이 책 안에서 펼쳐지는 「개인 이야기하기에서- 공동 이야기하기에로」라고 하는 원풍경을 파악할 때의 시점은, 나 자신이 현재 진행하고 있는 원풍경을 테마로 한 지역만들기 워크샵의 실천에도 적용하고 있다. 그것은 저자인 오선아의 고향인 제주도와 지리적으로도 가깝고, 자연환경은 물론 농업 · 어업 · 관광 등이 주요 산업인 사회적 측면도 서로 비슷한 특징을 가지고 있는 후쿠오카켄(福岡県)의 이또시마(糸島) 반도에서의 실천활동을 가리킨다. 지역의 원풍경을 화제로 한 이야기하기 현장을 창출하여 그로부터 지역의 과제나 장래상을 부각시켜 나가려고 하는 시도이다. 여러가지 풀어야 할 과제를 안고 있는 지역만들기 · 마을만들기의 실천에 있어서 원풍경이라는 다수의 지역 사람들이 공감이 가는 구체적인 이미지의 확인에 의해서, 서로 이야기하는 현장이 부드러워져 가고 초점을 잃지 않고 잘 유지되어 간 경험적인 사실이 있다.

산업의 구조가 현저하게 달라지고 있는 시점에서 새로이 이사해 와서 사는 신주민과 조상 대대로 그 터전을 일구며 살아온 구주민들과의 사이에는 사고방식이나 가치관의 측면에서 많은 차이점이 있어 양자의 대화가 어렵다고 하는 현재 일본의 지역 어디에서나 나타나고 있는 그런 문제가 이 지역에도 있다. 「자연으로 둘러쌓여 있는 곳이어서 여기에 왔다」라고 하는 것은 도시에서 들어온 사람들이 말하는 바이지만 그런 자연을 가꾸고 유지하기 위해서 얼마만큼의 땀을 오랜 세월 동안 흘려왔는가에 대하여는 아마 상상할 수 있을지는 몰라도 이주 도시민에게는 쉽게 실감할 수 없는 일일 것이다. 이러한 「신주민」들은 자연이 좋다고 말하면서 지역에서 공동으로 작업하는 풀베기 날마저도 참가하지 않는다고 하는 것이 「구주민」들의 불만이다. 더 안 좋은 것은 일요일에 드라이브 나온 마이카족들이 차밖으로 내던져 버리는 온갖 쓰레기들이다. 지역의 노인회가 일요일에 볼란티어로 나와 그 쓰레기들을 줍거나 하는 안타까운 현실이다. 결국 자연, 자연이라고 말들을 하면서 도시주민들은 즐기기만 하는 에고이즘 같은 것이 아닌가 하는 불만이 나온다.

한편, 신주민은 그 나름의 자부하는 만큼의 의식을 지니고 이런 곳을 선택하여 살기 시작한 경우도 상당 부분 존재한다. 그들은 도시를 경험하고 그 좋은 점과 나쁜 점 모두를 깨달은 후에 자신들의 가치관에 맞는 그런 곳에서 살려고 결심한 사람들이다. 때문에 그 지역의 자연이 파괴되거나 하는 것은 여간 가슴 아픈 일이 아니다. 산을 남김없이 밀어버리고 도로에서 버젓이 보이는 구석에 폐차더미가 쌓이는 등 「풍경의 파괴」에 분노를 금치 못한다. 왜? 이런 일들이 벌어지는 것인가. 농업으로는 더 이상 먹고 살 수 없게 된 전답의 소유자가 이후의 문제를 생각할 여유도 없이 부동산업자에게 그 땅을 팔아버린 때문이다. 그리고 한 번 손을 떠난 전답은 되돌릴 수 없는 경제논리에 의해 아무렇게나 다루어지게 되는 것이다. 왜? 이 지역의 귀중한 자원인 아름다운 풍경, 이 지역다운 삶의 모습들을 지켜내지 못하는 것인가. 외부에서 온 의식있는 「신주민」들이 입술을 깨물게 되는 안타까움이 묻어나는 대목이기도 하다.

이런 대립의 뿌리는 깊다. 이또시마군(糸島郡)의 시마마치(志摩町)에서 여러 차례 거듭된 워크샵에서도 토론하면 할수록, 또 서로의 본심을 내놓고 이야기하면 할수록 그 간격은 더 벌어지는 분위기만 감돌게 되는 것이었다. 그 때 양쪽 상대방을 이어줄 수 있는 접착제가 될 것같은 생각이 바로

「원풍경(原風景)」이었다. 다행스럽게 이또시마군에는 가야산(可也山)이라고 하는 지역민이면 모두가 아끼고 사랑하는 산이 있었다. 초등학교 어린이들의 「내가 좋아하는 내 마을의 풍경화」라는 컨테스트에서도 푸르른 하늘을 배경으로 초록빛이 도드라지게 투영되어 오는 가야산이 언제나 그려질 정도이다. 작문콩쿨에서 1등을 한 중학생의 문장에서는 다음과 같은 서술이 있었다.

> *......어느날 만일, 하느님께서 「이 가야산을 하고 싶은데로 하세요」라고 말씀하신다면 저는 기쁜 마음으로 당장 이렇게 하겠습니다.*
>
> *먼저 휘발유를 사용하는 차들을 전부 충전식 태양열 자동차로 바꾸겠습니다. 그러면 풀들도 오염된 공기를 마시지 않게 되겠지요.*
>
> *그 다음으로 산의 개발을 그만두겠습니다. 지금보다 더 집을 지어야 할 필요가 있을까요? 나무를 베어버려서 붉은 흙이 내다 보이는 산을 본다는 건, 상상만 해도 너무나 마음이 아프고 삭막한 일이예요.....*

이 글에는 「풀들」이 호흡하는 공기의 경우를 염려하고, 산이 깍아져 내려 붉은 흙이 드러나는 사태에 대하여 「너무나 마음이 아프고 삭막한 일」로 다가오는 느낌의 상태를 자신의 몸과 마음 전체로 응답하는 감성이 엿보인다. 나는 워크샵에서, 이 작문을 쓴 장본인을 오게 하여 참가자 전원에게 그 때의 생각을 말해주도록 부탁했다. 그리고 같은 해에 작문 컨테스트에서 수상한 다른 학생들에게도 참석하게 하여 대담하도록 했다. 그 소년소녀들은 이미 대학생이 되었지만 작문에 써있는 생각은 지금도 변함없이 강하게 살아 숨쉬고 있는것 같았다.

여기서 주목해야 할 현상은, 저자가 밝혀낸 바대로 각자의 「개인 이야기하기」가 자신들의 지역에 대한 공통된 바램이나 추억 혹은 장래에의 기대라고 하는 형태로 「공동 이야기하기」로 향하여 스스로 진전되어 간다는 프로세스이다. 그리고 당시 어린 아이였던 그 소년소녀들의 이야기하기에 귀를 기울이고 있던 지역의 유지인 어른들도 그동안 드러난 의견대립이나 이해관계를 초월하여 「지역의 보물」인 산과 바다, 전답과 맑은 공기, 더구나 그 속에서 자라나고 배우는 아이들이라고 하는 공통의 관심사라는 것으로 모아지게 하는 듯한 분위기가 그 모임의 현장에서 살아나기 시작하였던 바로 그 것이다. 저자인 오선아가, 이 책에서 설명하고 있는 이러한 원풍경이 갖는 공동성을 만들어내는 힘이라는 것은 바로 그런 것이 아니었을까 하는 생각을 떨쳐버릴 수 없다. 왜 원풍경은 그와 같은 기능을 가지고 있는가, 또 그 프로세스가 보다 유효하게 진전되려면 어떤 내부동력이 필요한가 하는 등의 실천적인 문제로서, 본 연구에서 명확하게 밝혀 낸 몇 가지의 가설적인 모델은 일정부분 효력이 있을 것으로 보인다. 향후 학문적으로나 실천적인 측면에서나 한층 더 검증을 거듭해 나가는 것을 통하여 「원풍경으로 살펴 본 지역의 생활세계」로까지 보다 더 유효한 어프로치가 도출되기를 기대한다.

현재는 다만 한국의 제주도라는 독특한 지역풍토, 문화가 있는 필드에 있어서 그 탐험의 단서가 풀어지기 시작한 것일 뿐이다. 「이야기하기로 본 원풍경」이라고 하는 오선아가 개척한 시점은, 이제부터 일본을 포함한 아시아의 여러 나라의 다양한 토양 위에 서서히 그 자체의 생명을 얻어 초목처럼 뿌리내리고 자라날 것이 틀림없다.

본 서를 읽고 파악해 갈 여러분으로부터 솔직한 의견이나 평을 청하고 싶다. 오선아는 앞으로도 쭉쭉 뻗어가는 원기 왕성하고 정신적으로도 터프한 연구자이며, 한 아이의 엄마이며, 아내이며, 태어나고 자란 고향 제주를 사랑하는 사람이다. 박사논문을 집필하는 도중에 이 세상의 생명을 받고 태어난 사랑하는 자신의 딸 한빛과 더불어 본 서의 아이디어가 올곧게 무럭무럭 자라나기를 나도 함께 응원해 갈 것이다.

(일본어판) 서문

원풍경(原風景)
나의 원풍경
지역의 원풍경
일본인의 원풍경
인류의 원풍경........

이런 키워드와 마주칠 때, 여러분들은 어떤 이미지를 떠올리게 되는지요. 아마 이 궁금한 물음에 대하여는 다양한 관점으로부터 나오는 다음과 같은 몇 가지의 답이나 해석들을 붙힐 수 있겠지요.

…나 자신이 태어나고 자란 고향의 풍경이, 나의 원풍경입니다.
…논밭의 풍경은, 일본인의 원풍경이라고 말할 수 있지 않을런지요.
…일본의 옛날 이야기인 카치카치야마(かちかち山)에서 묘사된 풍경은, 일본의 원풍경이라는 생각이 듭니다.
…지금까지 아주 강렬하게 기억 속에 남아 있는 시골에서의 해질녁 풍경은, 나의 원풍경입니다.
…어린 시절 비밀기지를 만들거나 하면서 놀던 일이 나의 원풍경이지요.
…나는 너무 많이 이사를 다녀서 원풍경을 가지고 있지 않아요.
…도심지에 살았었기 때문에 공원 정도밖에 생각나지 않습니다.
…나의 원풍경은 골목입니다.

저 자신이 「원풍경」에 관한 연구를 시작하기 이전이나 지금까지도 계속

되는 질문들이 있고 스스로 가슴에 품어 온 소박한 의문점들도 숱하게 많았습니다.

원풍경은 개인에게만 존재하는 이미지입니까, 아니면 그와 더불어 집단적인 형태의 것입니까?

원풍경이란 긍정적인 것만을 지칭합니까, 또 그와 함께 부정적인 측면도 포함하고 있습니까?

나는 원풍경이라는 감각을 잘 이해할 수 없는데, 원풍경은 어느 누구나 가지고 있는 것입니까?

처음으로 와 본 곳인데 무엇인가 좋은 느낌이 있고, 언젠가 왔었던 기분(데쟈브 현상)이 드는 것은 원풍경과 관련이 있습니까?

원풍경은 한 장면의 신(scene)입니까, 아니면 모든 장면이 연결된 연속적인 신으로 떠오르는 그런 것입니까?

원풍경의 수용태세가, 사람들마다 다른 점이 나타나고 있다면 어떤 이유에서 그러한 것입니까?

제각각인 원풍경에 대한 정의를 확실하게 내린다면 어떤 것입니까?

(이상과 같은 의문을 포함하여, 현 시점까지의 원풍경연구의 흐름을, 본 서의 「제1장 원풍경연구의 동향과 전개」에서 상술하였습니다.)

한편, 원풍경 연구에 대한 나 자신의 자세나 입장은 이러한 의문 · 질문들을 스스로 껴안은 채 언제나와 같은 일상생활의 흐름 속에서 우리가 부지불식간에 체험하고 있다고 추측되는 원풍경에 관하여 가능한 한 구체적으로 탐색해보고자 하는 것이었습니다. 하지만 아직 이 의문점들에 대하여 온전하게 확실히 답할 능력은 없습니다. 다만 나 자신의 데이터를 근거로 한 부분과 조사연구에 의하여 새로운 발견이라고 판단되는 부분에 대해서는 내나름의 해답을 내 놓을 수는 있습니다.

저는 한국의 최남단의 작은 섬 제주도(濟州道)에서 태어나고 자랐습니다. 섬의 한 가운데에는 한라산(漢拏山)이라고 하는 남한에서 제일 높은 산이 있고, 구릉과 밭과 돌들이 어우러진 전원적 특징을 보이는 화산섬입니다. 집 입구 가까운 교차로에는 큰 폭낭(에노키, 榎木)이 있고 그 나무 둘레에는 큰 돌들을 세멘트로 고정시켜 만든 사람들이 앉을 수 있게 만든 「자리(팡)」가 있었습니다. 그 곳에 서서 보면 멀리 한라산과 주위의 오름(기생화산인 작은 봉우리)들이 펼쳐지듯 눈으로 들어왔습니다. 계절마다 바뀌는 산의 색깔과 그날 그날의 날씨에 따라 달리 느껴지는 분위기가 새롭기만 했습니다. 산허리를 잇는 곡선이 완만하여 따스한 날이면 마치 거인이 햇빛을 즐기면서 낮잠을 자고 있는 듯이 보인다고 줄곧 생각하고 있었습니다.

그 나무 아래 자리(팡) 주변의 공간은 내 어린 시절의 하나의 생활 거점이라고 말할 수 있는데 매일같이 아이들이 모여 무언가가 시작되는 곳이기도 합니다. 그 곳에 가면 틀림없이 누군가가 와 있습니다. 혹 아무도 없어도 산을 올려다 보며 앉아 있노라면 좋은 기분이 되었습니다. 가끔씩 지나치는 자동차, 방과 후에 조용해진 토평초등학교, 집집마다 주위를 둘러싼 돌담과, 그 돌담을 따라 울창하게 자란 방풍림, 그 사이로 그늘져 있는 흙바닥의 좁은 어두침침한 골목길. 거기에 있는 큰나무에는 뱀이 엄청 많은데 그 뱀을 쳐다 보면 손이 썩어버린다는 말이 생각나 얼른 손을 등뒤로 돌린 채 그 뱀들에게 안들키려고 했던 일들…… 회상하기 시작하면 한정없이 옛 일들이 떠오릅니다.

1992년, 저는 어린이의 집단보육에 관한 영역을 공부할 목적으로 일본 도오쿄에 있는 오차노미즈 여자대학(お茶の水女子大学)의 무또 타카시(無藤隆)연구실 소속으로 석사과정에 입학했습니다. 발달심리학을 중심으로 공부를 하면서 보육원에서 어린이에 대한 관찰학습을 하기도 했습니다. 그러나 언어도 문화도 다른 일본에서 그것도 학부 때의 전공이 아닌 영역을 뒤늦게야 새롭게 일본의 우수한 학생들과 똑같이 공부해나가야 하는 당시

의 저의 상황은 만만한 보통의 노력만으로는 그 출발선에도 설 수 없는 지경이었습니다. 거의 매일 새벽부터 늦은 밤까지 학교 도서관과 연구실에 틀어 박혀야 하는 중압감 속의 연속된 생활이었던 것이지요.

이러한 때 너무나 피곤해서 근처의 공원 벤치에 앉아 있노라면, 예의 한라산의 모습이 눈 앞에 아른거렸습니다. 따스한 햇살을 즐기면서 거인이 낮잠을 자고 있는 듯한 그 편안하고 평화로운 산의 자태가 떠오르는 것이었습니다. 그러면 저는 곧 원기있는 생활로 되돌아 올 수 있었습니다. 정말로 우연이었지만, 이런 생활과 체험을 반복하고 나서는 의식적으로 또한 보다 더 적극적으로 나 자신의 체험을 활용했다라고 말할 수 있을 정도로 이른바 상기활동(想起活動)을 했던 것이 아닌가 생각합니다. 당시 살고 있던 도오쿄의 목조주택 근처 공원에서 바람을 느끼면서 시시각각 변하는 나무와 풀들과 하늘, 구름의 모양을 쳐다보면서 저는 나 자신이 예전에 매일같이 보아왔던 한라산의 풍경이나 집 앞의 큰 나무 주변에서 시작되던 여러가지 놀이나 일들과 풍경들을 바로 그 공원 벤치에서 즐기고 있었던 것입니다.

어린 시절의 자연체험, 자연관, 환경가치관 등을 키워드로 한 석사논문을 거의 마무리해 갈 무렵이던 이 때 한 문헌 속에서 「원풍경(原風景)」이라는 어휘를 마주하게 되었는데 「아! 바로 이것이다」 하는 직감이 나 자신을 흥분 속으로 몰아 넣었습니다. 그 동안 나 자신이 줄곧 체험해 온 감각과 석사논문 속의 「자연」, 「체험」이라는 어휘를 가지고 논증하면서 설명해 보고자 해왔던 과정이 이 원풍경이라는 용어로 바꾸어 쓴다면 아주 명쾌하게 설명할 수 있을 것같은 예감이 들었던 것입니다.

거의 같은 시기에 환경심리학이라는 분야가 있다는 것도 알게 되었고, 이 분야에 관한 지식은 거의 없을 때였지만 「환경심리학」의 분야에서 「원풍경」이라는 키워드를 써서 「환경」과 「인간」에 대한 존재양식 · 관계양식에 관하여 보다 근원적으로, 또 심리학적으로 연구할 수 있는 길이 있을 것 같은 생각이 들었습니다. 최근에 급부상하고 있는 개발과 지구환경문제에 대해서도 당위론적인 오염원이나 문제행동의 해결이라는 시점에 머무르는 것이 아니라, 인간본래의 살아가는 모습으로써 원풍경을 실마리로 탐구해 보고 싶다고 생각했습니다.

그리고 1996년, 마침내 환경심리학 연구실이 있는 큐슈대학(九州大學) 박사과정으로 입학했습니다. 역시 박사논문의 테마는 「원풍경」을 키워드로 하는 연구로 결정했습니다.

나 자신의 체험에 의존해 가면서, 원풍경이 단순하게 얼마간의 공간 · 풍경 · 장소 등으로 묶어 놓는 것이 아니라 상기활동(想起活動)을 하는 과정 속에서야말로 비로소 살아 숨쉬는 원풍경이 된다는 것을 말하고 싶었고, 개개인이 일상생활 가운데서 체험하는 동적인 원풍경으로서의 진면목을 밝혀내는 연구를 하고 싶었습니다. 나아가 어떤 사람을 이해하려고 할 경우 원풍경이 그 단서가 될 수는 없는가, 그리고 지역의 문화를 이해하려고 할 때 지역의 원풍경이라는 실마리는 또 잡을 수 없는가에 대하여 생각해 보고자 했습니다. 그러나 이러한 과제에 접근할 고찰의 과정은 아직 나 자신의 직감뿐이었고, 어떻게 하면 연구대상으로 구체화해서 연구해 갈 수 있는가 하는 길을 찾지 못한 채였습니다. 그럼에도 불구하고 연구를 계속해 가는 동안 될 수 있는대로 일상적인 흐름 속에서 상기활동의 리얼리티에 주목한 채, 또한 나 자신도 함께 이해할 수 있는 것이 되는 방법을 통하여 도출할 수 밖에 없다는 판단에서 「아는 사람들과 서로 이야기하기(가타리, 語り)」의 내용을 파헤쳐 보는 조사를 시도하게 되었습니다.

여러 사람들의 이야기를 듣고 데이타를 수집하여, 축어록을 작성하고 반복하여 그 축어록을 검토하는 가운데 동일한 공간 · 장소 · 풍경에 대한 체험을 했다고 하여도 이야기하는 사람에 따라 그 이야기하기의 내용이나 이야기할 때의 모습이 크게 다르다는 것을 알게 되었습니다. 때로는 「아아, 어렸을 적에는 무엇을 했었나. 어떤 곳에 갔었지? 아, 정말 생각이 나지 않네」하며 말을 끊어버려서, 체험했다고 하는 사실은 있어도 체험자체의 의미같은 것은 이야기되지 않는 경우도 있었습니다.

이와는 달리, 자신의 이야기에 완전히 몰입하여 일순간 「어, 당신은 지금 나에게 이야기하고 있어요?」라는 의문이 들 정도로 이야기하는 당사자가 타임머신을 타고 어린 시절의 실제 시간 속으로 되돌아 간 듯한 경우도 있었습니다. 말투도 가볍게 「야, 너도 여기 와봐, 내가 너보다 먼저 왔지!」, 「아니, 싫어!」, 「좋아, 내가 들어간다!」는 등 혼자서 세 사람을 넘나들면서 1인3역으로 이야기하거나, 체험한 사실뿐만 아니라 의미부여까지 하는 사람들도 있었습니다.

공간 · 풍경 · 장소에 대한 체험을 이야기하는 조사연구를 행하여 가는 도중, 어느 틈엔가 그 이야기하기가 「스스로 이야기하기 · 자신의 이야기」가 되어 버리는 듯한 느낌도 들었습니다. 그리고 동일한 공간 · 풍경 · 장소의 체험이라 해도 이야기할 때의 모습이나 자기자신에의 의미부여는 사람마다 다르다는 것을 알았습니다.

(이상의 부분은 「제4장 이야기하기 종류와 이야기하기 타입:개인 이야기하기로부터」에서 설명하고 있습니다.)

개인 이야기하기 뿐만 아니라 5~6인이 모여서 서로 이야기하는 현장도 있었습니다. 이런 공동으로 이야기하기에서는 참가한 사람들의 공통된 공간 · 풍경 · 장소가 조정되어 제한적으로 골라져 나오게 되는 것이 아닌가 하고 생각했었는데 그러한 것이 아니라 어떤 공간을 직접 체험한 사람도, 직접 체험한 적이 없는 사람도 서로 이야기하는 가운데 다시 체험하게 되고, 또한 체험한 것과 같은 공통의 감각이 생겨 나오면서 각 개인의 자기자신이 체험한 공간 · 장소 · 풍경이 되는 것이 아니라 우리들이 체험한 공간 · 장소 · 풍경이 되어 가는 것이었습니다. 즉, 「나의 체험 · 나의 원풍경 이야기하기」로부터 「우리의 체험 · 우리의 원풍경 이야기하기」로 생성되어 갔던 것입니다.

나아가 「나의 이야기」로부터 「우리의 이야기」가 생성되어 나올 때 공간 · 풍경 · 장소에 관한 고유명사를 서로 알고 공유해서 사용하고 있는가 하는 점이 아주 중요한 포인트였습니다. 지명 · 장소명 · 풍경명에 대한 고유명사를 공유하는 것은 동일한 지역에 그 뿌리를 내리고 살고 있는 생활의 내용을 서로 공유하고 있다는 의미이며, 바로 거기에 중요한 기능이 있는 것이고, 특히 그 용어가 지역의 고유한 방언일 경우에는 더더욱 기능이 크다는 것도 알아냈습니다. (이에 대하여는, 「제5장 공동 이야기하기로부터 살펴 본 원풍경의 공동성」에서 상술하였습니다.)

원풍경은 「산의 풍경이다」, 「석양의 풍경이다」, 「전원 풍경이다」와 같이 어떤 공간 · 풍경 · 장소명의 어느 한 가지에 해당하는 것으로도 파악할 수도 있지만 최종적으로 원풍경은 「이야기하는 행위와 그 속에서 엮어져 나오는 스토리」라는 결론에 이르렀습니다. 그리고 개인의 이야기하기는 개인의 아이덴티티를 표출하며, 동일한 지역 사람들의 공동 이야기하기는 지역 공동의 아이덴티티를 생성해 가는 것으로 파악할 수 있었습니다. 그래서 이 귀중한 원풍경을 잃어버린다고 하는 것은, 단순히 공간 · 풍경 · 장소가 상실되었기 때문이라는 해석이 중요한 것이 아니라, 서로 이야기하기 자체가 사라져서 나의 이야기 · 우리의 이야기가 더 이상 생성되지 않고 만다는 측면이 오히려 더 큰 문제가 아닌가 생각 되었습니다.

최근 일본에서는 관광지만이 아니라 어느 지역에서도 자기 지역의 아이덴티티를 유지, 발전시켜 가기 위한 마을만들기나 경관디자인 등에 힘을 쏟고 있는데, 그때 「원풍경」이라고 하는 용어가 곧잘 쓰여지고 있습니다. 하지만 거의가 공간 · 풍경 · 장소라고 하는 물리적으로 고정된 대상으로서 파악하고 찾아내려는 경우가 허다한 것 같습니다. 주민참여형 마을만들기 등을 적극적으로 펴면서 참여에 의미를 부여하려고 노력하는 형태를 취하고 있기는 하지만, 과연 그 「참여」의 내용은 무엇을 어떻게 하는 것이 될런지요.

참여해서, 원풍경으로 거론되는 공간 · 풍경 · 장소를 다수결로 정하는 것이나 전문가들의 계획을 이해하여 따라가는 것과 같은 행위가 있을 수 있고 또 필요할 것으로도 보입니다. 그러나 이 연구의 결론에서도 주장했습니다만 우선 다음의 문제들을 지적할 수 있지 않을까 합니다. 즉 모든 사람들에게 공통된 점을 찾아내는 일이나, 공통된 것으로서 지역의 자원과 특성을 결정하는 것은 궁극적인 목표이기도 하지만 그 전에 서로가 직접 모여 함께 이야기를 나누는 것 자체와 이야기하기 현장을 마련하는 것이 무엇보다도 중요한 일이 아닌가 하는 바로 그 것입니다. 서로 한자리에 모여 이야기를 나누는 「이야기하기 현장」이야말로 「지역에 대한 장소 · 원풍경을 공유하는 우리」라고 하는 「우리들의 동질감」이 수반되는 이야기가 거기서 비로소 생겨난다는 사실입니다. 단순히 공통성을 찾으려는 것이나 특별한 한 사람이 만들어 내는 지역 이야기가 아니라, 공간 · 풍경 · 장소에 얽혀 있는 체험을 서로 엮어가며 이야기하는 가운데 우리의 이야기를 생성하고, 공유해가면서, 함께 받아들이고 계승해 가는 현장이나 과정이 참으로 중요한 것입니다. 이러한 과정에서 그 지역에 뿌리를 내려 살고 있는 주민 한 사람 한 사람이 「우리들의 원풍경」이라고 하는 공동의 아이덴티티를 갖게 되는 것입니다.

이 책은 박사학위 논문으로 쓴 것을 그대로 출판하고 있습니다. 심리학, 인류학, 건축학, 지리학 등의 영역에서 원풍경에 관심이 있는 사람이나 대학생 · 대학원생 · 연구자 및 학자들에게 공부하는 데 참고가 되고, 또 마을만들기 등의 일에 종사하고 있는 사람들에게 지역공동성과 공통성을 파악하는 데 필요한 하나의 관점이나 방법으로서 읽혀진다면 기쁘기 그지없을 것입니다.

이 연구는 원풍경연구로서 행해진 것이지만, 「서로 이야기하기」라는 조사방법을 써서 「원풍경은 이야기하기와 그 속에서 엮어져 나오는 스토리 자체이다」라는 결론에 도달한 것인데, 「이야기하기와 스토리」라는 두 가

지 의미를 포함하고 있는「이야기하기(가타리, 語り)」의 중요성을 새롭게 밝혀낸 것입니다. 처음부터 「이야기하기(narrative) 연구」에 대한 목적이나 의도를 가지고 시작한 바는 아니지만, 이야기하기 연구로서도 일독을 권해 볼만하다고 생각합니다.

그리고 이 연구는, 가설이론생성형 연구로서 탐색적 분석을 행하고 있습니다. 서로 이야기하기라는 방식에서 데이터를 수집하고, 개념만들기(제4장, 제5장, 제6장), 구조에 대한 검토(제4장, 제5장, 제6장, 제8장), 가설제시(제4장, 제5장, 제8장)를 연속적인 흐름으로 설명하고 있는데, 질적연구에 있어서의 분석방법을 살펴보는 일례로서도 유념하여 읽어볼 수도 있다고 생각합니다.

이제 이 연구를 끝내면서 돌이켜 보면, 「원풍경 연구」라고 하는 거대한 산맥의 한 봉우리에 서서 여기까지 더듬으며 올라온 길을 하나하나 손으로 그려낸 개략적인 지도를 보는 느낌이 듭니다. 이 봉우리는 아득하게 펼쳐진 산맥 가운데 겹쳐진 수 많은 봉우리 중 하나의 작은 봉우리라는 것을 잘 알고 있지만 아직 이 거대한 산맥을 탐험할 수 있는 상세한 지도는 가지지 못한 상태입니다. 이 산맥 전체에 대한 지도를 만들기 위해서는 또 10년, 20년이나 더 걸릴지도 모릅니다. 나 혼자 걸어가노라면 언젠가 혼자 걷는 길 한 가운데서 또 다른 방향에서 걸어 오는 탐험가를 만나 함께 탐험대원이 되어 「원풍경」 연구를 향하여 걷게 된다면 얼마나 기쁠 것인지 설레는 마음입니다. 하나의 연구로서 완성한 것이기는 하지만 미흡한 구석이나 메꾸어지지 않은 허점도 있을지 모릅니다. 또한 힘이 모자란 상태 그대로 진솔하게 출판하고 있는데 언젠가 다시 보완하고 더 진전시켜 나갈 기회를 가지는 것으로 양해하여 주시기 바라마지 않습니다.

이 연구논문이 나오기까지 여러가지 어드바이스를 해주면서 따뜻하게 감싸주고 힘을 내게 해 준 큐슈대학의 미나미 히로후미(南 博文) 지도교수님을 비롯하여, 미나미연구실의 선후배 동료들의 아낌없는 협력에 진심으로 감사를 드립니다. 그리고 박사논문 심사과정에서 큐슈대학의 다지마 세이이치(田嶌 誠一) 교수님과 키쿠치 시게토모(菊地 成朋) 교수님의 적절한 조언과 지도에 대하여도 깊은 감사의 말씀을 올립니다.

장기간의 유학생활을 해오는 동안 아내 역할도, 엄마로서의 역할도, 그리고 딸과 며느리의 역할도 다하지 못한 나를 오히려 지켜주고 성원해준 가족들과, 특히 언제나 건강하게 웃으며 자라온 세살박이 고마운 나의 딸 한빛과, 온갖 궂은 일을 혼자서 다하면서도 힘들 때마다 거꾸로 격려하며 기도하며 나에게 영혼의 에너지를 풍부하게 넣어준 사랑하는 나의 남편이 영운에게 표현할 수 없을만큼 기쁨의 일체감과 뜨거운 감사의 마음을 전합니다.

끝으로, 이 박사논문을 출판함에 있어서 출판조성을 흔쾌하게 받아들여 주신 아시아태평양센타 곤도 요시오(権藤 興志夫) 이사장님과 관계자 여러분에게도 고마운 말씀을 드리고 싶습니다. 그리고 이 책을 세상 밖으로 나오게 만든 출판인쇄의 과정에서 꼼꼼하게 읽고 교정, 편집까지 해주신 호오분샤(萌文社)의 나까지마 켄이치로(中島憲一郎) 선생님께 수고하셨다는 말씀으로 그 고마움을 대신하고자 합니다.

2001년 4월 15일 큐슈대학 연구실에서…

오선아(吳宣兒)

한라산
제주도민의 숫자만큼이나 다른 얼굴을 가진 제주인의 큰 바위 얼굴

한라산
따스한 햇살을 즐기면서 거인이 낮잠을 자고 있는 듯한 그 편안하고 평화로운 산의 자태가 떠오르는 것이었습니다. 커다란 폭낭(에노키 榎木)이 있는 마을의 팡(공동휴식처) 위에 올라서서 보면 멀리 한라산과 주위의 오름(기생화산)의 작은 봉우리들이 펼쳐지듯 눈으로 들어왔습니다. 계절마다 바뀌는 산의 색깔과 그날 그날의 날씨에 따라 느껴지는 분위기는 새롭기만 했습니다. 산허리를 잇는 곡선이 완만하여 따스한 날이면 마치 거인이 햇빛을 즐기면서 낮잠을 자고 있는 듯 보인다고 줄곧 생각하고 있었습니다. (저자 서문 中)

| 목 | 차 |

제1장

원풍경(原風景) 연구의 동향과 전개

바당(海)
일상생활 한 가운데 있는 바닷가

본 장에서는, 지금까지 원풍경을 키워드로 하고 있는 제연구에 나타난 관점과 견해들을 여러가지 각도에서 정리, 검토한다. 원풍경이라는 용어는 오쿠노(奥野, 1972)의 「문학에 있어서의 원풍경」 이래 다양한 영역에서 사용되어 오고 있는 가운데 점차 학문영역의 용어로서 정착하기 시작한 것으로 보인다. 원풍경이 여러가지 상황에서 상기(想起)되는 「그리운 어린 시절의 경험 · 장면 · 풍경」을 의미하고 있는 점은 종래의 연구들이 거의 동일한 것이라 해도 좋을 정도이지만 각각의 학문영역에서 이 원풍경이라는 용어를 사용하는 개념적인 접근방법은 서로 다르다. 최근 30~40년 가량 지나는 동안 문학, 인류학, 심리학, 지리학, 농학 등의 영역에서 「원풍경」을 테마로서 취한 문헌이 보이기는 하지만 그 수는 그렇게 많다고는 할 수 없다. 그리고 아직까지는 이에 대한 연구물의 양이나 실적이 많지 않다고 할 수 밖에 없는 지경이고 하나의 논문으로 다른 논문들을 간단하게 리스트업 한 수준의 리뷰는 있지만 체계적인 리뷰논문도 아직 찾아 볼 수 없는 현실이다.

본 1장에서는, 아직 그 논문의 수는 얼마 되지 않지만 「원풍경」이라고 하는 용어를 쓴 다양한 영역의 문헌들을 리뷰하여 원풍경 연구의 흐름을 분명히 함과 동시에 원풍경 개념에 대한 종합적인 재정리를 시도하고자 한다. 이와 함께 원풍경의 기본적 특징을 포괄적으로 구조화하고, 원풍경 개념이 폭넓게 제대로 쓰여질 수 있도록 재정의를 시도하여 본 논문에 있어서의 문제의 소재를 명확하게 하기 위한 토대를 구축해 보고자 한다.

제 1 절 원풍경 연구의 흐름

일본에서 원풍경이라고 하는 용어는 전문영역에서 학술 용어로 점차 정착해 가고 있는데 1985년 동경농업대학의 「조원용어사전편집위원회(造園用語辭典編集委員會)」에 의해 처음 조원용어사전(造園用語辭典)에 하나의 항목[1])으로 실린 후 1992년 이와나미(岩波) 서점의 일본어 사전인 코지엔(広辞苑)[2])에 또 1993년 건축대사전 제2판[3])에 실리고 있는(쇼와 44년의 제 1 판에는 실려 있지 않음) 등 원풍경의 용어 해설은 제각각 시도되고 있다. 또한 심리학, 인류학, 지리학의 영역에서 소수의 원풍경 연구를 찾아 낼 수는 있지만 이들 전문의 사전에서 원풍경이라고 하는 용어는 아직 수록되어 있지 않다.

일본에서 최초로 원풍경이라는 말이 사용된 것은 오쿠노(奥野, 1972)의 「문학에 있어서의 원풍경(文学における原風景)」으로서 차츰 원풍경 연구를 널리 알리는 데 이 오쿠노(奥野)가 수행한 역할과 영향력은 매우 크다. 이후 문학의 타카하시(高橋, 1978)를 필두로 인류학(이와타(岩田, 977, 1982, 1992), 세키네(関根, 1982)), 심리학(하세가와 · 호시노(長谷川 · 星野, 1982), 호시노 · 하세가와(星野 · 長谷川, 1981, 1984, 1985), 미나미(南, 1995), 미나미 · 난바 외(南 · 難波1994), 이노우에(井上, 1995)), 지리학(테라모토(寺本, 1988, 1990, 1994), 테라모토 · 이시카와(寺本 · 石川, 1994), 테라모토 · 오니시(寺本 · 大西, 1995)) 등과 같은 전문 영역에서의 연구들에서 원풍경이 다루어지고 있음을 볼 수 있다. 또 그외에 환경교육(후지오카(藤岡, 1997), 노나카(野中, 1993)), 건축학 · 조경학(나루미(鳴海, 1988), 오자와외(小澤ら, 1992), 신지(進士, 1996, 1999))의 영역에서도 원풍경의 용어를 키워드로 한 연구를 볼 수 있지만, 이들 영역의 연구에서는 원풍경 자체에 주목하기보다는 원풍경을 전제로 한 경관 만들기 · 마을만들기에 초점을 맞추고 있거나 환경교육에 치중하고 있으므로 본 리뷰에서는 자세하게 다루지 않는다. 원풍경 연구의 흐름을 그림 1-1로 표시했다.

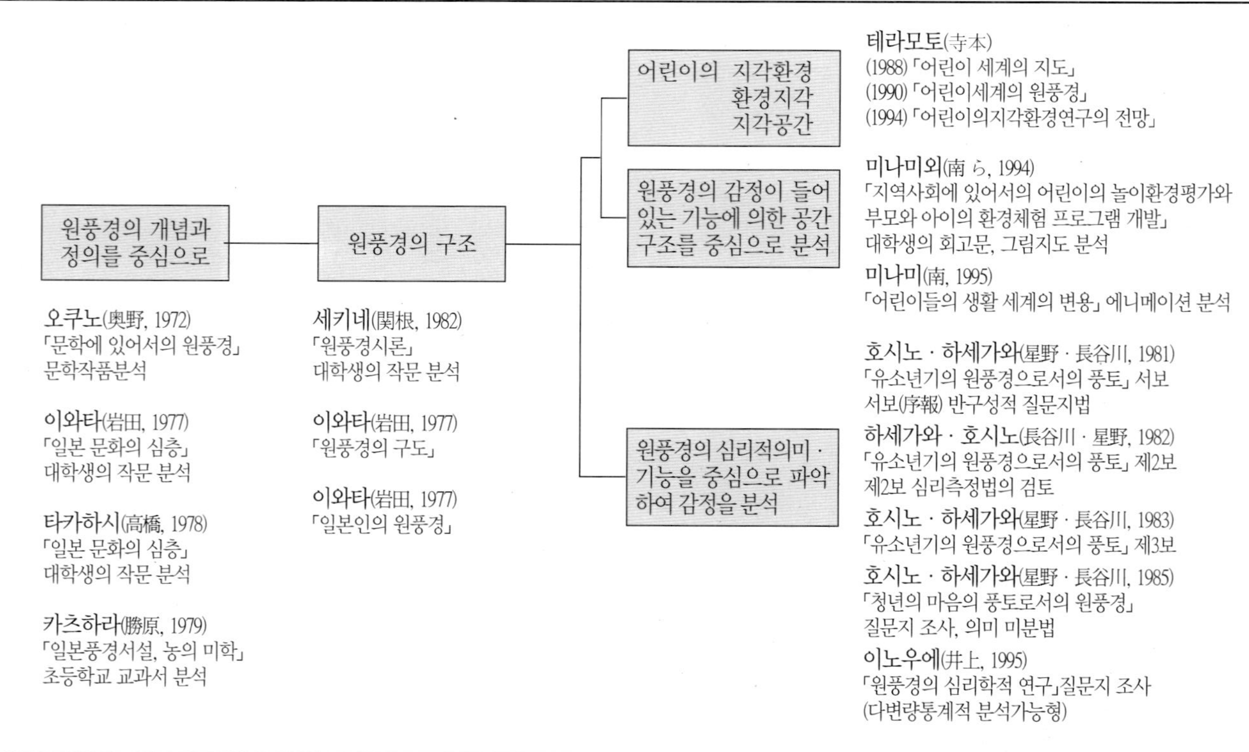

그림 1-1 원풍경 연구의 흐름

1. 원풍경이란 무엇인가?
– 개념, 정의를 둘러싼 논의(1970년대부터)

1970년대의 최초의 원풍경 연구는 실증 연구라고 하기 보다 문학작품, 자신의 체험, 작문, 초등학교 교과서 등을 참고하면서 원풍경의 본질은 무엇인가를 묻는 개념 · 정의를 둘러싼 논의였다. 직접 원풍경을 다루고 있는 주된 논의로서 오쿠노(奧野, 1972), 이와타(岩田, 1977), 타카하시(高橋, 1978), 카츠하라(勝原, 1979)의 논문이 대표적인 것이라고 할 수 있다.

오쿠노(奧野, 1972)는, 작가의 문학 작품과 연관지어서 원풍경을 유소년기와 청년기의 자기형성 공간으로서 심층의식 속에 고착된 마음의 이미지라고 하면서 그것은 작가들의 작품을 형상화하는 힘(造形力)의 원천으로서 존재한다고 했다. 또 원풍경 형성에 관한 중요한 공간개념으로서 「공터」를 제시하고 있다. 이 공터문화는 도시에서도 농촌에서도 볼 수 있는 것이고, 그것은 수렵 · 채집의 상고시대(죠몬지다이, 縄文時代)까지 거슬러 올라갈 수 있는 것으로 여겨지고 있다.

이와타(岩田, 1977)는, 원풍경을 신(神) 성과의 대면의 현장 · 상황[4]으로 파악하고 유아기의 풍경, 잊으려 해도 잊을 수 없는 풍경, 큰 일이 있을 때마다 의지하게 되고 자신에게 힘이 되어주는 풍경이라고 주장하고 있다. 그리고 학생들의 작문분석으로부터, 원풍경이 나타날 때의 공통점으로서 1) 소우주로서의 고향이 묘사되고 그 상징으로 작은 생물이 표현되는 것, 2) 그 배경으로서 멀리 펼쳐지는 자연과 개성적인 색이나 냄새의 세계가 묘사되는 것, 3) 이 두 가지 요소를 하나의 풍경으로 결합한 공포, 놀라움, 불가사의, 혹은 충격 등이 존재한다는 것을 말하면서 원풍경에는 이렇게 풍경화와 같은 구조가 있는 구도가 존재하고 있음에 틀림없다고 한다.

타카하시(高橋, 1978)는, 오쿠노(奧野)의 원풍경과 정신분석의 관점인 「원광경(原光景)」을 대비시겨 가면서 분석을 진행하고 있다. 그에 의하면 원풍경이란 「개개인의 특정의, 객관적 · 현실적인 자연적인 소여(특정의 풍경),

정신화한 자연의 한 화면 혹은 자연의 특정한 하나의 풍경으로 구상화(具像化)하고 시각화한 개개의 정신의 근원적 양태」라고 한다. 또 「원광경(原光景)은, 몰개성적 · 몰개인적이고 타동사적이지만 원풍경(原風景)은, 개인적 · 개성적 · 재귀동사적이고 쌍가치적」이라고 했다. 즉 원풍경은 개인의 여러가지 추억, 그 「애증이 똑같이 동시에 나타난 채 집약되고 있는 풍경」이며, 「단순한 과거의 풍경일뿐만 아니라 언젠가 다시 그 속에 몸담고 싶어하는 미래의 풍경」이다. 이런 풍경 자체가 「자연」에서 나왔다고 해도 「마음(心) 속에서 무엇을 그리워하는 자의 창조의 산물로서 쌍가치성을 내포하고 있다」고 하는 것이다.

농학에서는, 카츠하라(勝原, 1979)의 「일본풍경론서설, 농(農)의 미학」이 있다. 카츠하라에 의하면, 어떤 일본인에게도 야요이지다이(彌生時代) 이래 자신들은 논농사(水耕農業)의 후예들이라고 하는 전통이 흐르고 있는데 직접 · 간접적으로 고향을 갖고 있지 못한 사람일지라도 일본인은 누구나 다 마음의 고향=국민적 원풍경이 있다고 한다. 그래서 원풍경은 관광지와 같은 탐승적(探勝的) 풍경이 아니라 생활적 풍경, 즉 그 땅에 뿌리를 내려 살고 있는 사람들 자신이 생활경관에 어프로치할 때 보다 강하게 영향을 끼치는 것으로 나타난다고 했다. 또 누구에게나 원풍경은 농촌인 것이 많다는 것으로부터 농촌환경의 중요성을 강조하고 있다.

이상의 4인의 논문을 세키네(関根, 1982)가 「원풍경 시론」으로 간결하게 정리하고 있다. 그리고 학생들에 의해서 묘사된 원풍경의 내용을 분석했다. 원풍경은 「풍부한 자연과 서로 즐거움을 나누는 것의 표현」, 「마음에 다가오는 불가사의 · 신비 · 공포의 장소」, 「일상의 틈새에 새겨지는 한 조각의 풍경」, 「평온함(안락)의 장소」, 「동경(憧憬)으로서 창조되는 자연」, 「나 자신이라고 하는 전존재의 표현」, 「미래를 향하여 계속 살아 숨쉬는 풍경」으로 해석하면서 특히 「살고 있는 집을 둘러싼 원풍경」, 「동경(憧憬)으로서의 자연」, 「생활공간의 창조로서의 원풍경」을 논하고 있다.

2. 원풍경의 개념에서 구조로의 확대(1980년대 전반)

세키네(関根, 1982)는 원풍경을, 자기자신과 환경과의 중개 개념으로서 파악하면서 생활 공간의 창조에 원풍경이 강하게 관여한다고 고찰하고 있다. 특히 살고 있는 자기집을 중핵으로 한 원풍경을 설명하면서 생활공간의 창조에 관련된 이미지도(圖)를 그려내고 있다(그림 1-2 참조).

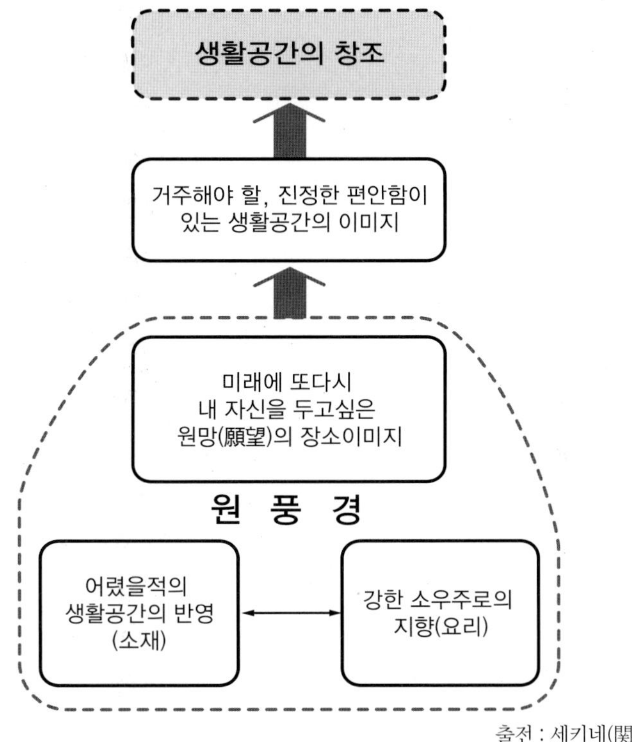

출전 : 세키네(関根, 1982)

그림 1-2 원풍경과 생활공간 창조의 구조

원풍경의 개념을 찾는 작업으로부터 보다 더 진전된 것으로서, 이와타(岩田, 1982)와 카츠하라(勝原, 1986)는 원풍경에 대하여 구조 · 구도라는 용어를 사용하고 있다. 이와타(岩田, 1982, 1985)는 원풍경은 한 폭의 그림으로 그려진 풍경화와 같이 무늬(柄)와 바탕(地)이 조화를 이루어 근경 · 중경 · 원경이 잘 배치된 천상계(天上界)와 지상계(地上界)가 동시에 묘사된 것과 같은 구조가 있고 그런 구도를 보이고 있다고 한다.

카츠하라(勝原)는 「농(農)의 미학(1979)」에 이어 「촌(村)의 미학-원풍경과 수경(修景)의 좌표(1986)」에서도 농촌풍경을 원풍경으로서 보면서 쾌적함(어매니티)이라는 안전성을 필요조건으로 하고 있는 「평온함(안락)」을 인간적 원풍경 즉, 인류적 원풍경으로까지 확대하고 있다. 카츠하라(勝原)는, 인류적 원풍경과 걸맞는 국민적 원풍경이나 개인적 원풍경과 겹겹이 쌓여가는 원풍경을 그 핵으로 하는 나라마다의 다른 풍경론이 성립한다고 논하고 있다(그림 1-3 참조).

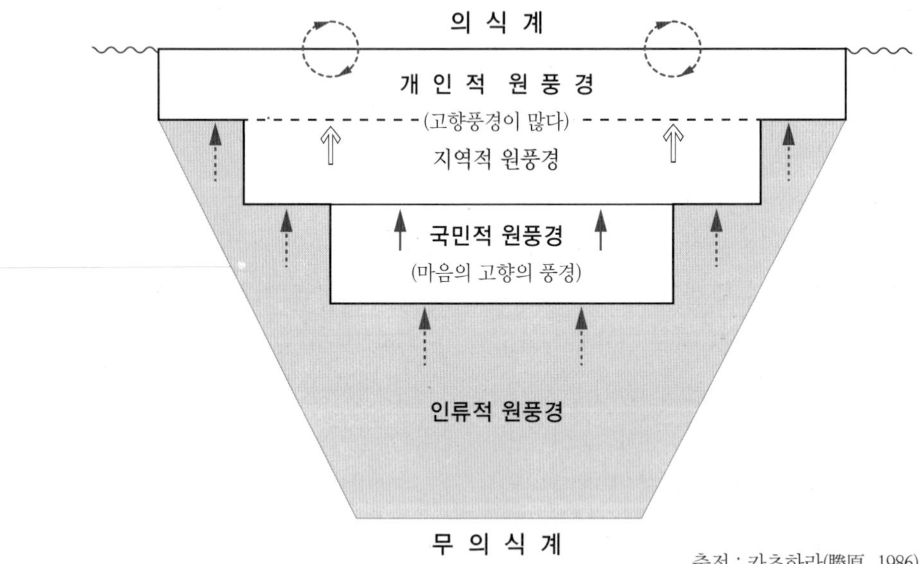

출전 : 카츠하라(勝原, 1986)

그림 1-3 각 개인의 구성적 원풍경의 요소

3. 감정, 공간 두 가지의 방향으로의 분화 (1980년대 후반부터 1990년대에 걸쳐서)

원풍경의 연구는 1980년대 이후 실증적 연구가 진행됨에 따라 크게 두 가지의 흐름으로 나누어지기 시작했다고 생각된다. 하나의 흐름은, 원풍경의 감정적 차원을 중심으로 해석하는 방향으로서, 하세가와 · 호시노(長谷川 · 星野, 1982)나 호시노 · 하세가와의 일련의 연구(星野 · 長谷川, 1981, 1984, 1985)와 이노우에(井上, 1995)의 연구이다. 또 다른 하나의 흐름은, 인문지리학의 테라모토(寺本, 1988, 1990, 1994)와 테라모토 · 이시카와(寺本 · 石川, 1994), 테라모토 · 오오니시(寺本 · 大西, 1995)나 시라이시 · 츠치다(白石 · 土田, 1992)의 연구, 심리학의 미나미 외(南 ら, 1994)의 연구로서 환경지각(環境知覺)을 중심으로 파악하면서 원풍경의 공간구조에 초점을 맞추고 있다. 물론 이런 두 갈래의 움직임 모두 각기 환경공간적 측면과 감정기능의 측면을 부분적으로 수용하고 있다.

3-1 감정분석을 중심으로 한 흐름(방향)

일본의 풍토연구(風土硏究)의 일환으로서 원풍경을 일본인의 심리적 풍토로 파악한 호시노 · 하세가와(星野 · 長谷川, 1981, 1984, 1985), 하세가와 · 호시노(長谷川 · 星野, 1982)의 일련의 공동 연구가 있다. 일본 문화에 있어서의 일본인의 심층적인 마음을 원풍경을 통해 보려고 하는 것은 종래의 연구와 같지만 호시노 · 하세가와(星野 · 長谷川)는 대량의 데이타의 검토로부터 심리적 측면의 일반화를 시도하고 있다. 「유소년기의 원풍경으로서의 풍토」라 제목을 붙여 우선 1981년에는 심리적 의미와 패턴을 조사하고 있다. 계속하여 1982년에는 원풍경의 심리적 차원을 인지적 차원, 감정적 차원, 무의식적 차원의 3차원으로부터 파악해 그 측정법의 유효성을 검토하고 있다. 1984년에는 특히 원풍경에 들어있는 공포 · 불안 등의 이미지에 대하여 검토하고, 또 1985년에는 「청년의 마음의 풍토로서의 원풍경」이라고 하는 논제로, 원풍경이 어떻게 계속 살아 움직이면서 그 의미 · 기능을 어떻게 구현하고 있는가에 대하여 전국 규모로 조사를 실시해 검토하고 있다. 이것은 그 동안의 일련의 원풍경 연구의 총결산이라고도 할 수 있는데 호시노 · 하세가와(星野 · 長谷川)는 조사방법으로서 개인의 수기(手記)로부터의 인용, 오픈 · 엔드질문, 면접조사, 의미감정미분법, 반구성적 질문, 심상측정법 등 여러 차례에 걸쳐서 원풍경의 측정법을 다양하게 구축하고 있다.

그 후 이같은 흐름 속에서 10년 정도 경과된 후 이노우에(井上, 1995)의 「원풍경의 심리적 연구」가 있다. 질문지 조사방법을 써서 원풍경의 형성연령, 구성요소, 계절과 시간대, 의미 · 기능, 상기(想起)의 빈도 · 시간대, 상기의 상황적 요인, 상기에 수반하는 감정 등을 폭넓게 조사했는데 특히 성별, 연령별 차이에 주목해서 보편적 측면을 분명히 하고자 하는 것을 시도하고 있다. 또 원풍경의 정의에 선행 연구로부터 확인된 설명 이외에 「대환경 태도(對環境態度)를 만드는 기초」라고 하는 부분을 추가해서 서술하고 있다. 이노우에(井上)의 연구는 호시노 · 하세가와(星野 · 長谷川)의 일련의 연구를 기본으로 하여 보다 발전시킨, 정밀하게 조사해서 정리하고 있는 것으로 보인다. 호시노 · 하세가와(星野 · 長谷川)나 이노우에(井上)의 연구는 처음으로 수량 · 통계적인 방법론으로 원풍경의 전체상을 파악하려고 한 시도였다.

3-2 공간 구조 분석을 중심으로 한 흐름

인문지리학의 테라모토(寺本, 1988, 990, 1994), 테라모토 · 이시카와(寺本 · 石川, 1994), 테라모토 · 오니시(寺本 · 大西, 1995), 환경심리학의 미나미 외(南ら, 1994)는, 회고문(回顧文)과 그림지도를 이용해서 분석하고 있다. 테라모토(寺本)는 손으로 직접 그린 그림지도의 분석을 통해 아이의 지각 환경과 놀이행동에 대한 실증연구를 거듭하여 원풍경으로 보이는 소리 · 냄새나, 자연 인식, 공간지각 등 다양한 측면을 검토했는데 특히 무서운 공간, 즐

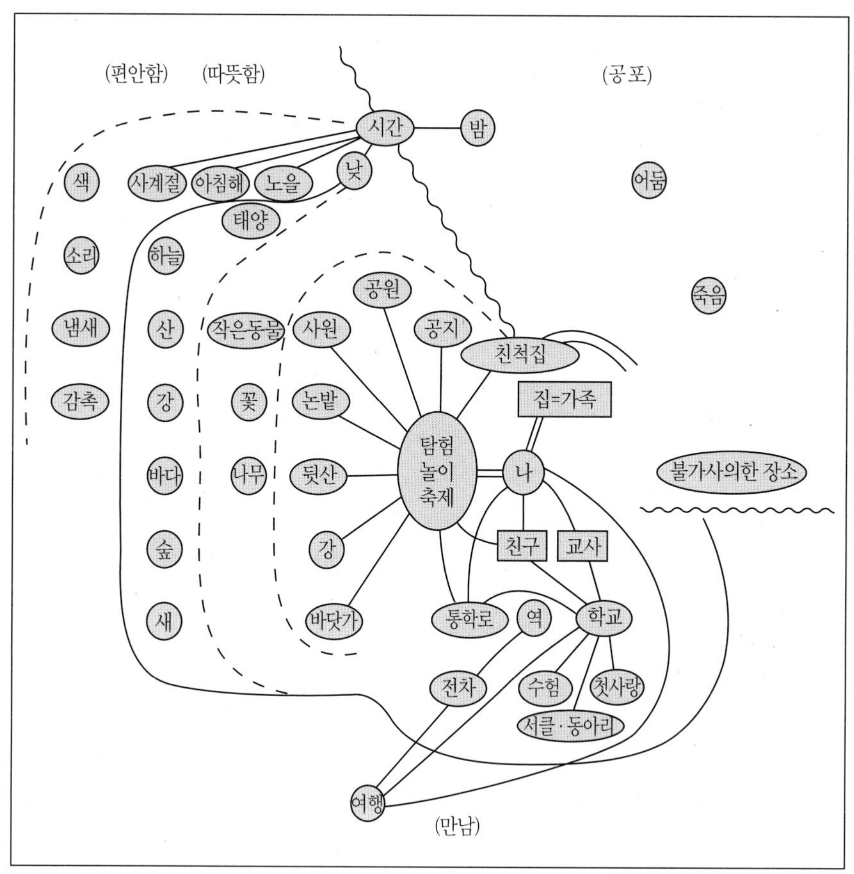

출전 : 시라이시 · 츠찌다(白石 · 土田, 1992)

그림 1-4 츠치다(地田)가 작성한 원풍경의 구성도

거운 공간, 떨리는 공간 등 각 요소의 특징을 밝혀내고 있다. 테라모토(寺本)는 원풍경의 그림지도나 회고문으로부터 볼 수 있는 여러가지 요소를 밝히면서 츠치다(地田) 등(1992)이 시험적으로 만들었던 구조도를 그려내 보이고 있다(그림 1-4 참조). 종래의 어프로치와는 다른 직접 손으로 그리는 지도조사를 몇 년에 걸쳐 계속하면서 연구한 아이의 세계나 원풍경에 대한 테라모토의 연구실적의 축적은 매우 크다고 생각한다.

심리학의 미나미 외(南ら, 1994)는, 「지역사회에 있어서의 아이의 놀이환경평가와 부모 자식의 환경체험 프로그램 개발」의 연구로 우선 처음에는 대학생을 대상으로 그림지도와 회고문을 이용해 어린시절의 원풍경을 조

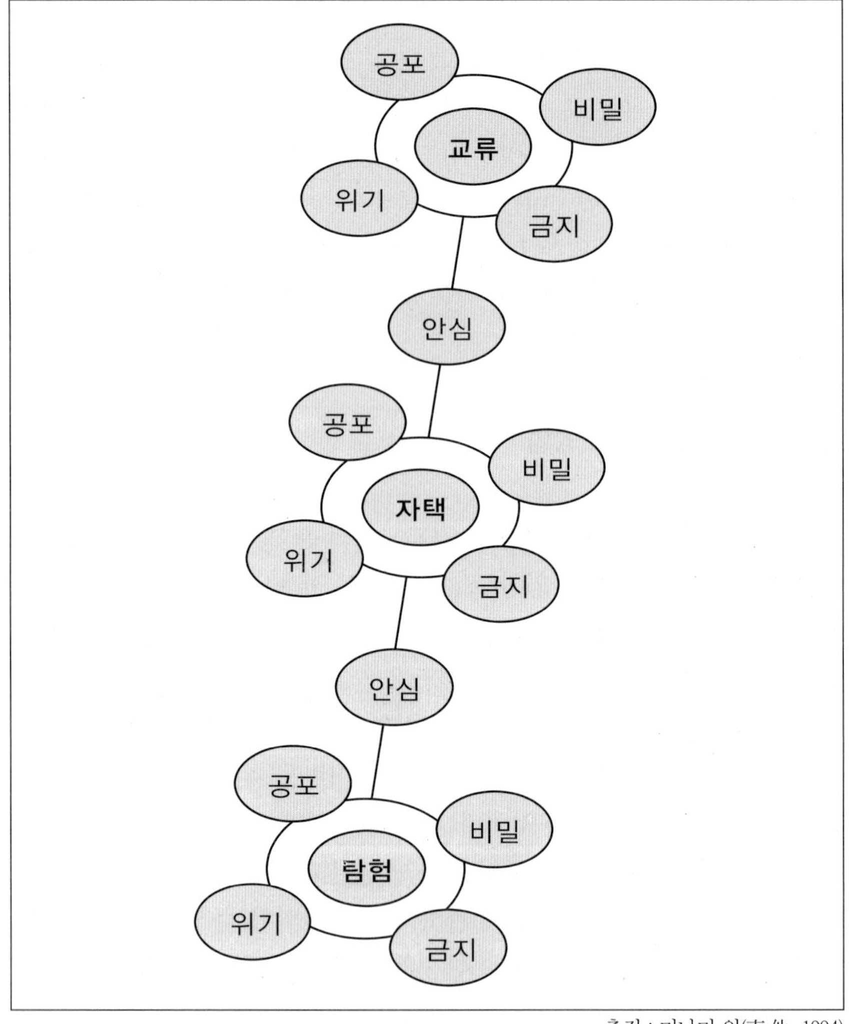

출전 : 미나미 외(南他, 1994)

그림1-5 연령의 변화에 따른 원풍경 구조의 발전

사했다. 회고문에 기술된 놀이의 내용이나 사건, 분위기 등으로부터 원풍경의 구성요소를 7개의 공간인 공포공간 · 비밀공간 · 위험공간 · 금지공간 · 안심공간 · 교류공간 · 탐험공간 등으로 나타내서, 7개 각 공간의 관련을 보다 분화시켜 알기 쉽게 구조화하고 있다(그림 1-5 참조).

그 외 건축학, 조경학 등에서 경관 선호나 마을 만들기와 관계하는 신지(進士, 1996, 1999), 나루미(鳴海, 1998), 오자와 외(小澤 ら, 1992), 키시다 · 히사타카(岸田 · 久隆, 1987) 등의 연구가 있고 또 환경교육과 관련된 후지오카(藤岡, 1997), 노나카(野中, 1993) 등의 연구도 있다.

제 2 절 선행연구로 어디까지 이해되었는가

1. 원풍경의 재정리

제1절에서 기술한 바와 같이, 각각의 입장에서 원풍경을 다루면서 그의 정의 · 특징 · 구조 등을 나타내고 있지만 그때마다 원풍경으로서 취하는 내용이나 범위가 각기 다르다. 여기에서는, 하나 하나 그동안 발표된 원풍경 논의들을 총괄적으로 검토해서 재정리를 시도한다. 정리의 범위를 두 가지로 하는데 그 하나는, 탐색적으로 원풍경의 본질을 규명하고 있는, 오쿠노(奥野, 1972), 타카하시(高梁, 1979), 이와타(岩田, 1977, 1982, 1992), 후지와라(藤原, 1979, 1986), 세키네(関根, 1982) 등의 원풍경론을 검토하여 보다 더 포괄적으로 원풍경의 정의에 관한 특징을 재정리하는 것이다(표 1-1 참조). 이들의 연구는 작문 분석 등을 중심으로 행하고 있지만 거의 탐색을 위한 것이 되고 있고 저자들의 철학과 직감에 의지하는 부분이 많다.

다음으로 호시노 · 하세가와(星野 · 長谷川, 1981, 1984, 1985), 하세가와 · 호시노(長谷川 · 星野, 1982), 이노우에(井上, 1995)나, 테라모토(寺本, 1990, 1994), 테라모토 · 이시카와(寺本 · 石川, 1994), 테라모토 · 오오니시(寺本 · 大西,

1995), 미나미 외(南 ら, 1994) 등의 연구, 즉 실증적으로 행해진 연구들을 묶어 정리하는 것이다(표 1-2 참조). 이 범주의 연구자들은 원풍경 자체를 논하는 것보다 첫 범주의 필자들이 내린 정의를 이용하면서 원풍경의 구체적인 내용을 실태조사하고, 데이타를 분석함으로써 검토를 행하고 있다.

1-1 원풍경의 정의 개념을 중심으로 : 원풍경의 특징에 대한 정리

지금까지 소개해 온 연구 중 원풍경과 관련하여서는 각각의 입장에서 또한 각각의 용어를 주로 쓰면서 설명하고 있다. 대개 다음과 같은 문장이 대표적이다.

오쿠노(奧野, 1972) : 「원풍경은, 자기형성 공간에서의 형상화하는 마음의 이미지이며 작가와 작품을 하나로 묶는 조형력의 원천으로서 존재한다.」

이와타(岩田, 1977) : 「원풍경은, 신성과의 만남의 장면 혹은 상황으로 잊으려고 해도 잊을 수 없는 유소년기의 풍경이며 어떤 일이 있을 때 거기에 돌아와 자신에게 힘을 주는 풍경으로 자신의 아이덴티티의 토대라고도 할 수 있다.」

타카하시(高橋, 1978) : 「원풍경은, 개인의 여러가지 추억, 그 애증이 똑같이 동시에 나타난 채 집약되는 풍경이며 단순한 과거의 풍경만인 것이 아니라, 언젠가 다시 자신의 몸을 그 안에 두고 싶어 하는 풍경이다.」

카츠하라(勝原, 1979) : 「원풍경은, 각자가 지니고 있는 원풍경은 개인적 원풍경과 지역적 · 국민적 원풍경의 이중구조로부터 형성된, 논농사를 해 온 수경농민(水耕農民)인 일본인들에게 있어서 농촌의 풍경이야말로 대표적인 국민의 풍경이다.」

세키네(関根, 1982) : 「원풍경은, 어린시절을 보낸 생활공간의 풍경을 핵으로 소우주를 지향하는 개성적 창조물로서의 마음의 풍경이다.」

여기에서는, 앞에 열거한 다섯 사람의 문헌을 고찰해 보면서 「원풍경」의 용어를 써서 나타내고 있는 그 내용의 특징을 저자의 관점에서 다시 정리하기로 한다. 그것은 어떻게 해서든지 공통적인 점을 찾아내려고 하는 것이 아니라 각기 다른 측면에서 초점을 맞춘 설명까지 포괄적으로 다루려고 하는 것이다. 현시점에서는 원풍경에 대한 통일된 정의를 내리는 것은 불가능하다고 생각된다. 대신 여기서는, 원풍경의 정의가 아니라 원풍경 자체가 내포하고 있는 성질로서 나타나는 몇 가지의 원풍경의 범위나 접근방법 등을 밝혀보고자 한다.

전체적으로 본 연구에서는 원풍경의 특징으로서 ①「특정의 시기」, ②「공간성」, ③「원체험(原體驗)·정동(情動)·각인성(刻印性)」, ④「시간성과 자기와의 조우」, ⑤「평온함·원동력·아이덴티티」, ⑥「동적·능동성」, ⑦「음양의 이원성」, ⑧「관점·일체감」, ⑨「개인성과 문화성」이라고 하는 테마를 뽑아냈다.

1-1-1 특정의 시기

원풍경이 형성되는 시기가, 어느 특정의 시기라고 하는 것으로서 모든 연구자들이 그 시기를 「유소년기」라고 밝히고 있다. 특히 오쿠노(奥野, 1972)는, 「태어나서 7~8세경까지 또는, 20세 전후 가장 감수성이 강한 인격 형성기」를 원풍경 형성기로 보았다. 이와타(岩田, 1992)는 유소년시절부터 청년시대까지로 보았고, 그 안에 불가결의 조건으로서 「특정의 상황」을 강조한다.

1-1-2 공간성

공간성은, 원풍경 형성에 있어서의 특정의 공간이나 그 공간의 성질에 관한 것이다. 오쿠노(奥野, 1972)는, 중요한 공간개념으로서 「광의의 빈 터」라는 것을 제시한다. 그는 도시의 「한 귀퉁이」로서의 「공터」, 농촌 들녘의 「한 귀퉁이」로서의 「공터」가 중요한 공간이라고 하면서 이 공터와 관련하여 「동굴」, 「골목」 등도 원풍경의 형성 공간으로 설명하고 있다. 카츠하라(勝原, 1979, 1986)는, 초록색이 많은 「농촌·농업 공간」을 특히 강조하는데,

그것은 특정의 자연조건에서 생산과 생활을 오랫동안 영위해 온 「역사적 환경」이라고 한다.

이와타(岩田, 1992)는, 원풍경의 구조는 풍경화의 구조를 가지고 있다고 말하며 그림의 「무늬」로는 소우주로서의 고향이 묘사되고 그 상징으로서 작은 생물이 표현되는 것(전경=근경)과, 그림의 배경인 「바탕」으로서는 멀리 보이는 자연, 그리고 개성적인 색과 냄새의 세계가 펼쳐져 보이는 것 등을 지적하고 있다(원경=배경). 이와타(岩田)가 나타내 보이고 있는 풍경화의 구조라고 하는 것은, 공간구조의 공감적(共感的) 배치이다. 세키네(関根, 1982)는, 지역에서는 자연 속의 고향인 소우주, 도시에서는 공터가 중요한 공간이 된다고 하고 또 그러한 원풍경은 평온함이 있는 자기집을 핵으로 한 생활공간이라고 했다.

1-1-3 원체험(原體驗), 정동(情動), 각인성(刻印性)

원풍경의 존재 이전의 행위로서의 원체험(原體驗), 거기에 수반되는 강렬한 정동체험(情動體驗)이 있어 그것이 평생 잊지 못하는 풍경으로서 자리잡는다고 하는 것인데 이점에 관해서도 모든 연구자가 중요 사항으로서 언급하고 있다.

오쿠노(奥野, 1972)는 「작가의 영혼에 인상지어져 영원히 떨어지지 않게 된 기억의 한 토막」이라고 하여 각인성(刻印性)의 존재를 지적했다. 다카하시(高橋, 1978)는 「우리는 유소년기에 어떤 중대한 체험을 하는데 그것은 무의식 속에 계속 남아 있게 된다. 또 그것은 잊으려 해도 도저히 잊혀지지 않을 정도로 중대한 것이기 때문에 강렬한 것이다.」 라고 하여 역시 기억에의 각인에 대하여 언급하고 있다.

이와타(岩田, 1982, 1992)는 「사람과 풍경 사이의 일체감」 즉, 그 양자간의 호응, 공감이 불가결하다고 하는데 그것은 일반적으로 사람들에게는 놀람, 충격 가운데서 감동을 공유하고 「그것이 원풍경으로서 마음에 새겨지는 것」이라고 한다. 세키네(関根, 1982)도 학생의 작문분석으로부터 「풍부한 자연과의 즐거움을 나누는 표현」, 「매우 넓은 원경으로 액자처럼 테두리 쳐진풍경」, 「마음 속에 들어찬 불가사의, 신비, 공포의 장소」, 「일상의 한 때를 새겨놓은 한 조각의 풍경」, 「평온함의 장소」 등을 중심으로 설명하고 있다.

1-1-4 시간성(時間性) · 자기와의 조우(만남)

시간성에는 원풍경 형성에 있어서 축적된 시간성과, 현재의 관점에서 상기할 때의 과거와 미래가 함축된 시간성, 두 가지가 있다. 그리고 이 시간성은 항상 자기와의 조우(만남, 상기하는 것)와의 관련 속에 존재하는 것으로 파악된다.

오쿠노(奥野, 1972)는 「많은 사람들의 눈으로 경계선을 따라 가장자리를 명확하게 한 그래서 익숙하게 된 그렇지만 역사의 기억이 퇴적되어 있는 언어에 의한 시간적 풍경」이라는 표현을 써서 「시간과 기억이 누적」되고 있는 것을 지적했다. 이와타(岩田, 1992)는 「단순하게 과거의 풍경이 아닌」, 「현재의 자신의 주위에 늘어선 풍경」으로 「미래로부터 투영되어 나오는 풍경」이라고 한다.

자기와의 조우에 관해서는 각각의 연구자들이 제각기 자신의 말로 표현하고 있다. 원풍경에 있어서의 이러한 자기와의 조우성(遭遇性)은 원풍경을 취하는 중요한 이유가 되고 있다. 오쿠노(奥野, 1972)의 「자기형성」, 이와타(岩田, 1978, 1982, 1992)의 「어떤 일이 있을 때마다 되돌아 오는 것」, 「자기 아이덴티티」, 타카하시(高橋, 1978)의 「개인의 여러가지 추억」, 「다시 한번 자신의 몸을 두고 싶은 미래의 일풍경」, 세키네(関根, 1972)의 「개성적」, 「자기자신이라는 전존재의 표현」 등 원풍경에는 자기와의 관계가 반드시 존재하고 있는 것을 밝히고 있다.

그런 때에 시간적으로는 「과거와 미래를 동시에 포함하는」 것이어서 원풍경은 「과거의 풍경만이 아니라 미래의 일풍경이다」, 「재귀동사성(再歸動詞性)」을 의미한다(타카하시(高橋, 1978))고 한다. 세키네(関根, 1982)도 「미래를 향해 계속 살아 숨쉬는 풍경」이라고 하여, 과거와 미래를 포함한 풍경을 간직함으로써 나자신이 현재 여기에 있다고 하는 의미를 나타내고 있다. 즉 원풍경은 오늘 현재의 문제이며, 오늘을 사는 자기표현인 그것을 원풍경의 「현재성 · 미래성」이라고 표현하고 있다.

1-1-5 평온함 · 원동력 · 아이덴티티

이것은 자기와의 조우(만남) 즉, 상기(想起)의 결과로서 얻을 수 있는 효과인데 어떤 버팀목과도 같은 것으로서 자기 아이덴티티와 연관이 있다고 할 수 있다.

오쿠노(奧野, 1972)는 문학 작품을 예를 들면서 「작가와 작품을 묶는 조형력의 원천」, 「작가의 미의식이나 작품의 이미지나 모티브를 형성하는 심층의식적인 무대」, 「영혼의 고향」으로서 설명하고 있고 이와타(岩田, 1982)는 「심층으로부터의 생의 에너지를 빨아 올릴 때의 소용돌이치는 것과 같은 휘발성의 공간」, 「그 가운데에서 영혼을 빼앗길 것 같은, 그리고 그 곳으로부터 싯귀가 저절로 만들어져 노래가 되는 것과 같은 창조의 원천으로서의 풍경」, 「자신이라고 하는 존재의 위치를 드러내는 것」이라고 했다. 그리고 타카하시(高橋)는 「원풍경은 비록 그것이 자연에서 나오는 것이라고 해도 그 풍경을 마음 속에 품고 있는 자의 창조이며, 그런 원풍경을 소유한 자의 태도는 능동적이다」라고 주장했다. 세키네(関根)도 「개성적 창조물로서의 마음의 풍경」은 「능동적인 힘을 내포하고, 외부세계로 작용해 가는 힘」, 「자기와 생활 공간(환경)과의 가교가 되어 생활공간의 창조에 강한 관여를 견지한다」는 것을 밝혔다.

이 원동력 · 재생산성에 관해서는 모든 연구자가 지적하고 있다. 연구자들 중에 조금씩 시점이 다른 것이 있다고 해도 자기와의 조우라는 원동력은 공통적인 강조점이며, 원풍경의 심리적 기능이라고 말할 수 있는 것이 아닌가 한다.

표 1-1 원풍경의 특징(정의 · 개념을 둘러싼 70-80년대의 연구로부터)

저자 / 특징	오쿠노奧野 (1972)	이와타岩田 (1977~1992)	다카하시高橋 (1979)	카츠하라勝原 (1979~1986)	세키네関根 (1983)
특정의 시간성	태어나서부터 7-세경까지와 20세 전후	유소년기			
공간성	광의의 공터, 들판, 구석진 곳 동굴, 골목	소우주로서의 고향, 살아있는 것들(무늬=가까운 풍경), 자연,냄새 등(배경은 먼 풍경) 풍경화 구조 · 구도		농촌 · 농업풍경 초록색, 논과 밭 등이 있는 공간, 생활공간	자연이 풍부한 고향이며 소우주(지방) 공터(도시)
원체험 정동(情動) 각인	영혼에 각인된 것 영원히 떨어지지 않는 것	마음속 깊이 남겨진 놀라움, 충격 속에서 감동을 공유	중대하고 강렬한 것		마음을 사로잡은 장소 · 괴이함 · 신비 · 공포 · 자연과 교류 속의 환희를 표현
시간성 자기와의 만남	역사의 기억이 퇴적된 것	현재의 자신과 같이 얽혀 움직이는 풍경, 미래로부터 투영되어 나오는 풍경	재귀동사성		과거와 미래를 동시에 포함하는 현재성
평온함 원동력 아이덴티티	조형력의 원천	창조의 원천	마음 속에서 그리워하는 것에 대한 창조		능동적인 힘을 내포하고, 밖으로 기능하게 하는 힘
동적 능동적		죽어버린 풍경이 아닌 청조 되는것	행위주체자가 지닌 태도는 능동적, 수정된 과거에 대한 현실의 한조각		과거의 유물이 아닌 것
음양의 이원성	그리워하지만 불길하고 흉흉한 것, 소외와 핵심, 겉과 내부, 이탈과 집중		증오와 애착		밝음과 어둠, 빛과 그림자, 따뜻함과 차가움, 안심과 공포
시점	타자의 눈으로는 바라보는 것도 묘사하는 것도 가능하지 않은 주객미분의 심층의식	관광객이 감상하는 탐승적 경관이 아닌 것		심미적 태도, 정주자의 입장	
개인성 공동성 문화성	개인 고유의 풍경, 민족이나 풍토마다 각각 존재하는 원풍경	엄밀하게는 개인적, 만인에게 공유되는 것		개인적 원풍경 지역적 원풍경 국민적 원풍경 인류적 원풍경 (쾌적함amenity)	

1-1-6 동적, 능동적

동적 · 능동적이라 함은 원풍경이 고정된 화면과 같은 것이 아니라고 하는 의미이다.

이와타(岩田, 1982)는, 「하나의 원풍경 또는 같은 모양의 원풍경이라고 하는 것은 없다」, 「화석화한 것을 안에 두고 있지만 결코 죽은 풍경은 아니다」, 「원풍경은 발견되는 것이 아니라 창조되는 것」이라고 말했다.

타카하시(高橋, 1978)는, 원풍경은 비록 그것이 원래 「자연」스럽게 나오는 것이라고는 해도 「그 원풍경을 품고 있는 사람의 창조」라고 하고 있다. 원풍경을 소유한 자의 태도는 「능동적」이며, 원풍경은 항상 「창조적 공상의 손이 가해진 수정된 과거의 현실의 한 조각」인 것을 강조했다. 더불어 세키네(関根, 1982)도, 「과거의 유물이나 추억이 아니다」라고 말하고 있다.

1-1-7 음양의 이원성(공간, 정동체험 속의 형태)

음양의 이원성이란, 공간에 있으면서 또 정동체험 속에 있어 모순되고 있는 것 같지만 동시에 존재하는 음과 양의 성질이다[5].

오쿠노(奥野, 1972)는, 「〈공터〉는 영혼의 고향과 같이 그리운 것이기도 하지만 동시에 무엇인가 불길하고 흉흉한 성질을 가지고 있다」고 했다. 또 「〈한 귀퉁이〉라고 하는 것은 소외와 핵심, 겉과 내부, 이탈과 집중과의 모순적인 이중성의 장소」로서 「수치와 컴플렉스와 증오의 핵」이라고 말하는 동시에 「그립고, 슬픈 안식의 모태이다」라고 표현하고 있다.

타카하시(高橋, 1978)는, 아쿠타가와 류노스케(芥川龍之介)의 소설 오타케쿠라(お竹倉)를 이용해 「증오와 애석함의 쌍가성」을 설명했다. 세키네(関根, 1982)는 「강한 소우주를 지향한다」는 것을 강조하면서 「그곳에 살고 있는 거주자에게 그 이미지가 그려지는 구조」로서 「명과 암, 빛과 어둠, 따뜻함과 차가움, 안심과 공포」를 「이원적 구조」로서 나타내 보이고 있다고 한다.

1-1-8 시점, 일체감

시점이라 함은 원풍경을 보는 눈이다.

오쿠노(奥野, 1972)는, 원풍경을 「여행자가 바라보는 풍토나 풍경이 아니고 자기형성과 얽혀 혈육화한 심층의식」, 「타자의 눈으로 바라보는 것이나 묘사하는 것도 가능하지 않다」라고 한다. 「자연은 자신의 내부에 있고 자신도 자연의 내부에 있다고 하는 주객미분(主客微分)의 심층의식」으로 설명했다. 카츠하라(勝原, 1979)는 경관이 단순한 「바라보는 것」이라고 한다면 원풍경은 거기에 「심미적 태도」를 추가하는 것이라고 한다. 인간이 심미적 태도를 견지함으로서 원풍경은 여행자의 입장에서가 아닌 「거주자」의 위치, 경치가 좋은 곳 따위의 탐승적 경관이 아닌 「평범한 생활경관」이라고 했다.

이와타(岩田, 1982)는, 사람과 풍경 사이의 「일체감」, 「일상의 평범과 비범한 모습을 동시에 볼 수 있는 곳에 자신이 있다」, 「관광객이 정신없이 보는 단지 아름다운 풍경이 아니며」, 「자기자신의 내부를 탐구하는 것」 거기에서 하나의 핵(核)을 발견하게 되는 것을 원풍경이라 말하고 있다.

1-1-9 개인성과 문화성

원풍경은 개개인에게 특유한 주관적인 것이며, 또 공동체마다 공통적으로 계속 보유해 가는 것이기도 하다.

대부분의 연구자는, 원풍경은 누구나 가지고 있는 것으로 파악하고 다루어 가면서도 언제나 변용해 나가는 개인의 개성 · 능동성 · 창조성에 강조점을 두고 있다.

오쿠노(奥野, 1972)는, 「개인적 고유의 원풍경」과 「그 민족이나 풍토마다 존재하는 공통적인 원풍경」을 생각할 수 있다고 했다.

타카하시(高橋, 1978)는, 「만인에게 공유되면서 한편으로는 그 개인성 · 능동성이 강조된다」고 말하면서 엄밀하게는 개인적이라고 했다. 다른 연구자도 직접 말로는 표현하고 있지 않아도 그 논점의 흐름을 들여다 보면 그런 의미를 내포하고 있다고 생각된다. 유일하게, 카츠하라(勝原, 1979, 1986)만이, 「원풍경에는 순수 개인의 것 외에 국민적 원풍경이라고도 불려져야만 할 것이 중층적으로 공존하고 있는 것은 아닌가」라고 하면서 국민적 원풍경을 설명하면서 강조하고 있다. 그는 또 농촌의 풍경을 일본인의 가장 중요한 풍경으로 삼고 있다.

이상으로 밝힌 것처럼, 각기 다른 입장에서의 원풍경 문헌을 포괄적으로 정리하고 고찰하기 위해서 9가지의 특징으로 정리하여 그 설명을 시도해 보았다. 전체적으로 정리한 것이 표 1-1이다. 복수의 연구 안에서 공통적이지 않은 특징에 대해서도, 모두 본 논문에 받아들여 원풍경론에 나타난 특징으로서 포함했다. 어느 정도 전체의 설명은 한 셈이지만 아직 이들 문헌으로부터는 확실치 않은 몇 가지 점이 남아있는 상태이다. 여러가지 중에서 첫째로, 원풍경이라고 할 때 「상기(想起)」라고 하는 용어를 직접 사용하고 있지 않은 것이라 해도 각자가 논하는 내용의 흐름을 보면 상기(想起)의 의미가 들어가 있음을 알 수 있다. 그러나 상기된 장면과, 상기하는 것 자체의 상황과, 상기한 결과로서 생긴 것 등의 구별이 애매하다는 것이다.

두번째로, 상기된 장면을 원풍경으로서 파악한다고 해도 그 구체적인 범위는 아직 모른다. 예를 들면, 맨 처음 상기한 그 한 장의 풍경화 같은 것인가 아니면 연속적으로 상기되는 장면 전부인가, 그리고 연속적이지 않아도 때때로 가끔 상기하는 하나의 장면인가 등의 문제이다.

세번째로, 이들의 연구는 실증적 연구가 아니고 문학작품, 작문, 교과서 등을 이용해서 탐색적으로 행한 연구이며, 향후 실증연구로부터의 증명이 필요하다는 점이다.

2. 원풍경의 구체적 내용(실증연구로부터)

이상과 같이 주로 원풍경의 본질을 탐색적으로 다루고 있는 문헌을 통하여 원풍경의 특징에 대한 정리를 시도해 보았다. 그러면, 그러한 원풍경의 구체적인 내용은 어떤 것인가. 아직 실증연구는 많지 않지만, 감정분석(感情分析)의 방향에 있어서는 호시노(星野)와 하세가와(長谷川)의 일련의 연구(1981, 1982, 1984, 1985)나, 이노우에(井上, 1995)의 연구가 있다. 그리고, 공간구조 분석의 방향에 있어서는 테라모토(寺本, 1988, 1990, 1994)와 테라모토 외(寺本 ら, 1994, 1995), 미나미 외(南 ら, 1994)의 연구가 대표적이다. 이들의 연구 결과를 원용하여 앞으로는 1) 원풍경의 형성기, 2) 상기(想起)된 원풍경 장면에 나타난 구성요소, 3) 상기에 수반하는 감정 체험, 4) 자기자신에게 있어서의 원풍경의 의미 · 기능, 5) 공간구조 등으로 구분하여 나타내고(표 1-2 참조) 위에서 설명한 원풍경의 특징과 대응시켜 가면서 고찰하고자 한다.

2-1 원풍경의 형성기

원풍경의 형성에 관해서, 전체적 경향으로서는 초등학생 시기가 가장 중심인 것으로 나타나고 있다. 오쿠노(奧野, 1972)는 유소년기와 청년기의 두 시기를 중심으로 하고 있고 이의 형성기에 따라 그 내용이 달라진다는 것을 지적하고 있다. 그렇지만 지금까지의 실제의 조사 결과에서는 유소년기 중심의 원풍경이 기술되어 있다(이와타(岩田, 1977), 호시노 · 하세가와(星野 · 長谷川, 1981, 1985), 세키네(関根, 1982)). 특히 호시노(星野)와 하세가와(長谷川, 1985)의 조사 결과에서는 5세까지 형성된 경우가 61%, 8세까지 형성된 경우가 89%라고 하고 있다. 한편, 이노우에(井上, 1995)는 여성인 경우, 초등학생 시기를 중심으로 중학생 이전에 형성기가 한 쪽으로 치우치는데 반해 남성은 초등학생 이전과 고교 이후로 양극화 하고 있는 것으로 나타나고 있고 나아가 중노년층의 남성은 다른 조사집단에 비해 청년기 이후가 반수 이상으로 나타나고 있는 것이 특징적이라고 말하고 있다. 이노우에(井上, 1995)의 결과는, 오쿠노(奥野)가 말한 원풍경의 형성 연령에 대해 어느 정도 실증적인 증명이 가능한 것으로 여겨진다. 호시노(星野)와 하세가와(長谷川)의 조사결과는 유아기가 중심으로, 또 이노우에(井上)의 조사로부터는 초등학생 시기가 중심으로 하여 원풍경이 형성되는 것으로 나타나고 있다.

이노우에(井上, 1995)는 유소년기의 풍경이 원풍경이 되기 쉬운 이유로서 다음의 네 가지 점을 들고 있다. 그것은 ① 「놀이 속에서 풍경을 새기는 아이들의 그것에 몰두하는 자아참여(自我參與)는 마음에 깊은 인상을 만든

표 1-2 원풍경연구의 두 가지 흐름(80~90년대의 실증연구)

	감정적 차원		공간적 차원	
	호시노 · 하세가와 星野 · 長谷川 (80년대)	이노우에井上 (90년대)	테라모토寺本 (80~90년대)	미나미南 등 (90년대)
원풍경 형성시기	9세까지 99%	여성 : 중학생이전 남성 : 초등학교 이전과 고교 이후		
원풍경 구성요소	평지의 자연 자택의 주변 논과 밭 교정 · 통학로	자연(시골) 도시 속의 공간 (공터) 동식물	인간, 자연, 생물, 생활, 교통기관	
감정체험	회구감 안식감 온난감	황홀한 기분 그리움 평온함		
원풍경의 의미		강한 자기관여 자기와의 만남 안락한 장소		
공간의 구조			가슴뛰는 공간 즐거운 공간 놀라운 공간	공포공간 비밀공간 위험공간 금지공간 안심공간 교류공간 탐험공간
분석자료	질문지 · 작문	질문지	그림지도 · 작문	그림지도 · 작문

다」, ② 「유소년기의 체험 중 상당수는 자신의 몸으로 직접 확인되는 세계에서의 감동체험을 핵심으로 하여 형성된다」, ③ 「인지구조(認知構造)가 어른에 비해 그다지 견고하지 않기 때문에 비록 그것이 어른이 보기에 논리적으로 모순된 세계라 해도 자신의 것으로 받아 들이기 쉽다」, ④ 「원풍경을 대상화해서 이미지로 성립하려면 어느 정도의 시간 경과가 필요하다」는 등의 이유이다.

2-2 원풍경을 구성하는 요소

이노우에(井上, 1995)는, 원풍경을 구성하는 요소로서 산이나 강이나 바다라고 하는 자연 이나 공원 · 학교 · 공터라고 하는 도시안에서의 공간과 동식물과의 조합이 많이 나타나는 것을 지적하고 있다. 테라모토(寺本, 1994)가 아이들에게 지각하고 있는 소리나 냄새를 그림지도로 그리게 하여 분석한 연구에서는, 그 구성요소가 인간 · 자연 · 생물 · 교통기관 · 생활로서 분류되고 있다. 또 그 원풍경 그림에 그려진 요소로서 비밀기지, 높은 곳 · 논밭 · 동굴 · 물가의 순서로 나타나고 있다. 이것들은 이와타(岩田, 1977, 1992)와 세키네(関根, 1982)가 말하는 소우주로서의 고향, 그 상징물로서 작은 생물이 등장하는 것, 배경 · 전경으로서의 자연 가운데에 개성적인 색과 냄새의 세계가 펼쳐지고 있다는 것과도 맞아 떨어지는 부분이 있다고 볼 수 있다. 호시노 · 하세가와(星野 · 長谷川, 1985)는, 원풍경이 경관과 관련한 기억심상(記憶心想)이 아닌가 하는 관점에서 분류하고 있다. 그 결과 강 · 바다 · 호수 등이 없는 시골이나 교외의 평지에서 비롯되는 자연의 경관이 원풍경의 대표적인 배경이라는 것을 밝혀냈다. 조금 더 상세하게 이런 원풍경의 배경을 보면 자신이 살고 있는 집주변, 논이나 밭, 학교운동장, 정원, 학교나 유치원 다니는 길같은 것이 많고 그 원풍경이 건물내에 있는 경우는 매우 적다는 것을 설명하고 있다. 이것은 세키네(関根, 1982)가 지적한 평온함의 이미지의 핵심으로서 「자기집」의 존재를 중시한 것과 또 미나미 외(南 ら, 1994) 가 자기집을 중심공간으로 하여 점차 탐험과 교류 공간으로까지 확장해 간다고 하는 것과도 맞는 결과이다.

미나미 외(南 ら, 1994)의 그림지도나 회고문의 분석으로는, 원풍경을 구성하는 요소는 건조물 등의 물리적 환경에 의해 규정되는 것이 아니라 공간이 아이들에게 제공하는 기능에 의해 분류된다고 하며, 그것들을 다음의 7개의 공간으로 나타내고 있다. 7개의 공간이란 ① 도깨비소굴처럼 느껴지는「공포공간」, ② 남의 눈을 피해서 노는「비밀공간」, ③ 물가나 계곡 바위같은「위험공간」, ④ 출입이 금지되고 있는「금지공간」, ⑤ 무엇인가 편안한「안심공간」, ⑥ 여럿이 어울릴 수 있는「교류공간」, ⑦ 아이에게 있어 미지의 장소인「탐험공간」등이라고 하고 있다. 그리고 이들 각 공간의 상호관련성에 대하여 자세하게 설명하면서, 원풍경 구조의 발전을 그림으로 나타내고 있다(그림 1-5 참조).

2-3 감정체험(정동체험)

감정체험(感情體驗)에 관해서는 오쿠노(奧野, 1972), 타카하시(高橋, 1978), 이와타(岩田, 1977, 1982, 1992), 세키네(関根, 1982) 등이 모두 언급하고 있다. 타카하시(高橋)는 애증이 겹친 감정에 대하여 다루고 있고, 세키네(関根)나 이와타(岩田)도 결코 잊을 수 없는 자신에게 힘이 되어주는 풍경이기도 하면서 한편으로는 무서워하거나 놀라워 하는 따위의 감정에 대하여 주목하고 있다. 감정체험에 대하여 실증적으로 검토한 연구로서 호시노 · 하세가와(星野 · 長谷川, 1985)의 조사에 의하면, 원풍경을 상기했을 때의 감정에서 가장 많이 볼 수 있던 것이 옛날을 그리워하는 회구감(懷舊感)이며, 계속하여 안식감 · 온난감 · 상쾌감 등의 차례로 15가지의 포괄적 감정 용어를 들고 있다. 이노우에(井上, 1995)의 연구에서, 원풍경의 상기(想起)에 수반하는 감정에 대한 인자분석(因子分析)의 결과로 포지티브한 인자가 7인자, 네가티브한 인자가 5인자가 나왔다. 이러한 결과에 대해 이노우에(井上)는, 원풍경의 감정이 다양한 측면을 나타내 보이고 있지만 전체적으로 원풍경을 상기할 때에는「심미적으로 빠져드는 기분」,「그리움」,「온화함」이라고 하는 포지티브한 감정으로 전환되기 쉬운 때문이라고 말하고 있다. 이렇듯 호시노(星野)와 이노우에(井上)가 감정체험에 대하여 구체적으로 조사하고 있지만, 그것들은 원체험(原體驗) 당시의 정동체험(情動體驗)과 원풍경이 상기되는 시점과의 구별이 확실하게 되어 있지 않아 보인다.

2-4 원풍경의 의미 기능

여기서 밝히는 원풍경의 의미 · 기능은, 이미 앞절에서의 「(1) 원풍경이란 무엇인가」라는 제하의 원풍경의 특징 중의 다섯번째인, 평온함 · 원동력 · 아이덴티티라고 하는 부분과 맞물리고 있다. 호시노 · 하세가와(星野 · 長谷川, 1985)의 연구에서는, 자신이 스스로 「의미」를 적은 것을 분석한 결과 「단순회고」, 「자신의 출생과 · 출신성분에 대한 표출」, 「자신의 귀중한 소유물」, 「안식과 치유를 가져다 주는 것」, 「부정적 의미」, 「의욕 · 희망의 원천」 등으로 원풍경의 의미 · 기능을 분류했다.

이노우에(井上, 1995)는 선행 연구를 검토해서, 원풍경의 의미 · 기능을 1) 강한 자기관여, 2) 자기와의 조우(만남)의 장면으로서의 원풍경, 3) 평온함의 장소로서의 원풍경, 4) 창조력의 원천으로서의 원풍경, 5) 미래로부터의 평온함 등으로서의 원풍경으로 정리한 후 전체 고찰에서는 1) 자기와의 조우(만남), 2) 비합리적 관용의 세계, 3) 고향에의 애착 등을 그의 뿌리로 삼아 간직하고 있는 풍경으로 요약하고 있다.

제 3 절 선행연구로부터 남겨진 문제점

이상, 원풍경이라는 용어가 처음으로 출현한 1970년대부터 최근까지의 연구에 대해 필자의 관점에서 정리해 보았다. 이들 원풍경의 연구는 앞에서도 밝힌 것처럼 문학, 인류학, 지리학, 심리학, 건축학, 농학 등 여러가지 분야에서 행하여져 온 것이다. 따라서 각각의 분야에서 논점의 전개에 있어서 범위나 깊이 접근방법 등이 다른 것은 당연하다고 해도 좋을 것이다. 그렇지만 거기에도 어느 정도의 공통 인식이 있고 원풍경 연구를 진행해 나가는 가운데 정리해 둘 필요가 있다는 판단으로 본 리뷰를 작성했다. 본 리뷰는, 치밀하게 검토한 리뷰라고 하기 보다 원풍경을 다루어 갈 때의 출발점으로서 이 테마에 관하여 각 영역에서 취급되어 온 내용을 한자리에 정리한 것이라 할 수 있다.

그리고 이하의 본 절에서는, 선행연구로부터 해소되지 않고 남겨진 문제와 지금부터 고려해야만 하는 점에 대하여 1) 원풍경을 해석하는 입장 · 관점, 2) 조사분석 방법, 3) 원풍경의 개인성과 공동성, 4) 조사 대상자, 5) 실증연구로부터의 이론화, 6) 원풍경 연구의 자리매김 등의 항목으로 나누어 다시 한번 간단하게 지적해두고, 다음 장에서 더 진전시켜 나갈 것이다.

1. 원풍경을 포착하는 입장 · 시점

필자는 위의 리뷰 안에서 원풍경의 특징의 일부로서 「시간성 · 자기와의 조우(만남)」, 「동적 · 능동성」이 있는 것으로 정리한 바 있다. 인문학적인 문헌에서 이 특징에 관한 설명은 볼 수 있지만 실증연구의 내용을 보면, 지금까지의 원풍경 연구로 밝혀진 내용은 「원풍경으로서 무엇이 상기되었는가」가 중심이다. 즉, 마음으로 다가오는 그리운 풍경 혹은 그 에피소드가 무엇인가에 대한 것들을 개개인이 지니고 있는 원풍경으로서 파악하고 있고 또 그것을 일반적 경향으로서 객관화하고 있다. 그러나 원풍경을 이러한 상기(想起)의 내용이 정지된 채 마음 속에 지니고 있는 것만으로 파악하는 것으로는 「시간성」이나 「능동성」에는 접근할 수 없다. 일상생활 속에서 원풍경을 고찰할 때 원풍경으로서 무엇이 기억되고 있는가 하는 것보다는 어떻게 상기하고, 느끼며, 의미부여가 이루어지고 있는가 하는 상기주체자(想起主體者)의 현재 시점이 중요하다고 본다.

결국 기억된 것이라고 하는 것보다 일상적으로 상기되는 것으로서의 원풍경을 파악하는 그 점에 의의가 있는 것으로 판단된다. 나아가 원풍경이 상기되는 것이라고 할 때, 무엇이 상기되는가 하는 그 것만이 아니고 어떻게 상기되고 있는가 하는 데까지 포함하는 상기주체자의 현재 시점의 원풍경으로서 파악할 필요가 있다. 그러한 가운데 앞서 원풍경을 다룬 문헌이나 인문학적 연구에서 빠뜨린 원풍경의 시간성이나 능동성이 보다 깊이 파악될 수 있을 것으로 본다.

2. 원풍경의 조사분석 방법

조사 방법으로서는 문학작품, 국정교과서의 분석, 그림지도나 질문지의 분석, 면접조사 분석 등 다양한 조사 · 분석이 사용되어 왔다. 종래의 방법에서 공통적인 점은 상기된 내용의 분석이며, 환경 · 공간요인, 감정요인, 의미 · 기능요인 등에 대하여는 그것들을 각각 달리 잘라낸 단층적인 분석을 행하여 왔을 뿐이다. 예를 들면 상기된 장소로서 산, 동굴, 학교를 거론하고 또한 감정으로서 즐거움, 괴로움, 두근거림을 추출하여 제각각의 그 단층만으로 분석하고 있는 것이다. 그러나 이렇게 하는 것은 어느 장소에 어떤 감정이 연결되는지를 알지 못하고 같은 장소에서도 상황의 차이에 따라 감정이 달라질 가능성 등에 관하여는 잘 파악할 수 없다. 분석단위에 있어서 환경 · 공간, 감정체험, 의미 · 기능 등을 연결하는 작용을 하는 하나의 세트로서도 분석할 필요성이 있을 것으로 보인다.

그러기 위해서는 조사단계에서부터 분석까지 「어떤 곳에서」, 「무엇을 하고」, 「무엇을 느껴」, 「현재 어떻게 생각하는가」에 대하여 각각 단층적으로 고찰해서는 안되고 하나의 세트로서의 분석 단위로 파악할 수 있도록 연구해 가는 것이 요구된다. 또 질문지, 그림지도, 작문의 조사 등에서 어떻게 해서라도 응답자가 답지에 기입한다고 하는 경우가 압도적으로 많아 일상생활의 흐름속에서 원풍경을 상기하는 상황과는 다른 것이 나오는 게 아닌가 하는 의문도 있다. 일상적 흐름을 고려하면서 원풍경을 동적으로, 상기시점(想起時點)에서의 주체자의 리얼리티를 포함시켜 파악하기 위해서는 일상의 흐름에 가까운 상황에서의 조사연구나 고찰이 필요하다.

3. 원풍경의 개인성(個人性)과 공동성(共同性)

지금까지 검토된 내용은 원풍경의 형성시기, 구성요소(물리적 환경요인), 감정체험, 의미 · 기능, 공간구조 등인데, 그것들에 대해서는, 어디까지나 개인에 있어 상기된 내용이 일반적 경향으로서 기술되고 있다. 또 카츠하라(勝原, 1978, 1986)의 「국민적 원풍경, 지역적 원풍경」이나 오쿠노(奧野, 1972)의 「민족이나 풍토마다 존재하는 원풍경」 등 원풍경에 있어서의 개인성과 공동성의 언급이 있기는 하지만 심층의식, 무의식의 영역으로서 추론되고 있을 뿐이어서 이들 공동성에 관한 구체적 설명은 없다. 즉, 본 장에서 필자가 리뷰한 실증연구에서는 원풍경의 개인성 · 공동성이라고 하는 구별의 관점은 보이고 있지 않고 단지 향후의 과제라 하고 있을 뿐이다.

4. 조사 대상자

조사 대상자는 거의 대학생이나 초등학생이다. 원풍경의 연구 내용을 일반화하기 위해서는 폭넓은 연령의 조사도 필요하다. 특히 원풍경은 형성되고 나서 어느 정도 시간이 경과하는 것에 따라 그 기능이 커지는 것(이노우에(井上, 1995))이 예상되어 대학생 이후의 중노년층에 대한 조사가 중요하다고 생각된다.

5. 원풍경 연구의 이론화

지금까지의 연구는 실태조사에 가까운 것이어서(실태조사 자체도 아직 양적으로 부족하지만) 획득된 데이타의 해석까지는 하고 있지만, 원풍경을 설명하기 위한 분석개념이나 이론이 결핍되어 있다. 향후 분석개념을 찾아내고 이론을 구축해 나가는 것이 요구된다. 미나미 외(南 ら, 1995)의 공간구조 분석은 데이타로부터 개념화, 구조화를 시도하고 있다고 하는 측면에서 향후 진행할 방향의 하나가 되고 있다.

6. 원풍경 연구의 자리매김

본 리뷰에서는, 원풍경을 키워드로 한 일본의 문헌을 검토했다. 앞으로 유럽과 미국의 연구도 포함해서 원풍경이라고 하는 용어가 직접적으로 사용되지 않더라도 내용적으로 관련이 있는 영역과의 관계까지도 정립해 가는 것이 필요하다. 예를 들면 안락함의 이미지, 고향, 장소아이덴티티, 장소애착, 상기, 자연관 · 환경관 등과 같은 개념들을 원풍경과 관련시켜 생각할 수 있을 것이다. 이들에 대한 검토에 의해서 원풍경 연구의 외연과 내포를 알 수 있게 되고 학문영역에 있어서 원풍경 연구가 바로 서야만 하는 하나의 좌표를 설정할 수 있게 될 것이라 생각한다.

이상, 리뷰로부터 고찰할 수 있는 원풍경 연구의 방향성과 과제에 대하여 필자의 견해를 밝혔다. 본 연구의 전반적인 방향성은 다음의 제2장에서부터 기술해나가려 한다.

제2장

원풍경 연구의 어프로치
- 서로 이야기하기 방법

들판(野原)
잡목림, 풀밭, 내창, 수덕이 있는, 멀리 오름도 보이는 곳

제 1 절 원풍경연구의 도달 과제와 그 시점

제1장의 리뷰로부터 제기된 문제를 간단하게 요약해 보면 다음과 같다. 즉, 이제까지의 연구에서는, 1) 원풍경을 과거의 체험으로 인해 형성된 고정적인 것으로 파악해서 객관적인 것으로 설명하고 있다. 그 결과 원풍경으로서 무엇이 상기되었는가에만 초점을 맞추게 되어 상기하는 시점에서 그 주체자가 어떻게 상기하고 있는가에 대하여는 주목하지 못하는 것과, 2) 원풍경 내용의 분석에 있어서 「어떤 곳에서」, 「무엇을 체험하고」, 「무엇을 느끼며」, 「상기하고 있는 지금은 무엇을 느끼고 있는가」라고 하는 점들을 별개의 것으로 단절화하여 분석하고 있으며 그리고 조사방법이나 조사현장이 일상 안에서의 상기되는 상황과는 떨어져 분리되 있는 경우가 많은 문제, 3) 개인의 원풍경 내용을 수집하여 일반적 경향으로서 기술하는 것에 머무르고 마는 분석이 됨으로써 주체자의 리얼리티가 존재하는 현재의 관점이 포함되지 않는다는 점과 또 원풍경의 개인성과 공동성에 대한 관점이 설명되지 않는 것, 4) 조사대상자가 대학생 · 초등 학생에 치우쳐 있는 것, 5) 데이타에 대한 기술은 하고 있지만 원풍경을 파악해 나가기 위한 분석개념이 없는 것, 6) 관련하는 영역과의 관계에서의 원풍경 연구가 독자적인 이론적 자리매김이 없는 것 등이었다. 이러한 문제들을 기초로 고려하면서, 본 연구에 있어서의 원풍경을 파악하는 입장과 연구목적에 관하여 밝히고자 한다.

1. 원풍경을 포착하는 새로운 입장

제1장의 리뷰로부터 이제까지의 원풍경을 파악할 때의 입장으로서 먼저 2개의 축을 생각할 수 있다(그림 2-1 참조). 하나의 축은, 원풍경을 개개인 안에 기억된 고정적인 것으로서 파악하는가 아니면 기억안에 고정적인 무엇인가는 있지만 거기서 상기되는 것 자체에 중요성이 있는 것으로 파악하는가이다. 현재까지는 대부분의 실증연구가 체험으로 인하여 형성된 고정적인 것으로서 원풍경을 파악해서 기억에 존재하는 내용을 주로 검토하고 있다. 또 이러한 연구에서는 개개인의 데이타를 총괄하여 자주 거론되는(회수의 결과로) 풍경 · 공간이나 감정을 원풍경의 일반성으로서 기술해 버리고 있다. 이는 상기하는 것의 중요성과 상기 장면에서의 양태 그리고 상기의 주체자마다 그 현장에서 느끼는 각기 다른 리얼리티에는 주목할 수 없다.

또 다른 하나의 축은, 원풍경을 개인적인 것으로만 파악하는가 그리고 지역 · 풍토마다 존재하는 공동적인 것까지 파악하는가의 문제이다. 아직까지 실증연구는 데이타의 내용으로 설명하고 있기 때문에 직접 상기할 수 있는 범위에서의 원풍경의 개인성을 나타내는 것이 대부분이다. 그런데 인문학적 연구에서는, 원풍경이 개인에게 있어서 상기(想起)가 되는 것이라 설명하면서도 그 배경의 심층의식에 공동성이 있다고 하는 추론을 행하고 있는 연구가 있다. 예를 들면, 공터 문화는 죠몬지다이(縄文時代)의 문화로까지 거슬러 올라갈 수 있다고 하는 오쿠노(奥野, 1972)의 연구나, 개인적 원풍경의 배경에는 국민적 원풍경과 더불어 인류적 원풍경이 있다고 하는 카츠하라(勝原, 1979)의 연구가 그것이다. 또 공동성이라는 용어는 쓰지 않고 있지만 여러 지역의 조사 때마다 공통적으로 자주 거론되는 공간 · 풍경에 대하여 밝혀낸 연구가 있다. 그렇지만 공동성의 의미를 띠고 있는 이러한 연구들도, 아직까지는 상기하는 것으로서의 원풍경을 파악하는 입장이 아니라 기억으로서 파악하고 있다.

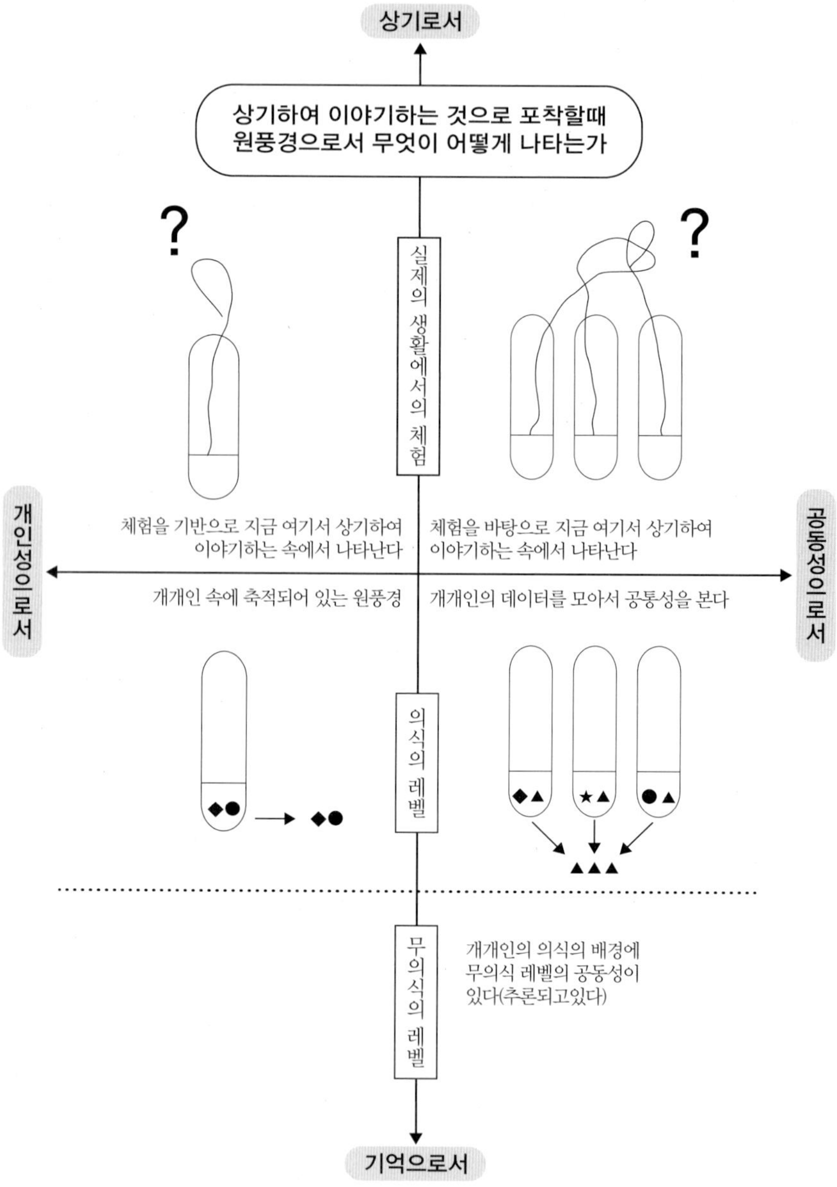

그림 2-1 원풍경을 포착해가는 입장

주 : 위 그림 중 필자는 상반부(좌 · 우)의 입장을 취한다.

본 연구에서는, 원풍경을 기억에 고정적으로 존재하는 것으로서가 아니라 상기(想起)하는 것으로서 동적 상태로 파악한다. 그리고 원풍경의 개인성과, 일정 지역 · 풍토마다 존재하는 것으로 보이는 공동성을 동시에 상기활동(想起活動)으로서 파악해서 검토한다. 그때 원풍경으로서 무엇이 상기되었는가 하는 상기의 내용만이 아니라, 어떻게 상기하고 있는가 하는 「지금 · 여기」에서 상기하는 주체자의 리얼리티를 포함시켜 파악해 간다.

따라서 본 연구에서는, 체험으로부터 형성된 고정적인 측면을 부정하는 것이 아니라 오히려 그것을 전제로 하고 있다. 즉, 개개인의 과거의 체험으로부터 기억에 저장되는 것들이 있지만 그러나 항상 그 고정된 것들이 그대로 하나씩 따로따로 상기되는 것은 아니다. 상기주체자가 처한 입장 · 상황(지금 · 여기)에 의해, 저장되어 있는 것들에 근거하여 나타나고 있는 원풍경을 파악해 가는 것이다. 다시 말하면, 원풍경에 접근하면서 개인이나 공동체를 이해하기 위한 단서를 잡으려 할 때, 무엇이 원풍경으로서 저장되고 있는가도 필요하지만 그 저장된 것들을 기본으로 하여 언제, 어디서 상기되고 또 어떻게 상기되며 어떻게 받아들여지고, 의미부여가 되어지고 있는가를 봄으로서 상기활동과 그 동적상태를 밝히게 되고 실제 생활의 맥락 속에서 의 원풍경의 의미 · 기능을 알게 되는것이 아닌가 하고 생각된다.

2. 상기활동(想起活動)에 주목하기 위하여 어떤 방법이 필요한가

어린 시절의 체험으로 인하여 형성되어 저장된 것으로서의 원풍경을 조사할 때 지금까지의 연구에서 활용되고 있는 자유롭게 작성하게 하는 작문이나 그림지도와 질문지 조사 등을 연구목적에 맞추어 쓰는 것이 유효하다고 생각할 수 있다. 그러나 이러한 방법으로는 상기내용을 전달하는 매체가 문자와 그림이기 때문에 상기의 현장에서 주체자가 체험하는 리얼리티는 타자(연구자)에게는 잘 전해지기가 어렵다(물론 문장이나 그림 안에 어떠한 형태로든지 표현되고 있는 측면은 있지만). 문자의 논리적 조작이나 그림 표현의 기술에 집중하면서 자유롭게 상기하고 있다고는 할 수 없다. 즉, 상기내용의 전달 매체가 무엇인가에 의하여 상기 현장이나 장면에서 주체자가 체험하는 리얼리티와, 또 그것이 그 현장에서 얼마나 타자(연구자)에게 전해져 제대로 파악되는가 하는 것은 다를 것이다.

본 연구에서는, 문자나 그림이 아닌 「이야기하기」를 통해서 원풍경의 조사를 실시하기로 했다. 조사자인 필자와 조사대상자에 의한 이야기의 교환과 직접 청취를 통한 조사이다. 이 방법을 이용한 이유와 필자의 관점으로서는 다음의 것들을 들 수 있다.

1) 이야기하기는 작문을 하는 것이나, 그림지도를 그리는 것, 그리고 질문지에 응답하는 것보다는 표현에 있어서의 인지활동이나 표현의 기술에 대하여 심리적 부담이 적다.

이야기하기가 자신있는가, 서투른가, 좋아하는가, 싫어하는가의 차이는 있을지 몰라도 그저 누군가와 부담없이 이야기를 나누는 것은 일반의 사람 누구라도 자연스러운 것이기 때문이다. 문자를 빌어 무언가를 쓰고 그림을 그리는 것보다는 이야기하기가 비교적 조작하는 부담이 적기 때문이다. 또 이야기 하는 현장에서는 그 주체자가 가능한 한 자유롭게 연상하면서 그 상황에서의 체험의 리얼리티가 나타나기 쉽고, 타자(조사자 포함)에게도 바로 전해지기 쉬울거라고 생각되었다.

2) 생활하는 흐름 속에서 원풍경이 상기되는 장면으로서 누군가와의 대화 도중에 불현듯 지난 날의 이야기가 나오는 것은 누구나 경험으로 공유하고 있다.

텔레비전의 화면에 옛날 풍경이 나왔을 때, 손자와 할머니가 이야기 나누고 있을 때, 오랜만에 친척들이 모여 지난 날들의 이야기를 하고 있을 때, 설날 등이 되어 집을 떠나 있던 친인척들까지 모여 서로 이야기를 하고 있을 때, 초등학교의 동창회에 가서 이야기 나눌 때, 제사가 있어 가족이나 아이들이 모두 모였을 때, 동네의 사람들이 모여 어떤 행사를 치룰 때 등과 같이 그저 자연스럽게 아무렇게나 떠들며 이야기하고 있는 것으로부터 나타나는 상기활동과 원풍경과의 관계를 추출하는 방법이다(물론 이야기를 하고 있는 본인들이 「원풍경이란」, 「나는」이라고 하는 식으로 의식하고 있다고는 할 수 없다.).

3) 이야기하기 현장에서 조사를 행하면, 역시 조사이기 때문에 그것을 위해서 대답한다고 하는 측면은 있지만 그 상황 자체마저도 이야기하는 현장의 연속이 되는 것과 다름없다고 생각할 수 있다. 연구의 목적을 띠고 있으므로 완전한 자연 상황은 아니다. 그러나 조사자와 조사대상자라고 하는 관계이지만, 보통의 이야기하는 장면과 같이 서로 아는 사람끼리 지난 날들의 여러 가지 일들에 관한 이야기의 내용이 되기도 한다. 즉, 조사를 위한 데이타 획득이라는 것만이 아니라 조사의 그 자리는 일상적인 하나의 현장으로서 주체자의 리얼리티가 있는 원풍경의 이야기로서 고찰할 수 있기 때문이다. 이러한 의미에서 이야기하기 방법은 「자연스러운 생활상황에 근접한 조사방법」이라고 할 수 있다.

4) 자연스러운 생활 상황에 가까운 이야기 내용이라고 하지만, 무엇이든지 다 좋다고 하는 것이 아니라 조사목적인 원풍경에 관한 이야기가 많지 않으면 안된다. 그러나 구조화한 질문을 하며 차례대로 묻는 것이 아니라 가능한 한 주체자의 연상(連想) · 기분 그대로의 이야기 내용이면서 게다가 연구자로서 질문해야 할 점은 상황의 흐름에 따라 연동시킬 수 있기 때문에 목적의식적으로 물을 수도 있다.

이상, 본 논문의 조사방법으로서 「이야기하기(일본어:가타리語り/영어:Narrative)」를 이용하는 이유에 대해 설명했다. 서로 이야기하기를 통해

나타나는 원풍경을 분석해 갈 때, 이야기하기에서 나온 내용과 용어는 객관적 근거로 활용하고 또 그 현장에 같이 있었던 듣는 사람(청자)인 필자의 주관적 감상을 참고로 하여 진행한다.

이상에서 본 연구에서는 조사대상자가 주된 이야기하는 사람(발화자), 필자가 주된 듣는 사람(청자)이 되어 이야기하기에서 나온 내용과 용어들을 주로 분석해가는 것을 바로 「이야기하기의 방법」이라고 하는 표현을 쓴다.

3. 원풍경연구의 도달 과제

본 연구에서는 위의 1, 2에서 기술한 것처럼 주체자의 리얼리티가 있는 상기활동으로서의 원풍경을 일상의 상황에 근접한 이야기하기라고 하는 방법을 이용해 다루어간다. 원풍경을 상기활동으로서 파악하고 이야기하기를 통해 보았을 때 무엇이 어떻게 나타나는지를 분명히 하고, 나타난 요소간의 관계를 검토하면서 이야기에 나타나는 원풍경의 구조와 원풍경을 이야기하는 것에 대한 심리적 기능에 관하여 검토하는 것을 목적으로 한다.

즉, 일상생활 속에서 개개인이나 혹은 복수의 사람들이 「지금 · 여기서」, 「상기해서, 이야기한다」라고 하는 움직임 속에 리얼리티가 존재하는 체험으로서 나타나는 원풍경에 관하여 검토하는 것이다.

본 연구를 행함에 있어서 광의의 잠정적인 원풍경의 정의로서 「과거의 체험이지만 마음 속에 강하게 남아 있는 것이며, 단순한 과거의 경험이 아니라 현재와 미래의 자신에게 있어서 어떠한 버팀목이 되는 잊을 수 없는 풍경, 영향을 주는 풍경」으로 해둔다.

제 2 절 본 연구에서 원풍경을 포착하는 구체적 방법

제1절에서 언급한 목적에 대해서 본 연구에서는, 다음과 같은 방법에 근거하여 어프로치를 시도한다.

1. 서로 아는 사람과의 이야기하기

이야기하기를 조사방법으로 쓰는 것은 「현재성 · 주체성 · 현장성」[6]이라는 이야기의 특징(사토(佐藤), 1995)을 포함하고 있는 라이프 · 스토리의 방법과 유사하다고 할 수 있다. 또 가능한 한 긴장감 없이 이야기할 수 있도록 서로가 어느 정도 비슷한 배경을 가진 채 같은 공간의 이미지를 공유할 수 있도록 하기 위한 생각에서, 필자가 태어나고 자란 터전 위에 살고 있는 필자의 지인을 조사 대상으로 했다.

2. 일정한 인간환경계(人間環境系) 속에서 환경의 조건과 원풍경 형성의 관계를 본다.

원풍경은 태어나서 자란 지역의 물리적 · 지리적 환경과의 관계가 있다는 생각 때문에 하나의 인간환경계로서 일정한 지역을 그 범위로 하여 조사를 실시한다. 구체적인 조사지역으로서 한국의 제주도를 선택했다. 그 이유는 앞의 (1)에서 설명한 이유와 함께, 섬이라는 제주도의 지리적 조건에 의해서 인간환경계의 정비가 자연적으로 이루어져 왔다고 생각되기 때문이다.

3. 분석단위를 단층적으로 잘라내지 않는다.

고정된 원풍경이 아니라 상기활동으로서의 원풍경을 파악하기 위해서

「어떤 곳에서」, 「무엇을 하고」, 「무엇을 느끼며」, 「지금 상기되는 것을 어떻게 느끼고 있는가」라고 하는 것을 각각 단절적으로 잘라내지 않고, 전체적으로 연결된 하나의 세트로서 파악할 수 있도록 한다. 또한 그것을 위한 분석단위를 찾아낸다.

4. 가설, 이론생성형(假說,理論生成形)의 탐색적 연구로서 행한다.

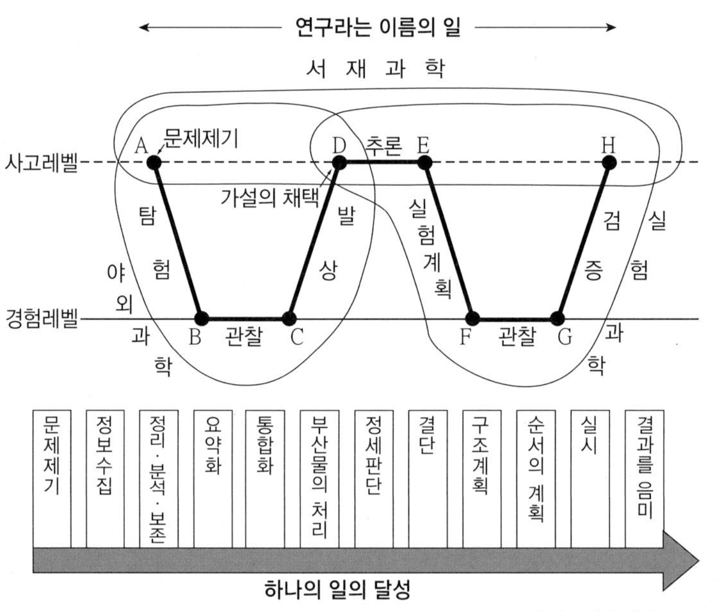

출전 : 카와키타(川喜田, 1999)

그림 2-2 가설이론생성형 연구

본 연구의 목적을 달성하기 위한 개념이나 분석방법은 종래의 원풍경 연구에서 취하고 있는 것을 그대로 채용하는 것이 어렵기 때문에 논리의 전개 · 검증에 있어서의 방법론에 있어서는 가설검증형(假說檢證形)의 연구(홍고(本郷), 2000)로서가 아니라, 가설 · 이론 생성형의 연구(홍고(本郷, 2000), 카와키타(川喜田, 1986), 미노우라(箕浦, 1999), 사토(佐藤, 1992), 야마다(やまだ,

1997, 1986))로서 위치를 설정하여, 탐색적으로 분석을 해나간다.

카와키타(川喜田, 1986)는 연구 방법에 따른 영역으로서 「서재과학(書齋科學)」, 「야외과학(野外科學)」, 「실험과학(實驗科學)」의 3가지로 구분했다(그림 2-2 참조). 본 연구는 방법론적으로 그림 2-2에 나타난 야외과학의 영역으로서 생각할 수 있다.

제3절 본 원풍경연구의 구성

본 연구의 목적은, 본 장의 제1절에서 기술한 것처럼 이야기하기에 나타나는 원풍경의 구조와 심리적 기능을 분명히 하는 데에 있다. 본 연구는 전부 8장으로 구성된다.

이미 전술한 것처럼 제1장에서는, 본 연구의 문제의 배경으로서 원풍경 연구의 리뷰를 행한 바 있다. 종래의 원풍경 연구는 인류학, 문학, 지리학, 심리학, 농학 등 다양한 분야에서 행해졌지만 체계적으로 파악한 리뷰가 없기 때문에 총괄적으로 파악하고 정리해서, 본 연구에 있어서의 문제의 소재를 찾아내 보았다.

제2장에서는, 본 연구 전반에 걸친 입장의 정리를 기술하고 그의 도달과제와 방법(목적과 방법론)에 대해 밝혔다.

제3장에서는, 조사대상지역인 제주도에 대해 간략하게 설명한다.

제4장에서는, 개개인의 이야기를 통해 나타나는 원풍경을 다루어 간다. 그 제1절에서는, 전형적인 한 사람의 이야기 내용을 가지고 원풍경을 설명하기 위한 개념을 만들고 여러 개념 간의 관계를 분명히 하는 구조화를 시도한다. 계속하여 제2절에서는 제1절에서 획득한 개념과 구조를 10명에게 각각의 개인 이야기에 적용하고 검토하면서 원풍경의 개념 또는 구조의 확인이나 개인차를 다시 검토하고, 원풍경을 이야기하는 것을 중심으로 한 심리적 기능에 대하여 고찰한다.

제5장에서는, 여러 명으로 하여금 이야기하기를 통해 주고 받는 공동으로 이야기하는 것을 활용하여 원풍경의 공동성의 생성과 변화에 대하여 검토한다. 제1절에서는, 공동의 이야기하기 속에서 전형적인 하나의 그룹의 이야기를 가지고 원풍경의 공동성을 설명해 나가기 위한 개념 만들기나 개념 간의 검토로부터 원풍경의 구조를 분명히 하는 구조화를 실시한다. 제2절에서는, 4개 그룹의 공동 이야기를 다루는데 제1절에서 생성된 개념과 그 구조의 확인이나 그룹 간의 차이를 검토하여, 원풍경을 공동으로 이야기하는 것에 대한 심리적 기능을 고찰한다.

제6장에서는, 개인 이야기나 공동 이야기로부터 획득한 데이타를 써서 원풍경 이야기 안에 표현된 제주도의 풍경 · 공간성에 대하여 검토한다. 우선 공간 · 풍경 · 장소 · 물건 등 물리적인 환경을 나타내는 용어를 추출해서, 고유명사와 일반명사의 표현을 정리한다. 그 다음 공간 · 풍경 · 장소에 관한 용어를 추출해서 그의 배경에 대한 내용상의 흐름을 고려하여 분류해서 공간개념의 용어들을 카테고리화 한다. 또한 실제하는 공간을 나타내는 사진을 이용해서 시각적으로 제시한다.

제7장에서는, 상기(想起)해서 이야기한다고 하는 측면이 아니라 원풍경 형성에 있어서의 원체험으로서 어린 시절의 자연체험에 초점을 맞추어 어린 시절의 자연체험과 현재의 자연관, 환경가치관과의 관계를 검토한다. 이의 제7장에서는, 개개인이나 특정의 그룹을 자세하게 살펴보는 것이 아닌 한국과 일본에 걸쳐 합계 약 2,600명에 대한 질문지 조사를 실시해서, 다변양적(多變量的)인 분석방법으로 검토한다.

제8장에서는, 본 연구로부터 비롯되어 나오는 새로운 지식과 식견들을 정리하면서 종합 고찰을 행한다.

제3장

조사대상지역인 제주도의 배경

사라봉 동굴
아이들과 여럿이 탐험하러 가는 장소

본 장에서는 본 연구의 대부분이 관련된 조사대상 지역인 제주도(濟州島 · 濟州道)의 제특성에 대해 대략적으로 소개한다. 제주도는 영어로는 Chejudo 혹은 Jejudo 또는 Cheju Island, Jeju Island로, 한자로는 濟州道, 일본에서는 濟州島로 표기되고 있다. 제주도의 「도(道)」는 행정구역을 나타내는 일본의 「켄(けん/県)」에 해당한다. 제주도는 한반도와는 멀리 떨어진 섬이기 때문에 섬을 강조하여 표기할 때는 「濟州島」가 쓰여진다. 일본어로 쓴 본 연구에서는, 문헌에 한자로 「道」라고 표기되어 있는 경우와 행정구역의 의미가 강한 경우에만 「濟州道」로 표기하고 대부분 「濟州島」라고 표기하고 있다.

제 1 절 제주도의 자연 · 지리적 특성

제주도의 자연 · 지리적 특성에 관해서는, 송(1998)의 「제주도의 형성과 지리적 위치(필자역)」, 제주도청(1999)의 「1999년도 환경백서-신천년을 맞이하는 제주의 환경(필자역)」, 윤(1994)의 「제주의 기후와 지질(필자역)」로부터 발췌, 통합해서 설명한다. 또 제주도 지도의 그림 3-1은 타카노(1996)로부터의 발췌이다.

1. 제주도의 형성과 위치

8개의 유인도 및 54개의 무인도와, 1,845㎡의 본섬으로 구성된, 제주도의 중앙 경위선은 동경 127도 27분, 북위 33도 22분이다. 한반도와는 59㎞ 폭의 제주해협이 그 사이를 갈라놓고 있다. 일본측과의 최단 지점은 260㎞밖에 떨어지지 않은 나가사키켄(長崎県)의 사세보(佐世保)이며, 중국과의 최단

지점은 제주-서울 간의 거리 정도인 420km 떨어진 샹하이(上海)이다. 이렇게 제주도는 한반도, 일본열도, 중국대륙으로 이어지는 삼각형의 한가운데에 위치하고 있어, 옛부터 이 3지역과 문물을 교류하는데 유리했던 지역임을 가리키고 있다(그림 3-1 참조).

자연 지리적으로 제주도는 화산활동의 결과, 해수면의 상승으로부터 생겨난 섬이라고 추정되고 있다. 제주도의 화산활동은 120만년 전부터 크게 네 번 일어났다고 추정되고 있고 현재는 휴화산이라고 추정되고 있다.

출전 : 타카노(高野, 1996)

그림 3-1 제주도의 지리적 위치 등

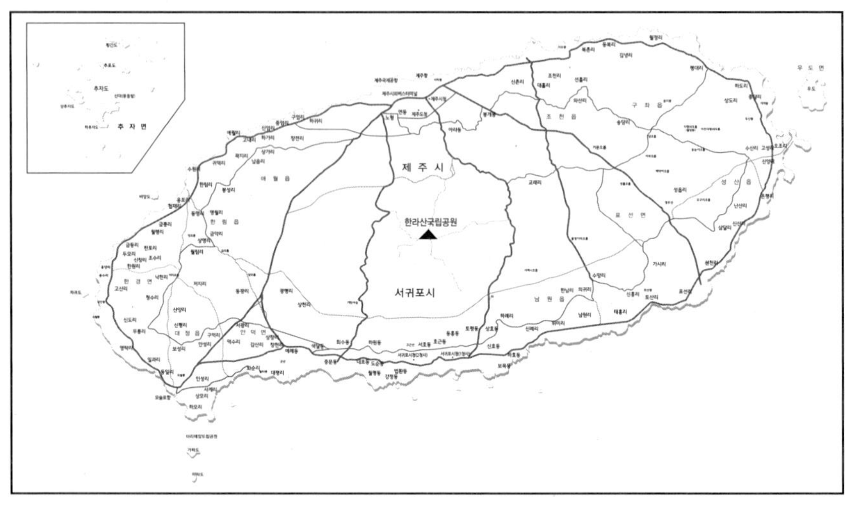

출전 : 타카노(高野, 1996)

그림 3-2 제주도 약도

2. 제주의 지형

제주도는 동서의 길이가 약 73㎞, 남북이 31㎞로 전복을 엎어놓은 것같은 타원형의 지형을 보이고 있다(그림 3-2 참조). 섬의 중심에 1,950m 높이의 한라산이 있어 순상화산체를 이룬다. 이 순상화산체인 지형으로 인하여 제주도는 평원상(平原狀)의 모습을 보이지만, 이 평원의 위에는 370여개의 측화산(기생화산)이 여기저기 분포하고 있다(그림 3-3 참조). 해안선 주변의 수중 화산구와 한라산 기슭에 집중 분포하고 있는 370여개에 이르는 기생화산은 제주도의 특색이 있는 지형요소이다. 이들 기생화산인 소규모의 봉우리를 제주도에서는 「오름(orum)」이라고 불러오고 있는데 「악(岳)」, 「봉(峯)」, 「산(山)」등으로 표기된다. 섬전체가 화산암류로 구성되어 있어 제주도 현무암류의 검은 돌에 의해 형성되었다. 산계의 특성은 한라산을 제외하면 거의 전부가 기생화산, 언덕과 구릉이다. 지하수는 해안 지대의 용암류의 접촉부로부터 용출하여 해안 전역에서 주민들에게 음료수로 제공

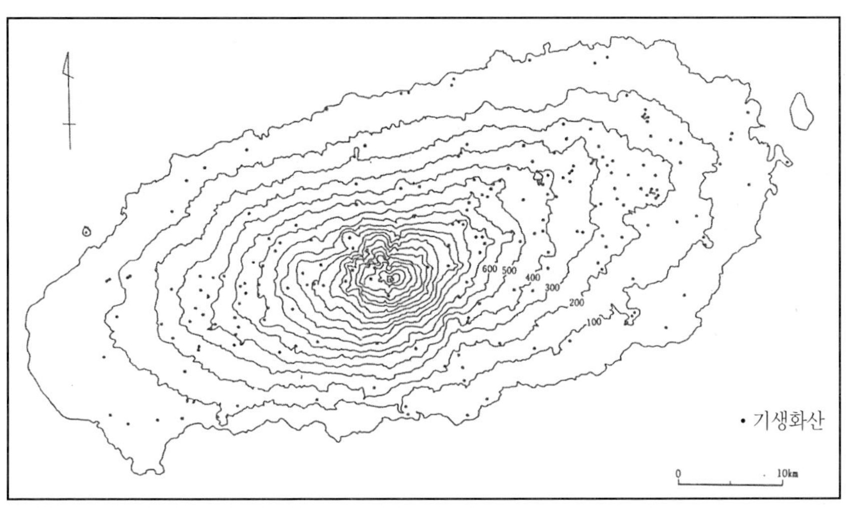

출전 : 타카노(高野, 1996)

그림 3-3 제주도의 지형과 기생화산의 분포

된다. 해안선은 단조롭고, 해안의 여기저기에 현무암 절벽이나 현무암초(여)가 발달하고 있다.

해발 1,000m이상의 지대는 고산지대로 급경사를 이루고 있어 거주지로서는 부적당하고, 현재는 이지역 거의가 국립공원으로 지정되어 있다. 해발 500~1,000m구간은 대개 저산림 지대로 산림 및 버섯재배를 할 수 있을 정도의 완경사를 이루고 있지만, 이 중에 해발 500m이상의 고 · 저산지대는 산악지대로 자연경관 지대가 된다. 제주도 전체 면적의 약 55%를 차지하는 해발 200m이하의 해안 평야지대는 일찍부터 거주지역이 되어 취락과 농경지가 발달했다.

하천은 섬의 중앙에 우뚝 솟아있는 한라산으로 인하여 방사상 하천망을 이루고 있지만 1년 내내 흐르고 있는 상류하천은 거의 없고 비가 내렸을 때만 급류를 이루는데, 제주도민이 「내창(河吠)」이라고 부르는 건천(乾川)뿐이다. 건천인 이 하천들은 한라산의 대구조선이 동서로 뻗어 있기 때문에 남북 경사면에만 하천이 발달해 있어 하천의 계곡모양(河曲)은 유년기 지형이 되어 V자 혹은 U자형의 계곡을 이룬다. 특히 남쪽 경사면의 하천은 용암 터널이 붕괴되어 형성되었기 때문에 매우 깊은 계곡을 이루고 있고, 그래서 여러개의 폭포도 형성하고 있다.

3. 제주의 기후

제주도는 유라시아 대륙의 동쪽에 위치하고 있어 대륙 동쪽 해안지방의 특성을 잘 나타내고 있다. 즉 계절에 따라 대륙성과 해양성의 기후가 분명히 구분되어 나타난다. 또 사방이 바다에 둘러쌓인 섬의 중앙에는 해발 1950m의 한라산이 있어서 제주도 근해의 해류, 지형 등이 복잡하게 기후인자에 작용하는데 겨울철에는 북서 계절풍의 영향으로 대륙성 기후가 발달해서 기온의 차이가 크고, 여름철에는 고온다습한 북태평양의 영향으로 강우량이 집중된다. 그러나 한반도에 비해 작은 섬인 지형에 의한 해양성 기후의 특징이 많이 나타나고, 또한 북위 33도로서 비교적 낮은 지역이기 때문에 난대성 기후를 보이며 아열대성 식물분포도 뚜렷하다. 월평균 기온은 8℃에서16.5℃, 월평균 강수량은 70㎜에서 100㎜정도로 온난다우(溫暖多雨)이다. 또 제주도는 지리적 특성상 바람이 많아 한반도인 본토보다 바람이 강하다. 바람이 많은 풍다(風多)의 섬이라고도 불리고 있다.

습도는 섬 중앙의 한라산이 있고 그 경사가 완만해서 한국의 어느 곳 보다 다양한 습도의 변화를 보인다. 그에 따라 지역에 의한 식물의 분포에도 차이가 나 타나고 있다(그림 3-4 참조). 이러한 제주도의 자연 지리적 특성에 의해서 식물대(植物帶)는 등고선을 따라 수직적 분포를 하고 있어 1,800종이 넘는 식물이 아열대 식물로부터 한대성 식물까지 다양하게 자생하고 있다.

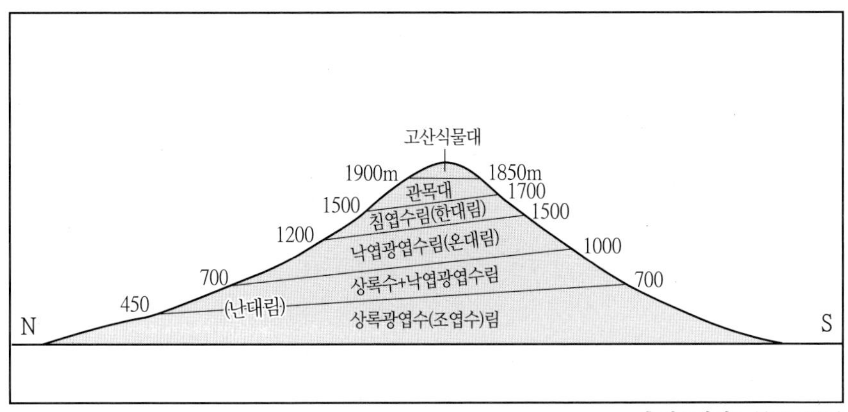

출전 : 타카노(高野, 1996)

그림 3-4 한라산 남북사면의 식물분포도

제 2 절 제주도의 사회 · 문화적 특성

이상으로 설명한 바와 같은 제주도의 자연 · 지리적 특성은, 또한 제주도의 독특한 문화를 형성하는 데에 큰 영향을 끼쳐 왔다. 제주도는 한반도의 서남 해상에 위치해 있어 한반도는 물론 중국과 일본의 중간인 탓에 북방문화와 남방문화를 보다 쉽게 받아들여, 옛부터 자연적 환경으로부터의 토착문화와 외부로부터 유입된 문화가 융합하면서 독특한 문화를 보유해 오고 있다.

1. 제주도의 인구와 경제활동의 변화

제주도의 인구는, 제주도 통계연보(1998)에 의하면, 1960년의 281,663명, 1970년 365,552명, 1980년 462,755명, 1990년 514,608명, 1998년 534,715명 등으로 나타나고 있다.

또 제주도의 경제활동 인구는 1997년 현재 274,000명으로 농림 · 어업 등

제1차 산업에 30%, 건설업, 제조업 등 제2차 산업에 4.7%, 제3차산업에 65.3%가 종사하고 있다. 이러한 산업경제구조는, 1961년인 경우 제1차 산업이 86.5%로, 과거 농림 · 수산업이 주력 산업이었던 것이 80년과 90년대를 기점으로 하여 제3차 산업 비중이 1차 산업을 웃돌게 되었다.

2. 제주도의 지형적 특성에서 형성된 오름(ORUM) 문화

이하에서는, 강(姜, 1998)의 「오름 이야기」에서 발췌하여 설명하고자 한다.

(전략)··· 제주도는 「오름 왕국」이다. 주봉인 한라산이 330개 남짓의 「오름」을 자기의 아이들처럼 거느리고 제주도를 지키고 있다(그림3-3참조). 바다에서 올려다 보아도 하늘로부터 내려다 보아도 작으만 하게 서있는 오름에 시선이 간다. 「오름」은 제주어인데, 기생화산을 말한다. 과학적 입장에서 보면, 이들 오름은 화산활동의 결과이지만, 제주사람들의 관념에는 「한(恨)」이 만들어 낸 작품이다. 오름과 관련된 「설문대할망 설화」가 그것이다.

또 오름은 천의 얼굴을 하고 있다. 어느 곳에서, 언제 보는가에 따라 천태만상으로 우리를 즐겁게 해 준다. 그리고 오름은 역사의 현장이기도 하다. 몽골군이 침입해 왔을 때, 마지막 전장에서 맞닥뜨린 오름은 그 이름도 「붉은 오름」이 되었다. 먼 역사만이 아니라 50년전인 제주도의 비극인 4 · 3 사건의 증언의 장소이기도 하다. 이렇게 오름에는 많은 전설과 그 역사가 새겨져 있다.

오름은 제주민의 생활 근거지이기도 했다. 목축업은 이 오름을 중심으로 하고 있고, 밭의 경작은 이 오름의 옷자락같은 들판에서 이루어진다. 특히 특용작물인 「유채」가 들어 오고 나서는 제주 전역에 노란 꽃을 피워 이들 오름의 옷자락에 자수를 해넣은 듯 보는 사람으로 하여금 경탄을 자아내게 하였다. 수렵도 오름에서 행해진다. 오름은 연료도 제공한다. 그리고 바람이 많은 제주의 초가집은 띠(제주어로는 새)로 지붕을 잇지만, 그 띠가 자라고 생산되는 곳도 오름과 그 옷자락이다.

또 오름은 생활의 토양이면서, 주검의 고향이다. 햇빛이 좋은 곳은 물론 바람이 부는 오름도 영혼의 안식처가 된다. 제주의 사람들은 오름과 떨어져서는 삶도, 죽음도 생각할 수 없다고 하는 생활철학을 가지고 있다. 또 제주의 문화를 돌의 문화라고 한다면 오름은 이 돌문화의 알이기도 하다. 묘지의 주위를 둘러싸고 있는 「산담 : 묘지의 돌담」이나 동자석 등이 그렇다. 오름은 또 신이 사는 곳이기도 하다. 오름마다에는 여러 신들이 내려와 그 신의 일가 친척인 신까지 주위에 머문다고 하면서 제주도를 신들의 고향이라고 부르는 사람들도 많다.

오름과 오름의 옷자락은 동식물의 공연장이기도 하다. 계절에 따라 피고 지고, 각각 다른 모습을 보여주고 있다. 현재까지 알려져 있는 제주도의 자생식물은 1,800여종 으로 다른 지역과는 비교가 되지 않는다. 다양한 종을 껴안을 수 있는 것은 오름들이 가지는 특성 때문이다. 습지가 있는 반면, 건조지가 있고, 방풍지가 혼재하고 있다.

제주의 오름은 제주인에게 있어서 생활 그 자체였다. 여기서 태어나 자라고 생활해나가면서, 죽고 나서도 그 옷자락에 영원히 잠을 잔다. 먼 옛날, 제주를 만들었다고 하는 삼신인(三神人: 三性인 고, 양, 부)의 생활 근거지였던 그 때, 제주도를 만들었다고 하는 「설문대할망」이 죽은 곳이기도 하다. 역사의 숨결이 아직껏 살아 남아있는 제주의 돌, 그 돌의 문화가 시작된 독특한 제주의 문화가 피어나고 널리 퍼진 곳이기도 하다. 그저 자연경관을 자랑하는 것만이 아닌 오름마다 색깔 있는 문화를 더불어 공유하는 것이다......(후략)

3. 제주도의 「삼다(三多)」의 지역성과 「삼무(三無)」의 문화성

이하, 송(宋, 1998)의 「삼다의 지역성과 삼무의 전통 문화(필자역)」에서 발췌하여 설명한다.

한국에서는 제주도라고 하면 곧 「삼다와 삼무」가 떠오를만큼 이미지화 되어 있다. 삼다는, 제주도에는 「돌과 바람과 여자가 많다」라는 의미이고, 「삼무」란 「대문 ·

도둑 · 거지가 없다」라고 하는 뜻이다. 이 삼다와 삼무의 특징은, 제주도인에 의하여 지칭된 것이 아니라 제주도를 찾은 방문객에 의해 말해지기 시작해서 고정되어 버린 이미지이라고 한다.

「석다(石多)」라고 하는 것은, 제주도가 화산지형인 것에서부터 나온 특성이다. 섬의 모든 곳이 화산재나 작은 돌로부터 큰 암괴에 이르기까지 크고 작은 화산쇄로 덮여 있음으로 하여 제주민들이 그 암석을 생활 자원으로 다양하게 이용하는 모습으로부터 연유된 것이라고 보인다.

「풍다(風多)」는, 제주도에 바람이 많다고 하는 특징인데 바람부는 날이 많다는 것만이 아니라 바람의 세기가 강하다는 의미도 있다. 이러한 강풍 · 다풍의 지역이 되는 것은 제주도가 강풍의 통로가 되는 유라시아 대륙의 동쪽 끝에 위치하고 있기 때문이다.

「여다(女多)」는, 제주도에서는 남자 1명에 여자 3명정도로의 비율로 나타나는 의미와, 바다의 생활과 밭농사에서의 제주도 생산 활동과 관련하여 형성된 제주 여성의 강인한 생활력이나 활기찬 모습 때문에 지적되어 온 것이라 한다.

「도둑과 거지가 없다」라고 하는 말은 지금은 퇴색되버린 말이지만, 최근까지도 제주의 원주민 자체는 이 규범을 지키고 있었다. 화산회토에서 관개용수로 없이 자연 강수를 이용하여 밭농사를 해 온 특성과 다른 지방에서는 볼 수 없는 용암 평원의 중산간 지대(中山間)地帶)의 넓은 야생초지에서, 불모지나 다름없는 토지이지만 누구나가 자작농이 될 수 있었다. 그리고 농사만이 아니라 산에서는 목축 · 수렵 · 채취를 할 수 있었고, 바다에서는 어로 · 뱃사공 · 교역이 가능한 조건으로부터 타인에게 의존하지 않고 살아 가는 방법을 터득할 수 있었던 때문이라고도 해석되고 있다.

「대문이 없다」라고 하는 말은 방문객에 의해서 붙여진 말이다. 이것을 뒤집어 말하면, 제주도 이외의 지방에는 집집마다 대문이 있다는 것이고 또 그 대문이 있다고 하는 의미는 도둑이나 거지 등 불청객이 많다고 하는 것이나 다름없다. 제주도에는 비바람을 막기 위한 문은 있어도 사람을 방비하기 위한 문은 없었다. 최근까지도 대문이 없는 집이 많고, 대문이 있으면서도 24시간 활짝 열어 놓고 사는 집이 많다.

4. 제주도 주민의 정체성(아이덴티티)

김(金, 1998)은, 제주도 주민의 정체성에 관한 연구를 행하면서 제주도적인 것, 제주도 사람다운 것, 제주도의 특성에 대하여 정리하고 있다. 이하에서는, 김(1988)의 「제주도 주민의 정체성(필자역)」으로부터 발췌한 내용을 가지고 설명하고자 한다.

제주도의 방언(제주어)은 독자성이나 특이성 뿐만 아니라 옛 모습 그대로의 것을 많이 보유하고 있다. 음운이나 어휘에 있어서 15세기 유형의 언어나 16~17 세기의 고어가 아직도 남아 있다. 제주도 사람들은 제주어를 사용하는 것에 의해서 정체성을 잘 감지하게 된다고 한다.

민속 영역에서 눈에 띠는 것은 식생활과 의례인데 특히 식생활을 들여다보면 제주도 사람중에서 30대 이상은 대부분 바다 물고기로 만드는 생선국이나 호박을 함께 넣어 만든 갈치국을 좋아하고 자리회(자리돔의 생선회나 물회)를 자주 먹는다. 이렇게 제주시내에는 생선국, 갈치국, 자리회 등의 전문 식당이 많다.

조상을 기리는 의식도 높아서 특히 음력 8월 1일이 되면 친족들이 모두 모여 함께 조상의 묘소에 가서 성묘를 하는 「공동 벌초 : 공동으로 묘지의 풀을 베거나 관리하는 것」같은 풍습은 좋게 인식되고 있다. 또 제사나 설 등의 명절때는 친척집을 돌면서 인사하거나 식사를 같이 하거나 하는, 「멩질(식께) 먹으러 댕기는 풍속 : 직역하면, '명절(제사) 먹으러 다니는 풍속」은 지금도 지켜지고 있다.

가족 · 친족 분야를 보면, 제주에는 분가의 전통이 강하고 전통적으로 부부 중심의 가족제인데, 특이한 것은 장남이라도 결혼한 후에는 분가를 하고 만약 부모와 같은 집에 동거한다고 해도 취사는 부모와 따로 따로 하는 것이다.

공동체 의식을 보면, 제주도 주민들은 서로의 일을 도와서 하는 「수눌음」이라는 형태가 많고 같은 마을사람들끼리는 서로가 「삼촌」, 「조카」라 부르는 공동체로서의 의식이 강하다.

가치관에서는, 삼무정신과 조냥(절약) 정신이 강하여 독립심이 강하다.

정치 · 경제의 영역에서는, 제주도 주민들이 주인공의 역할을 온전히 해왔는지에 대하여는 의문을 품고 있으며 제주도 경제개발의 문제점을 심각하게 의식하고 있다. 나아가 점차 타지방 사람들이 제주도의 경제를 지배해 가는 것과 관련하여 위기감을 느끼고 있는 것으로 조사에 의해 나타났다.

제4장

이야기하기 종류와 이야기하기 타입 : 개인 이야기하기

무덤(산소)
중요한 삶터의 하나인 밭, 그 한 가운데 조상들의 묘지(산소)도 있다.

본 장에서는, 10명의 조사협력자들과 각 각 한 사람씩 상대하여 이야기하는 방법(필자와 조사협력자와 1대1로 이야기하기), 즉 개인의 원풍경에 대한 이야기를 나누는 방법을 이용하여 상기(想起) 활동으로서 원풍경을 파악했을 때 그 개인의 원풍경으로 무엇이, 어떻게 나타나는지를 분석하고 밝혀 나간다.

제 1 절 개인의 원풍경이야기의 구조와 개념검출 : 1인의 사례로부터

1. 문제와 목적

제1장에서 설명한 것처럼 종래의 연구는 원풍경으로서 무엇이 상기되었는지에만 초점을 맞추고 있어서 어떻게 상기되고 있는가에 대하여는 주목하고 있지 않다. 또 「어떤 장소에서」, 「무엇을 하고」, 「무엇을 느끼며」, 「지금 · 어떻게 생각하는가」를 조사했다고 해도 단절화 하여 각각 연구되었으므로, 개인내에서의 연결은 찾아내기 어렵다. 이러한 문제를 기본으로 하여 본 절에서는, 10명의 개인 이야기 중에서 가장 이야기하기의 시간이 길며 내용의 폭도 넓은, 자연상태에서 마음 편하게 이야기했다고 보이는 대표적인 1인의 데이타를 중심으로 탐색적으로 분석하고, 아래의 3가지 문제점을 명확하게 하는 것을 연구의 목적으로 삼는다.

1) 본 논문의 연구를 진행시켜 나가기 위한 토대로서 상기해서 구술하는 것으로부터 원풍경에 접근 했을때 원풍경으서 무엇이, 어떻게 나타나는지를 파악하기 위한 개념 만들기를 행한다.

2) 새로이 만들어진 이 개념을 이용하여, 개념의 연결이나 관계를 검토

하여 원풍경의 구조를 명확히 한다.

3) 위의 1)과, 2)의 결과에 근거하여 원풍경 이야기하기의 심리적 기능에 대해 고찰한다.

2. 방법

조사 방법으로서는, 제2장에서 거론한 것처럼 가능한 한 자연 상태에 가까운 상황에서 누군가와 이야기를 주고 받는 현장을 마련하여 필자가 청자, 조사협력자가 이야기하는 사람(화자)이 되는 흐름 속에서 조사를 했다.

2-1 조사 방법 및 분석 대상자

분석 대상자 L는, 1955년 제주도에서 태어나 자란 남성이며, 조사 당시(1997년) 나이는 42세이다. 어린 시절부터 현재까지 제주도의 제주시내 중심부와 그 주변, 그리고 시내에서 약 20㎞정도 떨어진 외가 · 친가 양쪽 모두의 조부모가 있는 농촌(조부모는 보리 등 곡물 농업에 종사하고 있었다)이 L의 생활의 근거지이며 무대이다. 어린 시절은 형 1인, 남동생 2인, 여동생 2인과, 부모님, 조부모와, 고모라고 하는 가족 형태 속에서 함께 자랐다. 고교 · 대학때는 거의 주말마다 등산을 해서, 전문 등산가에 가까웠다고 본인은 말한다. 제주도 이외에 거주한 것은, 한국인 남성의 의무인 약 3년간의 군대에 갔을 때와 대학을 졸업한 후 취직으로 인하여 부산과 서울에서 살았을 때 등 합해서 약 5~6년간이다. 대학에서의 전공은 행정학이었다. 한국의 정치적 흐름을 배경으로 초기 학생운동에 적극적이었고, 대학졸업 후까지도 계속 시민운동과 정치활동으로 현재까지 이어져 오고 있다. 일 · 활동의 장소는, ○○당사, ○○신문사, ○○연합과 ○○도민회(시민단체), 대학동문회, 관광협회 등 여러 곳이지만, 활동의 내용은 모두 직접 제주도의 정치 및 사회와 관련된 것이어서 이른바 의원과 같은 제도내의 정치가는 아니지만, 정치적 내용의 일에 종사하고 있는 재야의 활동가라고 할 수 있다. 필자가 L과 알고 지낸지는 정확히 7년이 되었다(조사시점 현재). 그 시간 동안, 필자는 이러한 L의 모든 면에 관하여 이야기를 나누어 왔다. 필자 개인에게 있어서는, 가장 마음 편하게 어떤 이야기라도 할 수 있는 중요한 존재이다. 조사 당시까지는, 본 연구의 테마인 「원풍경(原風景)」이라고 하는 용어를 쓰면서 이야기했던 적은 없지만 필자는, L의 자라난 과정 · 라이프 스토리를 거의 듣고 알고 있었던 터라 그가 원풍경을 매우 강하게 간직하고 있는 사람이라는 것을 조사 전부터 알고 있었다. 종교는 카톨릭이다. 제주도에 대해서는 매우 강한 애착을 가지고 있다고 스스로 말을 할 정도이다. 핵가족 단위로서는 아내와 아이 1인이 있지만, 실제의 생활은 부모님을 포함한 형제들과의 확대가족의 일상생활에 가깝다.

조사 방법으로서는 위에서 밝힌 것처럼 자연 상태에 가까운 상황하에서 L과 1대1로 그의 개인 이야기를 들으며 주로 청취하는 현장을 마련하여 필자가 청자, L가 이야기하는 사람(화자)이 되어 조사를 진행했다.

2-2 조사의 진행

필자의 방에서 L에게 편히 앉아서 평상시와 같이 이야기할 것을 부탁, 동의를 받고 카세트테이프로 녹음했다. 조사 개시부터 종료까지는 약 2시간이 소요되었다. 맨처음 「어린 시절의 일 중에서 가장 많이 생각나는 풍경은 어떤 풍경인가?」라고 묻고, 이야기를 줄곧 들으면서, 보다 자세하게 듣고 싶을 때라든지 잠시 사이가 빌 때에는 간단한 질문을 했다(필자의 질문은, 표4-1에 수록). 필자는 단지 이야기를 듣는 것만이 아니라, 「응, 예, 그래」 등 맞장구를 치거나 고개를 끄덕이며 재미있을 때는 같이 웃거나 하면서, 가능한 한 필자가 이야기하는 사람인 L에게 공감하는 것을 보이며 L가 자연스럽게 연상하면서 이야기할 수 있도록 배려했다. 방의 벽에 등을 기대거나 바로 앉거나 반쯤 눕거나, 전반적으로 자유로운 자세를 취하게 했다.

표 4-1 청자(듣는 자)에 의한 질문

A) 풍경으로서 이야기할 때 ＊①어린 시절의 일 중에서 가장 기억에 남는 풍경은? ②언제인데요? ③어렸을 때부터 「아, 자연이구나!」라고 느꼈어요?
B) 사건으로서 이야기할 때 ＊①사라봉에 갔었다고 했지요? 자주 갔었나요? ②동굴 전부를 들어갔다 나왔어요? ③몇 사람 정도 들어갔나요? ＊④들어갈 때 무섭지 않았어요? ⑤동굴 속에서 무엇을 했나요? ⑥동굴 속 끝까지 들어간 다음 나오나요? ⑦처음부터 끝까지 전원이 들어갔다 오나요? ⑧여자 아이들은 가지 않았나요? ⑨사라봉에 가는 것도 유행이었네요? ⑩대충 전원이 1회씩은 들어갔다 오나요? ⑫시골에 가면 어디서 놀았나요? ⑬중학생 시절에는? ⑭어느 정도 걸렸었나요? ⑮사라봉에 갔었던 것은 5,6학년 때만이었나요? ⑯어느 정도 시간이 걸렸었는지 알겠어요? ＊⑰지금 만나고 있는 친구는 전부 중학교 이후의 친구들인가요? ＊⑱중학교 다닐 때 켐프 갔었다 했지요. ⑲부모님은 반대하지 않았었나요?
C) 평가로서 이야기할 때 ＊①그 시절에는 가지 못했던 친구들도 많지 않았나요? ＊②지금은요, 쉬고 싶은 기분이 들 때에, 어떤 곳이 생각나나요?

주 : ＊표시는 이야기의 흐름의 전환에 영향을 주었다고 생각되는 질문.
A), B), C)는 이야기의 분석단위이며 이야기의 내용의 분석에 의해서 (나중에) 구분되었다.

2-3 분석 순서

본 연구는 분석방법, 개념, 틀 등의 설정을 먼저 한정하지 않고, 원풍경의 구조를 탐색하는 가설 · 이론생성형의 연구이기 때문에, 데이타로부터 어떻게 결과가 나왔는지 그 분석에 대한 순서를 설명할 필요가 있을 것 같다. 이하에 간단하게 기술한다.

① 서로 이야기할 때에는 분위기나 기분이 무척 가볍고 좋았다. 조사장면에서는 차분히 듣는 태도를 취했다.
② 조사가 끝난 후, 이야기하기를 했던 L의 얼굴의 표정, 눈빛, 몸의 움직임, 음성의 특징 등과, 필자의 느낌 등을 메모했다.
③ 1차 축어록(逐語錄)을 작성해 놓고, 그 내용이 다치지 않는 범위내에서 제주도 방언을 한국의 표준어로 바꾸어 2차 축어록을 작성했다. 제주도의 방언은 타지방의 방언과는 크게 달라서 제주도 출신이 아니면 아예 모르기 때문이다.
④ 축어록의 내용, 즉 이야기하기의 내용은 크게 3개의 종류로 나눌 수 있다는 것을 발견했다. 그것을 첫째, 풍경으로서의 이야기하기, 둘째, 사건으로서의 이야기하기, 셋째, 평가로서의 이야기하기라고 명명했다(나중에 이것들을 규모가 큰 분석단위로 삼는다).
⑤ 이 3가지 종류의 이야기하기마다 음성의 톤의 차이가 뚜렷한 변화, 이야기의 속도, 흥분도의 변화가 있는 것을 알게 되어 (주관적 느낌으로) 정리했다.
⑥ 「물리적 공간 · 풍경」-「체험 · 사건」-「평가 · 의미부여」를 가지는 최소 스케일의 단위로서 [유니트]를 발견하였다. 또 축어록을 이용하여 그 유니트에 대한 분류 작업을 했다.
⑦ 각 유니트마다 내용을 요약한 제목을 붙혔다.
⑧ 유니트에 제목을 붙히는 작업 중 각 유니트 간에 서로 연결된 주제가 있다는 것을 발견하고, 그것을 또 중간 스케일의 단위로서 [스토리]

를 발견하여 정리했다.

⑨ 서술 양식에 몇 개의 전형이 있음을 확인하여, 그것들을 [이야기하기 타입]이라고 명명하고, 각 유니트가 어느 타입에 해당되는지 분류했다.

⑩ 또 서술 양식(이야기하기 타입)과 서술 내용에 일정한 관계가 있는 것을 알게 되었고, 그 관계를 정리하여 구조화를 시도했다.

⑪ 유니트의 분류와, 각 유니트마다 이야기하기 타입의 분류에 대하여 신뢰도를 체크하는 작업을 실시했다.

⑫ 신뢰도 체크에 의해서, 유니트와 이야기하기 타입의 분류에 약간 수정을 가하고 위의 ⑥⑦⑧⑨⑩의 작업을 다시한번 보다 정밀하게 한번 더 검토했다.

3. 결과

이야기하기의 형태는, 이야기하는 사람인 L 스스로가 마음내키는대로 자연스럽게 바꾸어 가는 「비질문 이야기형(오오테(大手), 1998)」[7]이 압도적으로 많지만, 필자의 질문에 답하는 형식이 가미된 「질문 이야기형」도 섞여 있다. 두시간여의 이야기하기 시간 중 필자의 질문은 총 24회 있었다.

3-1 분석 단위와 이야기하기의 내용

본 연구에서는 분석할 때, 「물리적 공간 · 풍경-체험 · 사건-평가 · 의미부여」를 단층적으로 자르지 않고 하나의 세트로서 파악하는 것이 중요한 관점이라는 것을 앞에서도 강조한 바 있다. 여러가지 방법을 탐색한 끝에 이야기를 시계열에 따라 검토하여, 화제의 중심 소재나 주제가 바뀌는 시점을 분석단위의 구분간격으로 하는 것이 자연스럽고 유효한 것으로 판단되었다. 그 간격은 이야기하는 사람 스스로가 자연스럽게 화제를 바꾸어 갈 때에나, 청자의 질문에 의해서 화제가 바뀔 때에도 나타났다. 필자는 분석단위의 검토 결과 가장 작은 스케일의 단위를 「유니트」, 중간 스케일의 단위를 「스토리」, 가장 큰 스케일의 단위를 「이야기의 종류」라고 명명했다.

3-1-1 유니트

유니트는 「물리적 공간 · 풍경-사건 · 체험-평가 · 의미부여」를 나타내는 최소의 요소로서, 하나의 소재를 가지고 이야기되고 있다. 또한 이 유니트는, 이야기된 것의 시계열에 따라 구분되는 몇 개의 문장으로 구성되어 있다. 그러나 반드시 1개의 유니트에 「풍경 · 공간-사건 · 체험-평가 · 의미부여」의 3요소가 모두 포함되어 있는 것이 아니라, 「공간-체험」, 「체험-평가」와 같이 2요소로 구성된 경우도 있는데 여기서는 이러한 것들도 이야기하기의 자연스러운 맥락에서 유니트로 채택했다.

표 4-2는 「바다」를 이야기하기의 소재로 한 풍경 · 행동 · 감정체험의 묘사로서, 1개의 유니트를 이루고 있는 예이다. 이러한 유니트는 전체 데이타 중에서 49개를 얻을 수 있었다.

3-1-2 스토리

스토리는 유니트 보다 큰 단위로서, 몇 개의 유니트에 대한 시계열적인 정리이다(표 4-3 참조). 1개의 스토리 중에는 유니트 마다 내용은 조금씩 다르지만, 각 유니트 간에는 일정한 연결이나 공통의 흐름이 나타났다. 즉 이

표 4-2 유니트의 예

가장 기억에 남는 것은 내가 어렸을 적에 살았던 곳, 바다의 풍경이라고나 할까.... 걸어서 5분, 뛰면 2~3분 정도 걸렸어. 바다내음, 안개가 자욱한 바다. 그렇지만 단순히 바다의 풍경만이 아닌, 들녁(노하라 野原)의 풍경이라고 하지 않으면 안되는 그런 것... 아침에 일어나 짙은 안개 속에서 안개를 알리는 쇠(소, 牛) 울음소리...뿌우 뿌우하는 경보를 토해내는 무적소리를 듣곤 했지. 그 소리를 들을 때면 무언가 쓸쓸한 기분이 들었어. 아직 어린아이였던 내가 말야.

야기의 소재는 변하지만 주제는 일관하고 있는 그런 것이다. 이 「스토리」는 전 데이타 중에서 11개를 획득할 수 있었다. 표 4-3는, 필자가 그 중 짧은 것을 정리한 스토리의 예이다(원안의 숫자 표시는 개개의 유니트를 뜻한다. 즉 표 4-3은 5개의 유니트를 가진 하나의 스토리이다.).

표 4-3에 예시한 것은 이렇게 5개의 유니트로 이루어진 하나의 스토리인데 유니트의 소재는 바다이지만, 다양하게 밭 · 산봉우리 · 바다안개 · 나무 · 꽃 등까지 포함한 제주도의 풍경인 넓은 의미의 들판이었고 자신이 묘사하는 그림자체였다. 여러가지가 등장하지만 이야기하기 전체를 풍미하고 있는, 그 이야기하는 사람(화자)이 취하고 있는 개념은 「들판」이다. 화자인 그는 자신이 좋아했던 풍경 · 공간으로서 「들판」을 제시하면서 그것과 관련되어 있는 것인 양, 자신의 성격까지도 스스로 규정하고 있다. 유니트는 각 각 다른 소재 · 내용을 가지면서도, 유니트 간에 연결이 있고 특히 표 4-3의 ⑤에서 보는 바와 같이, 이야기하는 사람이 그것들을 전체적으로 정리하는 하나의 「인과관계」로서 매듭짓고 있다.

표 4-3 스토리의 예

①아침의 안개 자욱한 바다 풍경, 짙은 안개 속에서 들려오는 쇠울음소리. 어쩐지 쓸쓸해지는 나. 그것은 들녁(노하라 野原)의 풍경이라고 하지 않으면 안된다.
②밭 · 바다 · 오름(산봉우리) 등을 배회하는 것은 영혼의 이야기를 하고 있는 것과 같다.
③내가 자주 그린 그림은, 현재의 용어로 바꾸어 말하면 동양화의 공간적 특징이 엿보이는 감정 · 의미의 특징이 있는 것이었다.
④또, 내가 자주 그린 그림은 들판에 홀로 높이 서있는 나무였는데, 그것은 나자신의 마음의 표현이었던 것 같다.
⑤때문에 나는 굳센 강인한 기백으로 들판을 너무나 좋아했다. 여러 곳의 들판, 자연의 모습을 보면서 전율하기도 하고 감동을 받기도 했다.

주 : 표 4-2의 하나의 유니트의 내용을 여기에서 ①로 정리했고, 유니트②③④⑤도 요약된 내용만 게재하고 있다.

3-1-3 이야기하기(의 종류)

이야기(의 종류)란, 몇 개의 스토리가 시계열에 따라 정리되고 있는 더 큰 스케일의 단위이다. 이야기하기(의 종류)는 복수의 소재와 복수의 주제(스토리)로부터 구성되는 연결을 가지고 있고, 전체 데이터는 3개 종류의 이야기하기로 분류되었다(표 4-4 참조). 이 3종류의 이야기하기는, 시계열순

표 4-4 L에 있어서 이야기의 3종류(A,B,C)의 특징

	A) 풍경으로서 이야기	B) 사건으로서 이야기	C) 평가로서 이야기
축어록으로부터	○어렸을 적에 풍경을 보면서 느꼈던 점, 생각했었던 것을 이야기한다 ○시간 · 공간 이동이 자유자재 ○조감하는 시점 ○구체적인 장소의 고유명보다는 일반명사로 나타내는 장소	○특정의 행위에 대하여 상세하게 묘사 ○시간 · 공간의 이동순으로 설명 ○행위자의 신체감각과 같은 시점 ○행위 · 시간 · 장소 등을 특정 ○이야기하는 사람 스스로가, 그 당시의 대화를 현재형의 직접화법으로 복수인의 역할을 해가면서 이야기하는 것이 많음	○A), B)에 연관된 이야기하는 사람의 평가나 의미부여, 또는 이야기하는 사람 자신의 평상시의 사고방식과 가치관에 대하여 이야기함. ○유니트의 획정이 여렵기는 하지만 키워드가 달라짐 ○과거에 했던 것, 느꼈던 것, 생각했던 것을 현재의 자신이 미래와 연결해 가면서 스스로의 논리를 이야기함
청자의 질문	○듣는 사람에 의한 질문이 그다지 많지 않음(3회 질문) ○이야기 하는 사람이 스스로 화제를 바꾸어 감	○듣는 사람에 의한 질문이 많아짐(19회 질문) ○질문에 따라 화제가 달라져 감	○듣는 사람에 의한 질문이 적음(2회 질문) ○이야기하는 사람이 스스로 화제를 달리해 감
청자의 관찰로부터	○안정되고 차분한 분위기 ○원경을 조망하는 듯한 모습 ○음성의 톤은 차분함 ○이야기 하는 속도는 천천히 ○단어에 감정을 넣어 강조(아-주, 조오-용히-!)	○회상이라기 보다는 그 현장에서 행동하고 있는 듯한 모습 ○이야기하는 사람의 신체의 움직임이 활발하게 됨 ○근경을 보고 있는 모습 ○음성의 톤이 높아짐 ○눈에 빛이 나고, 가슴이 뛰는 듯한 신난 모습이 나타남	○회상도 아니고, 상세한 행위묘사도 없고, 냉정한 설명조로 가치관을 이야기함 ○자신의 개념으로 강의하는 듯한 분위기로 열변을 토하는 모습이 보임 ○연설과 같은 강약이 들어가 있다.

서에 따라, 「풍경으로서의 이야기하기」, 「사건으로서의 이야기하기」, 「평가로서의 이야기하기」로 각각 구분해 놓았다. 가장 큰 스케일로서의 이러한 3종류 이야기하기에 대한 대략적인 특징을 표 4-4로 나타낸다.

우선, 이야기의 구체적 내용과 전체적 분위기를 전달하기 위하여 축어록으로부터 이야기하기에 관한 내용을 부분적으로 추출한 것과, 필자의 관찰에 의한 이야기하기 현장의 분위기와, 또 필자가 느낀 것을 제시한다 (표 4-5, 4-6, 4-7 참조, 표 4-5, 4-6, 4-7에 수록한 「OH의 감상」은 조사가 끝난 직후 필자가 느낀 전체적 인상을 메모 한 것을 기초로, 녹음테이프를 들어가면서 옮긴 축어록 작성이 종료한 후 필자가 조사장면을 상기하면서 기록한 것이다).

풍경으로서의 이야기하기(표 4-5)는, 간단하게 설명하면 「○○에서, ○○가 잘 보인다 · 보였다」, 「○○에서 ○○을 자주 바라보았다 · 보았다」, 「○○에 ○○이 있었다」라고 하는 내용이 중심이다. 물론 거기서 행한 것, 느낀 것, 의미를 부여하는 것 등도 포함된다. 풍경 · 장소 · 공간에 관한 물리적 특징의 묘사와, 이야기하는 사람이 체험한 행동이나 감정의 묘사와 그 의미부여 등이다. 이야기하고 있는 그 때에, 높이 나르는 새와 같은 관점에서 이들 풍경을 바라보고 있는 것과 같이 자유자재로 공간적 이동을 하면서 묘사하고 있다. 즉, 실제 공간적인 위치에 관계없이 다양한 풍경 · 공간 · 장소가 연상되고 있는 것이다.

사건으로서의 이야기하기(표 4-6)는, 「○○에서 ○○을 겪었다 · 했다」, 「○○을 할 때는 ○○을 준비한다」, 「○○은 ○○의 순서대로 한다」 등 이야기하는 사람이 체험한 구체적인 사건이 중심이 되어 이야기된다. 공간의 특징이나 체험, 감정 등을 겪은 행위로서 또는 이야기하고 있는 현재 그대로 그 행위를 하고 있는 것같이 자세하게 설명하고 있다. 구체적인 것으로는 사라봉의 동굴을 탐험한 것, 중학1년 때 처음으로 친구들끼리만 해수욕장에서 캠프를 했던 것이 그렇다. 예를 들면 동굴탐험은 언제 했는지, 무

표 4-5 풍경으로서 이야기하기:「난 들판을 너무나 좋아했었어 -」

<table>
<tr><td colspan="2">(상황설명) 필자의 질문에 의해 이야기가 시작되었다.</td></tr>
<tr><td>풍경으로서의 이야기</td><td>OH: 어렸을 때의 일 중에 가장 기억에 남는 풍경은 어떤 것이 있어요?

L: 가장 기억에 남는 건 내가 어렸을 적에 살던 곳, 바다의 풍경이야. 걸어서 5분..... 바다 소리, 냄새.....그렇지만 그저 단순한 바다의 풍경이 아닌 들녁(노하라)의 풍경이라고 하지 않으면 안되는-. 아침에 일어나면 자욱한 안개 속에서......뿌우뿌우 하는 무적소리를 듣곤 했어. 그 소리를 듣고 있으면 무언가 쓸쓸한 기분이 되곤 했지. 아직 어린아이였던 내가 말야-.
………………………………………………………………………………
또, 지는 해의 노을 풍경을 너무나 좋아했지.....그 모습을 쳐다보면서 오늘 하루도 마무리되는구나 하는 기분이 들었고, 가족이라는 개념을 한 번 더 생각하게끔 했어...왜냐하면 어디선가「밥먹어라!」......「형-」,「아빠-」하고 부르는 소리들이 들려오니까.「○○야, 밥 먹자!」하며 아이를 부르는 소리가 들리고, 노는 아이들이 있는 풍경... 그것이 내가 생각하는 평화의 상징이야. 지는 해의 모습과 더불어 떠오르는 아련한 풍경이지. 전반적으로 부드럽고 편안한 풍경말야
………………………………………………………………………………
들판(노하라)...어렸을 때, 내가 찾는 장소,정기적으로 가는 곳, 가고 싶은 곳이었어....나의 생활은 여기저기 배회하는 일이 중심이었었던 것같은 생각이 들어...사라봉에 가서 동굴 모험을 하거나, ...보말(조개류) 잡으러 바닷가에 가거나 했어. 그 모든 것의 중심은 들판이야. 들판이라는 개념, 내가 쏘다니는 그 공간은, 나무가 있고, 내창(건천)이 있고, 바위들도 있는....그런 자연과 일들 모든 것을 합한 것이야. 그것을 난 들판이라는 개념으로 설명하고 싶은 거야. 시골(촌)에 정기적으로 갔었는데, 그 시골은 내겐 완전한 들판의 전형이었어. 언제나 생기있고 싱싱했지.
………………………………………………………………………………
이런 것들을 서울이나 어디에 가더라도 찾거나 바라는 상태가 되곤 했지. 그런 곳에 있으면, 특히나...자연스럽게 떠오르곤 했어. 시골의 휴식처, 피난소, 가족의 구심점과 같은 것을 추구하는 그런 완벽한 개념으로서의 들판이었던 것이지. 너무나 좋아서 한 곳에 가만히 있을 수 없었어. (끝)</td></tr>
<tr><td>OH의 감상</td><td>필자의 질문에 의해 이야기가 시작 되었지만, 차츰 연상에 연상을 더해 가면서 정말로 지금, 눈 앞에서 바다가, 산이, 들판이 보이는 것만 같은 느낌으로 너무나 차분하게 천천히 말하는 가운데 시간이 완만하게 흘러 가는 분위기였다. 듣는 사람인 필자도 그가 이야기하는 내용과 함께 편안한 감상자가 되어 더불어 원풍경 속을 여행하고 있는 느낌이었다.</td></tr>
</table>

주 : OH는 듣는 사람인 필자, L은 이야기하는 사람이다. 그리고, 짧은 점선(......)은 유니트 내의 부분을 생략한 것이고, 긴 점선(...............................)은 유니트 전체를 1개 이상 생략한 것을 나타냈다.

표 4-6 사건으로서 이야기하기: 「동굴탐험은 영웅적 행위였어 –」

<table>
<tr><td colspan="2">(상황설명) 이야기의 한 단락이 끝나는 듯한 잠시 뜸을 들일 때, 그 이야기하기 속에서 몇 번인가 등장하는 「사라봉」과 「동굴」이라는 용어가 나온 것에 착안하여 필자가 동굴탐험에 대한 질문을 했다.</td></tr>
<tr><td>사건으로서 이야기하기</td><td>OH: 사라봉에 갔었다고 했는데, 자주 갔었나요?
L: 초등학교 5학년 때부터 갔었는데, 1년 365일 매일이라는 뜻이 아니라 자주는 갔어....어디에 가면 동굴이 몇 개 있다는 소문이 돌곤 하면, 그 곳 전부를 갔다오곤 했어. 사라봉에 있는 동굴은 전부 가본 것같아....
OH: 몇 명 정도가 같이 갔었어?
L: 작게는 3 · 4명, 많으면 7 · 8명이 갔어. 일종의 영웅적 행위였지.
OH: 들어가면 무섭지 않았어요?
L: 아, 물론 무서워. 모두 무서워했어....사라봉이라고 하는 곳이 하나의 탐험 대상인....무척 가기가 어려운 곳이었어....우리들이 학교에서 1년에 한 번 소풍을 갈 만큼....먼 곳에 있었어. 우리들이 2 · 3명이 「어이, 갈래? 가자!」하며 서로 모의해서, 낡은 고무신으로 횃불을 만들어 가지고 갔어.... 전부 아이들 손으로 직접 만들었지. 나무막대에 못으로 고무신을 고정시켜 철사로 감아서.....
………………………………………………………………………………………
OH: 동굴 속에서 무엇을 했는데요?
L: 속으로 들어가는 것이 영웅적 행위였기 때문에....밖으로 나오는 순간의 얼굴표정이 변해 있었는가 변하지 않았는가 하는 것이 중요해.
OH: 동굴 속 끝까지 들어갔어요?
L: 그건 2가지 종류가 있어. 「넌 여기 들어가 본 적이 있어? 들어가보지 못했지?」, 「난 저번에 들어갔었어」하며 「너도 들어가 봐, 어서 빨리 들어가 봐」하거나 하면 「싫어, 너 먼저 들어가봐」하는 상황이 발생해. 「그래, 내가 먼저 들어간다」고 하면서 내가 혼자 들어 가는 거야. 그것이 영웅이 되는 것이거든.....그 기쁨이나 쾌감은 영웅적 행위.....어린 아이다운 영웅이 탄생하는 것이지. 그런 개념이 바로 동굴이야. 탐험과 미지의 세계....
………………………………………………………………………………………
…… 지금은 확실하게 전부 기억하지 못하지만 자연과 같이 생활하는 것, 그런 것이 너무나 좋았어. 그런 속에서 상당한 가능성과 창조성이 개발되는 것....확실히 간직하고 있는 어린 시절의 추억이지.</td></tr>
<tr><td>OH의 감상</td><td>구체적인 이야기였기 때문에 필자의 질문도 자연스레 많아졌다. 좀전의 차분한 분위기는 없어졌다. 어느 사이엔가 말소리의 톤이 높아지고, 신체의 움직임도 활발해졌다. L은 동굴탐험에 대한 이야기에 열중했다. 벽에 기대어 비스듬히 앉아 있던 자세도 바로 앉은 모습으로 변했다. 동굴탐험이 얼마나 어려운 것인가를 피력하며 자신을 영웅으로서 설명했다.
그의 얼굴은 만족한 듯한, 마치 영웅이 된 것같은 표정이 되었다. 동굴탐험 이야기를 들으면서 필자는 몇 번이나 큰 소리로 웃었다. 재미있었다. 동굴탐험을 하고 있는 소년들의 행동이 바로 눈 앞에 펼쳐지는 것 같았다. 그리고 40세도 넘은 L이 그렇게 즐겁게 열중하여 자랑스럽게 이야기하고 있는 그 표정이나 음성과 신체의 움직임들이 마치 어린아이로 되돌아 간 것 같은 모습이 이제도 눈에 선하다. 우습고 재미있다.</td></tr>
</table>

주 : OH는 필자, L은 이야기하는 사람. 짧은 점선(.....)은 유니트 내에서의 부분 생략. 긴 점선(..........................)은, 유니트 전체를 1개 이상 생략.

표 4-7 평가로서의 이야기: 「인류문명의 최고의 지향점은 인간과 자연이 관계하는, 평화 · 안정에 있다!」

<table>
<tr><td colspan="2">(상황설명) 동굴탐험이나 친구들끼리 바닷가로 캠프갔던 이야기로부터 자연스럽게 자신의 어린 시절의 이야기에 대한 평가를 하면서 현재 어린이의 상황이나 인간 일반에 있어서 무엇이 필요한 것인가 하는 내용으로 변화해 갔다. 이야기하기의 흐름은 이야기하는 본인 스스로 변화시켜 갔다.</td></tr>
<tr><td>평가로서 이야기하기</td><td>L: 어쨌든 우리들은 집요할 정도로 추구했지. 너무나 좋아해서 추구했지....다행인 것은 거기서 순화되어 보다 많은 이야기를 자기자신과 하게 되었고, 다양한 감상과 새로운 발견을 많이 하게 되었다는 점이었어.
왜냐하면,….. 자연의 모습이, 식물, 바위, 이런 물체들이 고정된 것만으로서가 아니라, 어떻게 그렇게 달리 보이는가 하는 생각을 하도록 한 것이지.....상황이라는 것과 더불어 생각하는 인간......때문에 종합적으로 말해서.... 동일한 대상이라해도 매 번 다른 것이지..... 그 자연이라는 대상이 나무이거나, 바다이거나, ...갈 때마다..... 그 속에서의 대화는 다른 것, 아니 다를 수밖에 없는 거야
……………………………………………………………………………………………
동양사상은 바로 그런 것이지 않은가. 윤회까지도 그런 거야. 태어나서 살며 죽어가는 그 과정이 자연으로서 인식되지 않으면 안되는 거야
……………………………………………………………………………………………
OH: 지금, 현재 쉬고 싶을 때면 어떤 곳이 생각나는가요?
L: ......그것도 또한 .....숲이 있고, 새들이 지저귀는 소리.....바다의 파도소리가 있는 그런 내게 익숙한 어린 시절무렵 자체가 최상의 장소라는 생각이 들어. 그것만은 확신해. 어린 시절로 돌아갈 수 있다면, 그만큼 커다란 휴식처나 피난처가 존재한다면, 가장 안락할 것이고 또 그건 모성에의 회귀와도 같은 그런 어머니의 품안과 같은 것이 아닌가 해.
……………………………………………………………………………………………
어린 시절에 좋았던 것의 공통분모를 든다면, 또 동서고금을 막론하고 가장 평화로운 정경이라고 한다면.......자연인 것, 농촌다운 것, 들판같은 것.......바다의 수평선의 모습과 잔잔한 파도......그런 것이 대체로 거론되지 않을까 해. 인류문명이 추구해 온 최고의 생활의 지향점이지 않을까 해....문명의 귀착점은 사실상 건강과 평화......
..........진정 안락함에 대한 정체는 무엇인가, 평화의 본질은 또 무엇인가를 구하려 할 때......자연적인 것에서 그 소재를 찾는다면, 새들이 지저귀는 맑은 소리.....푸르른 하늘, 이런 게 되지 않을까......이런 것이 문화의 가장 큰 진리......어린 시절의 이야기가 되는 이유지........</td></tr>
<tr><td>OH의 감상</td><td>이 부근에서 녹음이 끝났다. 예상외로 이야기가 크게 전개 되었다. 푸르른 하늘과 인류문명-안락 · 평화 · 해방이라는-어린 시절의 일 등을 하나로 연결하여 이야기했다. 이야기 내용이 완전히 변해버렸다. 이미 자신의 체험에 대한 이야기가 아니다. 가치관 · 사상을 이야기하고 있는 것같았다. 이야기한다 라기 보다는 강의 · 연설을 하고 있는 듯한, 힘이 들어간 목소리로 박력을 느끼게 하는 시간이었다. 인간 일반 · 인류에 대한 이야기를 하고 있다. 그렇지만 그 자신의 어린 시절이 그 배경이 되어 연결되 있는듯하다. L은 열변을 토했다. 필자의 질문은 나오지 않았다.</td></tr>
</table>

주 : OH는 필자, L은 이야기하는 사람. 짧은 점선(.......)은 유니트 내의 부분 생략, 긴 점선(.....................................)은 유니트 전체를 1개 이상 생략한 것이다.

엇을 준비해서 누구와 함께 갔는지 등 특정의 장소나 특정의 친구의 이름이 나타나거나, 동굴에 들어가기 전과 들어가서 나오고 난 후의 상황 등 시간순에 따른 행위의 차례가 자세하게 진술되고 있다.

평가로서의 이야기하기(표 4-7)는, 앞에서 설명한 내용(풍경으로서의 이야기하기 · 사건으로서의 이야기하기)을 기본으로 한 종합적 평가 · 의미부여를 하면서 이야기하는 사람 자신의 가치관 · 사상을 나타내고 있다. 여기서는 과거의 체험이나 풍경 · 공간을 상기하는 것은 비교적 많지 않다. 풍경으로서의 이야기하기와 사건으로서의 이야기하기에서는, 자신의 과거의 체험에 근거하여 이야기하면서 현재의 감상이나 의미부여를 행하는 자기자신이 이야기 속의 주인공이며 이야기 의미상의 주어이다. 그러나 평가로서의 이야기하기에서는, 설명의 주어 · 주체가 「나는」으로부터 「지금의 아이는」, 「지금의 사회는」, 「인간사회는」 등과 같이 되어 보다 일반화되고 그 의미가 넓혀지고 있다.

이상과 같이 설명한 3개의 분석단위인 「유니트 · 스토리 · 이야기하기(의 종류)」는 작은 스케일의 것이 큰 스케일에 포함되는 소위 알을 품은 형태(계층 구조)가 되어 있다. 즉, 풍경으로서의 이야기하기에는 4개의 스토리 그 속에 14개의 유니트가 포함되어 있고, 사건으로서의 이야기하기에는 4개의 스토리, 20개의 유니트가 들어 있다. 그리고, 평가로서의 이야기하기에는 3개의 스토리, 15개의 유니트가 포함되어 있다.

최소 단위의 유니트는 「풍경 · 공간-체험 · 사건-평가 · 의미부여」의 3요소가 하나의 세트로 되어 있지만 이 3요소는 어느 스케일의 단위에서도 세트를 이루고 있고, 이야기하기 전체에서도 「풍경으로서의 이야기하기-사건으로서의 이야기하기-평가로서의 이야기하기」로서 더 큰 세트를 만들면서 하나의 이야기를 구성하고 있다.

3-2 이야기하기에 있어서의 테마의 연결

풍경적 · 사건적 · 평가적 내용으로 점철된 이야기하기는 「발단-전개-절정-결말」, 「서론-본론-결론」, 「기,승,전,결」과 같은 어떤 연결을 가지고 형성되는 것으로 보인다. 이 3가지의 이야기하기에 일관되고 있는 테마를 그림 4-1에 예로써 나타낸다. 그림 4-1의 내용은, 구체적으로 무엇이 상기되어 이야기되고 있는가 하는 것이 아닌 이야기하는 사람의 이야기에 나타난 용어 · 개념이 이야기하기의 흐름 안에서 어떠한 연결을 가지고 이야기하기가 이루어지고 있는가 하는, 이야기하는 사람의 평가 · 의미부여의 방향성을 가리키고 있다.

이야기하기 전체를 통하여 몇 개의 일관된 테마가 반복되어 나타났다.

풍경으로서의 이야기하기에서는, 「들판」이 구체적인 물리적인 장소의 카테고리로서 또는 은유(메타개념)로서 줄곧 이야기되었다. 그리고 이야기하는 사람 자신의 여러가지 사색이나 사상은 이런 들판과의 「(영혼의) 대화」라고 하는 용어로 표현되었다. 이것은 이야기하는 사람 자신의 배후에 있는 인생관 · 철학을 결정화한 것이라 할 수 있다. 이 「들판」의 개념은, 이

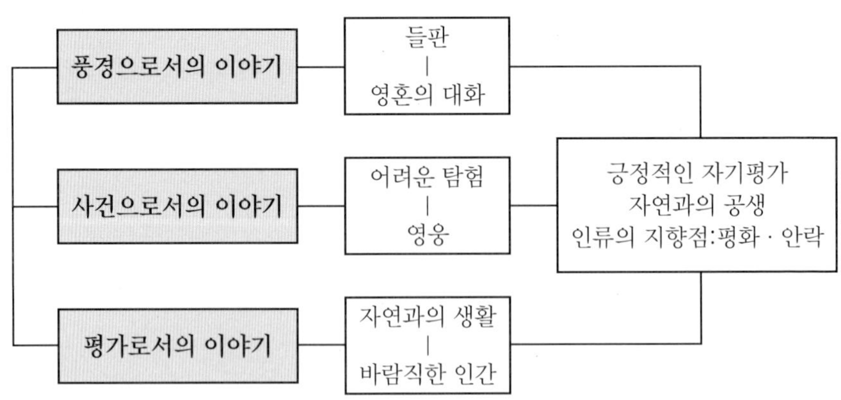

그림 4-1 이야기하기3가지 종류와 이야기하기 내용의 연계(주요 테마)

야기하기 전반에 걸쳐서 다양한 자연 환경으로서 연결하게 하거나 또는 그 속에서 어린 시절을 보낸 이야기하는 사람 자신을 포지티브한 방향으로 평가하게 하거나, 과거의 장소체험을 원인으로 현재의 자기자신을 결과에 자리매김하게 하고 있다.

사건으로서의 이야기하기에서는, 주로 동굴 탐험이나 캠프의 이야기를 했지만 거기에 일관되게 나타나는 것은 평상시에는 못가는 곳에 가거나, 하지 못하는 것을 완수한 자기 자신을 마치 「영웅」이 된 것처럼 이야기하고 있는 것이다. 어린 시절의 이러한 체험은 이야기하는 사람 자신에게 포지티브하게 작용해서 그 결과, 자신은 바람직하고 괜찮은 개인이 되어 있는 것으로 이야기했다. 이 동굴도 앞에서 설명한 「들판」의 개념과 연결되어 있어서 과거의 사건에 대한 체험이 원인으로, 현재의 자신이 그 결과인 것을 의미하고 있다.

평가로서의 이야기하기는, 이야기하는 사람 자신의 평가 즉 자신은 소년시대에 얼마나 풍족한 생활을 보냈는지를 피력 하는 것에 연결되어 있다. 풍경으로서의 이야기하기에서 자주 쓰고 있던 메타개념인 「들판」 대신 「자연」이라고 하는 용어를 사용하고 있다. 자연과 함께 좋은 체험을 할 수 있던 것은 단지 그런 자연환경 속에 있었기 때문이 아니라, 자기 자신이 그러한 생활을 집요하게 추구한 결과라고 이야기하면서 자신을 포지티브하게 자리매김하고 있다. 또 평가로서의 이야기하기의 후반부에서의 화제는, 이야기하는 사람 자신에 대한 내용으로부터 일반적 인간에 대한 내용으로 옮겨가고 있다. 자신의 체험이나 어린 시절에 겪었던 상황(자연과 함께 했던 생활)이 누구에게도, 특히 지금의 아이들에게도 필요하다고 주장했다. 그러한 자신의 체험이나 상황을, 「인류가 목표로 해야 할 방향으로서의 평화나 건강 · 안락」 등으로 연결시켜 가면서 이야기했다. 이야기하기 전체에 걸쳐 과거의 체험을 원인으로 하고, 현재 자신의 상태를 그러한 체험을 한 결과로 평가하는 하나의 인과관계로서 자신의 평가를 행하고 있다.

3-3 이야기하기 타입

축어록을 이용하여 무엇을 이야기하고 있는가에 대한 내용을 중심으로 분석한 결과, 풍경으로서의 이야기하기 · 사건으로서의 이야기하기 · 평가로서의 이야기하기 등 3개의 종류를 찾아낼 수 있었는데, 다시 이러한 내용을 정리해가면서 몇 가지의 서술양식이 있는 것을 발견하였다. 이 서술양식은 이야기하기의 내용(풍경 · 사건 · 평가)을 이루어 가는 데에 있어서 시간 · 공간의 조작, 표현방식이나 의미부여의 방향을 표현하는 화법이며, 또한 이야기하는 사람에게 있어서 이야기하기 현장의 리얼리티 상태 · 체험의 모드가 반영되고 있는 이야기하기 현장이나 그 장면의 전체적 분위기로서 간주할 수 있다. 그리고 이러한 서술양식은, 축어록에 나타나 있는 이야기하는 사람의 용어의 쓰임새와, 듣는 사람(청자)의 관찰로부터 얻게 되는 음성의 톤이나 스피드와, 얼굴의 표정이나 몸동작 등에서 표출되고 있다. 먼저, 축어록을 중심으로 어떻게 이야기되고 있는가에 대한 서술양식을 각 유니트마다 검토한 결과 몇 가지의 전형적인 서술양식이 있다는 것을 알았고 그러한 양식의 차이를 이야기하기 타입이라고 명명했다. 이들에 대한 각각의 특징을 정리하여, 사실설명 타입 · 풍경회상 타입 · 행위서술 타입 · 평가의미부여 타입 · 주장연설 타입 등의 5개의 이야기하기 타입으로 구분했다. 각 타입의 특징과 실제의 예를 표 4-8에 나타냈다.

신뢰도 체크

최소 스케일의 단위인 유니트 나누기와, 각 유니트를 어느 이야기하기 타입이 되는가를 분류한 필자의 작업에 대하여, 이야기하기 장본인인 L (자신의 이야기하기 내용이 잘못 해석되어 있지 않은지 보고 싶다고 하여)와 제주도 출신이 아닌 한국인 S가 확인 작업을 행하였다. 이 작업은 필자와 L, 또 필자와 S, 2인씩 각각 2회씩 했다. 먼저 필자가 축어록을 가지고

표 4-8 이야기하기 타입의 특징과 실례

타입	특징	예
사실설명 타입	과거 사회적 상황이나 물리적 공간 · 장소, 사건(일) 등에 대한 사실로서의 정보를 전달하기 위하여 설명한다. 이야기하는 사람의 감정이나 평가가 들어 있지 않다.「...였다」와 같은 단순과거형을 자주 사용한다.	(동굴탐험) 초등학교 5학년 무렵부터 갔다. 1년 365일까지는 아니더라도 자주 기회가 있을 때마다 갔었지. 유행처럼. 어디어디에 동굴이 몇 개 있다는 소문을 들으면 거기있는 동굴 전체에 가보곤 했어. 지리학적으로 몇 개나 있는가 하는 건 모르지만 우리 소년들이 발견한 곳은 전부 갔었어.(사건으로서)
풍경회상 타입	현실의 장소나 거기서 행했던 행위에 대한 설명이 목적이면서, 이야기하는 사람이 스스로 보고 느낀 점을 회상하고, 다시 음미하는 듯이 이야기를 한다. 새의 시점이 되어 원경을 바라보거나(멀리 눈을 두거나) 복수의 공간 · 장소를 거론한다. 문장의 말미는 과거형인데,그 중간에서는「된다, 이다, 한다」와 같은 현재형의 표현이 많다.	(바다의 풍경) 가장 생각이 나는 바닷가 풍경, 걸어서 5분 정도 걸렸어. 바다소리, 바다냄새, 안개 자욱한 바다......그렇지만, 단순한 바다의 풍경이 아니라 들판의 풍경으로 이야기해야 해. 아침에 일어나면 짙은 안개 속으로 들려오는 안개를 알리는 쇠울음소리, 뿌우-뿌우-하는 무적소리를 들었어. 그 소리를 듣고 있노라면 어쩐지 쓸쓸한 기분이 되곤 했어. 아직 어린아이였던 내가 말야. (풍경으로서)
행위서술 타입	사실로서 행한 것을 설명하고 있지만, 이야기하고 있는 지금, 여기서 정말로 행위를 하고 있는 것같이 현재형의 직접화법을 써서 특정 장소에서의 사건 · 행위에 대하여 그 순서대로 자세하게 이야기한다.	(동굴탐험)「어이, 너 여기 들어가본 적이 있어? 아마 들어가보지 못했을 거야. 난 저번에 들어갔다왔어」라고 하거나,「들어가봐, 어서 들어가봐」하거나,「너 먼저 들어가봐」라고 하는 상황이 되곤 하지. 그런 때는「좋아, 내가 제일 처음 들어간다」고 하면서 앞장섰어. 그래서 나는 영웅이 되는 거야. (사건으로서)
평가의미부여 타입	자신이 직접 체험한 풍경이나 행위를 설명하고 있지만, 자기나름의 평가 · 감상 · 의미부여를 하거나 메타개념을 써서 정리하고 있다. 과거의 체험을 현재의 개념 · 가치관으로 설명한다.「판단한다, 생각한다, 느낀다」등 현재형의 평가가 많다.	(무척이나 강렬한 석양의 풍경과, 그 때, 저녁식사에 가족들이 부르는 소리를 듣는 상황) 그 모습을 보면 나는 가슴이 벅차오르는 느낌이었어. 그건 내가 생각하고 있는 평화의 상징 같은 거야. 지는 해의 모습만이 아니라, 거기에 펼쳐지는 전반적으로 부드럽고 편안한 정서적 풍경말야. (풍경으로서)
주장연설 타입	현재 자기자신의 사고방식을 설명하고 있는데, 외적 객관적인 기준이 아니라 자신의 주관적인 가치관 · 사고방식을 피력하고 있다. 인간 일반을 대상으로 하여「...해야만 한다, ...되지않으면 안된다, ...이다」등의 표현을 해가며 단언하거나 연설 · 강의조의 주장이 많다.	......인류문명이 추구해 온 최고의 지향점이지 않은가 해. 생활의 질을 높이거나, 높이지 않으면 안된다고 하는 건 우리들이 건강과 평화를 찾는 문명의 귀착점은 사실, 그것을 한마디로 말하면, 건강과 평화에 의해 비롯되는 복지인 것이지. (평가로서)

행한 분류작업의 기준을 설명하고, 그 다음 L과 S 각각 혼자서 체크하도록 의뢰했다. 필자와 상대의 체크가 차이가 나는 부분에 대해서는, 2인이 함께 납득할 수 있을 때까지 분류기준에 관하여 서로 의견을 나누었다. 1주일 후 대화의 결과를 바탕으로 필자가 수정, 정리한 새로운 기준으로 다시 한번 더 분류작업을 거쳤다. 이러한 작업의 순서는 ① 필자와 L, ② 필자와 S, 그리고 한번 더, ③ 필자와 L, ④ 필자와 S의 순이다. 이 작업 전반에 걸친 각 2인의 대화, 즉 의견을 나눈 결과는 차후의 작업에 반영되었다.

유니트 나누기에서는, 필자의 분류작업으로 나눈 최초의 46 유니트 중에 6 유니트에 대하여 분류 · 통합 · 경계부분의 수정 등을 통하여, 최종적으로 49 유니트로 했다. 각 유니트의 이야기하기 타입에 대한 분류의 일치율은, 앞서 밝힌 작업순서 별로 ① 51%(49개 중 25개), ② 65%(49개 중 32개), ③ 100%(49개), ④ 96%(49개 중 47개)였다.

3-4 이야기하기의 내용(종류)과 이야기하기 타입과의 관계(구조화의 시도)

이야기하기 전반에 걸쳐서 최소단위의 유니트마다 타입명을 붙이고, 각 이야기하기(의 종류)에 어떤 이야기하기 타입이 적용되고 있는지를 확인해서, 서술내용으로서 3개의 이야기하기 종류와 서술양식으로서의 5개의 이야기하기 타입과의 관계를 검토했다. 그 결과를 그림 4-2, 표 4-9, 4-10, 4-11에 나타냈다.

그림 4-2에서 볼 수 있듯이 특정의 타입이 특정의 이야기하기(의 종류)에 적용되고 있다. 즉, 풍경으로서의 이야기하기에는 풍경회상(風景回想) 타입이 집중적으로 포함되어 있고, 사건으로서의 이야기하기에는 행위서술(行爲敍述) 타입과 사실설명(事實說明) 타입이 들어가 있다. 또 평가로서의 이야기하기에는 주장연설(主張演說) 타입이 돋보인다. 그런데, 평가의미부여(評價意味付與) 타입은 어떤 이야기하기 종류에도 들어 있다.

즉, 풍경으로서 이야기하기를 할 때는 풍경을 바라보고 있는 것처럼(풍

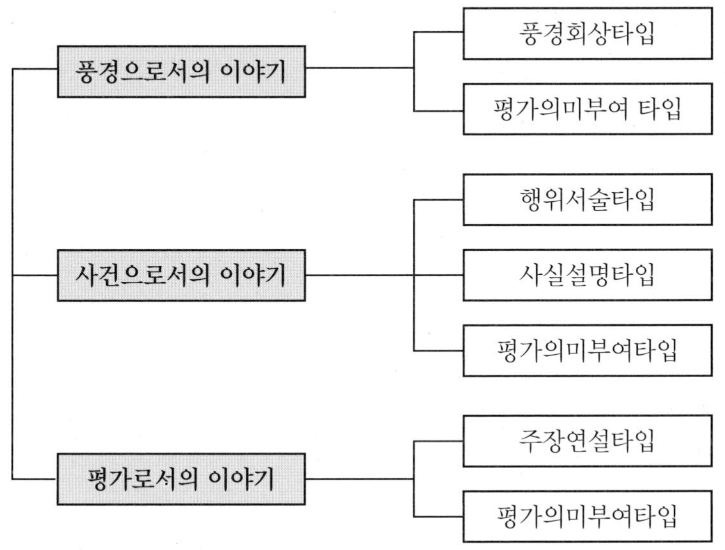

그림 4-2 원풍경의 구조화 시도(이야기하기 종류와 이야기하기타입과의 관계)

경회상 타입), 사건으로서 이야기하기를 할 때는 행위를 하고 있는 것같이(행위서술 타입), 평가로서 이야기하기를 할 때는 자신의 평가에 근거하여 주장을 하고 있는 것같이(주장연설 타입) 이야기를 하는, 그러한 관계가 명확히 밝혀졌다. 또 평가의미부여 타입은, 어느 이야기하기에도 적용되고 있는 것으로부터 어떤 내용을 상기해서 이야기하기를 한다고 해도, 항상 평가나 의미부여를 행한다는 것이 밝혀졌다.

4. 고찰

본 절에서는 필자가 태어난 고향인 한국 제주도의 아는 사람(지인)을 조사대상으로 삼아 일상생활의 흐름을 중시하면서 서로 이야기하기의 방법으로 획득할 수 있었던 10명의 데이타 중에서 가장 마음 편하게, 있는 그대로, 자유롭게 이야기하면서, 그리고 또 이야기의 내용의 폭이 가장 넓다

표 4-9 (A)풍경으로서 이야기한 차례와 특징

각 유니트별 요약(제목)	스토리	이야기하기타입	이야기하기의 구체적 특징
①바다의 풍경과 자신의 느낌 ②들판에서 영혼의 대화 ③자신이 그린 그림 (동양화) ④자신이 그린 그림 (들판에 서있는 커다란 나무) ⑤자신의 성격과 좋아하는 풍경	「들판」으로서 표현된 다양한 장소 · 풍경	풍경회상 풍경회상 풍경회상 풍경회상 평가의미부여	○풍경묘사와 심리묘사가 안팍으로 일체가 되어 있다. ○풍경묘사로 시작하여 느낌이나 심리묘사로 끝나는 것이 많다. ○다양한 풍경의 모습들이 들판이라는 개념으로 설명되고 있다. ○들판에서 보낸 자신을 긍정적으로 이야기한다.
⑥바다를 응시하는 자기자신의 포부 ⑦밭을 응시하는 자기자신의 포부	바다 · 밭을 응시하면서 생각한 포부	풍경회상 풍경회상	○풍경에 대한 간단한 설명을 한 후, 그 당시 자신의 사고방식을 설명
⑧석양의 노을과 생활의 모습(평화의 상징) ⑨한라산 : 제주도의 아이덴티티 ⑩종합적 개념 : 들판	메타개념으서의 들판	평가의미부여 평가의미부여 평가의미부여	○메타개념과 메타 설명이 많다. ○회상 · 주장 같은 것보다는 풍경과 생활상에 대한 자기 나름의 의미부여를 하며 설명하는 것이 중심 ○이야기하는 사람 자신이 스스로 정리하며 개념화 하고 있다.
⑪보리밭, 들녁의 내음 ⑫숲의 향기 ⑬계절의 향기 ⑭완전한 개념 : 들판	싱싱한 들녁의 내음	풍경회상 풍경회상 풍경회상 평가의미부여	○지금까지 했던 풍경묘사나 심리묘사, 그리고 의미부여에 대하여 가볍게 짧게 반복하여 설명하는 느낌. 최종적으로 마무리한 용어는 「들판」이다.

고 생각되는 L 1인의 데이터를 활용하여 그 전형적 사례로서 분석을 행하여 개념을 만들어 냈다. 분석에 있어서는 「어떤 장소에서」, 「무엇을 하고」, 「무엇을 느끼며」, 「지금 · 어떻게 생각하는가」를 별개로 다루는 것이 아니라 하나의 분석단위로서 「풍경 · 공간-체험 · 사건-평가 · 의미부여」를 묶어 세트로서 취급했다. 그 결과, 1) 서술내용으로서 3개의 이야기하기 종류(풍경 · 사건 · 평가로서의 이야기하기)가 있다는 것, 2) 원풍경 이야기하기

표 4-10 (B)사건으로서 이야기한 차례와 특징

각 유니트별 요약(제목)	스토리	이야기하기타입	이야기하기의 구체적 특징
①동굴탐험에 대한 전체적 설명 ②동굴탐험의 준비 ③들어갔다 나오는 행위(영웅적 행위) ④들어갔다 나오는 행위에 대한 상세한 설명 ⑤영웅의 조건 ⑥행동하는 것과 영웅이 되는 것의 차이	동굴탐험은 영웅이 되는행위	사실설명 사실설명 행위서술 행위서술 행위서술 평가의미부여	○우선은 전체적으로 간단한 사실을 설명. ○질문에 의해, 자세하게 행위장면을 묘사 ○자세하게 묘사할 때는 직접화법을 자주 사용 ○전체적으로 결국 영웅이 된 자기자신을 긍정적으로 평가하고 자리매김을 함
⑦자신의 쉼터 ⑧집안팍의 아지트	쉼터의 실제와 개념	행위서술 평가의미부여	○자신의 쉼터(아지트)를 묘사 ○결국 최종적으로는 들판
⑨중학생 시절의 범위 ⑩친구의 범위와 그 넓이 ⑪친구의 개념 ⑫순수한 친구사이 ⑬순수한 이유 ⑭캠프를 한 이유 ⑮캠프할 당시 ⑯부모의태도	중학생 시절의 친구들과의 캠프	사실설명 사실설명 평가의미부여 사실설명 평가의미부여 사실설명 사실설명 사실설명	○동굴탐험보다는 리얼리티가 적다. ○캠프 자체 보다는 중학생 시절에 관한 자신의 사고방식을 설명
⑰놀이와노동 ⑱모든 아이가 매일하는 일 ⑲매일의 일과 ⑳그 당시의 아이들	과거 야외에서의 놀이와 생활과 그 의의	평가의미부여 사실설명 사실설명 평가의미부여	○결국, 이야기하기의 중심은 야외에서의 놀이가 많았던 자신의 어린 시절을 긍정적으로 설명하고 있다. ○자기나름의 소박한 이론

는 이야기하는 사람에게 있어서 일관된 테마로 연결되어 나타나는 것, 3) 서술양식으로서 5개의 이야기하기 타입(풍경회상 타입 · 행위서술 타입 · 주장연설 타입 · 사실설명 타입 · 평가의미부여 타입)이 있다는 것, 4) 이야기하기 종류와 이야기하기 타입과의 사이에는 일정한 관계가 있고, 바로 그것은 이야기하기에 나타나는 원풍경의 구조로서 확인된다는 것 등을 밝혀냈다. 이상의 검토 결과에 근거하여, 한층 더 다음의 세 가지 점에 대하여 고찰한다.

표 4-11 (C)평가로서 이야기한 차례와 특징

각 유니트별 요약(제목)	스토리	이야기하기타입	이야기하기의 구체적 특징
①사회인의 기본 조건 ②집요한 추구(자연에서의 생활) ③집요하게 추구한 이유와 효과 ④왜 효과가 있었던 것인가 ⑤인간과 자연의 관계에서 새로운 것을 발견 ⑥자신에게 있어 생존의 의미	어린시절 자연 속에서의 생활과 그 의미(체험에 근거하여)	주장연설 평가의미부여 평가의미부여 평가의미부여 주장연설 평가의미부여	ㅇ자신과 친구들의 어린 시절에 대한 평가 ㅇ주어진 자연환경이 아니라 스스로 「추구」했음을 강조하고 있다. ㅇ처음에는 과거형을 T써서 과거에 대한 설명이나 평가로서 이야기했지만, ④번부터는 전체가 현재형이 되었다.
⑦자연관 ⑧동양사상 ⑨자연관의 범위	인간과자연의 관계(인간일반에대한)	주장연설 주장연설 주장연설	ㅇ⑥번까지는 자신과 주변의 아이들에 관한 내용이었지만, ⑦번째부터는 인간 일반의 내용으로 변화되었다.
⑩쉬고 싶은 장소 ⑪좋은 장소에 대한 평가 기준 ⑫어린 시절 좋았던 것의 공통분모 ⑬인류문명의 최고의 지향점 ⑭문명의 지향점 ⑮문화의 가장 큰 진리	어린시절의 것들은 건강과 평화를 의미하며, 인류의 지향점이다.	평가의미부여 평가의미부여 주장연설 주장연설 주장연설 주장연설	ㅇ과거형이 아니다. ㅇ추측이나 설명이 아닌 명확한 단정, 즉....해야만 한다... ....일 것이다.....틀림없다고 하는 등의 언어 사용이 많다. ㅇ평화 · 건강을 최종적인 지향점으로서 해석하고 자연환경, 자연과의 접촉을 강조하고 있다.

첫째, 원풍경 이야기하기의 종류(내용)에 있어서의 테마의 연결에 대한 검토로부터 파악되는 원풍경을 이야기하는 것의 심리적 기능에 대해 고찰한다. 둘째, 원풍경 이야기하기 전반에 나타나는 이야기하기 종류와 이야기하기 타입과의 관계(구조)의 검토로부터 파악되는 심리적 기능에 관하여 고찰한다.

4-1 이야기하기의 종류와 테마의 연결로부터 파악되는 (원풍경이야기의) 심리적 기능

이야기하는 사람은 어린 시절의 체험을 말하고 있지만, 단순한 체험을 전하고 있는 것만이 아니다. 과거의 자신의 체험, 자신의 습관, 자신이 살고 있던 곳의 모습을 제시하면서 자기자신을 평가하고, 「나는 어떤 사람인가」를 피력하고 있는 것처럼 판단되었다. 확실히 과거의 체험이, 지금의 자신의 원인이 되어 있는 것같이 인과관계로 연결되고 있는 경우가 자주 나타나고 있다(예를 들면, 들판에서의 생활체험이 있었기 때문에, 나는 독창성이 있는 것이다).

특히, L(이야기하는 사람)에게 있어서 중요한 개념으로서 강조되어 이야기하기 전체를 연결하는 테마로서 「들판」이 나타나고 있는 것은 어떤 의미가 있는 것일까? 물론, 들판 자체는 한국 제주도라고 하는 공간 안에서 생활을 한 L특유의 테마일 가능성은 있다. 그러나, 자신이 경험한 들판이 가지는 특성이나 특정의 장소에 의미부여를 하거나, 은유(메타) 개념으로서 연결하며 이야기하기를 행하여 가는 프로세스에는 일반성이 잠복하고 있을 가능성도 배제할 수 없다. 이야기하기 전체를 관통하는 개념으로서 표현된 「들판」에는 크게 두 가지의 의미가 있다. 하나는, 이야기하는 사람의 구체적 놀이장소로서나 바라보고 있던 구체적 풍경으로서의 「들판」, 또 다른 하나는, 보다 추상화하고 메타화한 개념으로서의 「들판」이다. 이 메타화한 개념으로서의 「들판」은 「휴식처」, 「피난처」, 「가족의 구심」등의 심리적 기능으로서 표현되거나, 「바위 · 풀 · 새 · 바람」등의 자연성으로서 표현되거나, 「같은 바위라도 찾아 갈 때마다 상황은 바뀌고 자신의 거기서의 대화가 바뀐다.」라고 하는 「변화성」으로서 표현되거나 하면서 다양하게 표현되었다. 이것은, 들판을 핵으로 한 관련된 제요소를 뭉뚱그린 광의의 「들판」을 뜻하는 것으로 생각할 수 있다.

이러한 들판에서 뛰어 노는 것, 들판을 바라보는 것, 종합적 인간생활의 총체까지도 들판으로 표현하고, 그런 들판을 좋아하는 「나」는 이런 인간이라는 것으로 이어서 이야기하고 있다. 그의 말을 재구성하여 요약을 옮기면 다음과 같다.

「바다, 산, 동굴, 밭, 공터, 들녁, 들판 등이 있어, 그러한 장소를 전부 합친 말로 표현되고 있는 것이 「들판」이다. 거기에는 나와 다른 아이들과 여러가지 놀이나, 즐거운 체험, 이상한 체험이 있다. 또 들판에는 자연이 가지는 신선함, 때때로 감동이나 전율이 있다. 그런 들판의 개념에는, 가족의 평화로운 모습도 있다. 다양한 놀이나 자연체험을 한 나는, 여러모로 생각하거나 대화할 수 있게 되었다. 그 결과, 나는 그런대로 바람직한 인간이 되어 있다. 나에게에 있어서의 들판은 「휴식처, 피난처」이며, 「가족의 구심점」이며, 「시골」이기도 하다. 내가 어린 시절 경험한 곳과 닮은 분위기가 있는 장소라면 역시 좋은 감정을 갖게 된다. 인간 누구라도 자연의 다양한 면과 접하면서 생활하는 것이 중요하고, 그러한 생활을 가능하게 하는 것이 앞으로도 필요하다. 즉 들판에 관련된 다양한 사건이나 생각은, 〈안락 · 평화 · 건강 · 복지〉 등의 개념에도 연결된다.」

이상에서 보이는 것처럼, 이야기하는 사람 L이 사용한 「들판」이라고 하는 개념에는 다양한 장소에서의 사건의 체험을 통한 자기자신 나름대로의 의미부여가 포함되어 있다.

이야기하는 사람이 이야기하기 속에서 자주 사용한 한국어의 「들판 · 들녁 · 들」이라고 하는 용어는, 한일사전(야스다(安田) · 손, 1983)이나 일한사전(야스다(安田) · 손, 1973)에서는 「野原(노하라), 原(하라), 原っぱ(하라빠)´野邊(노베), 野良(노라)」 등의 일본어로 번역될수 있다(표 4-12 참조).

이야기하는 사람 L이 자신의 생활공간 · 놀이공간에서 마주친 들판을 원풍경의 가장 중요한 개념으로서 택하고 있는 것은, 오쿠노(奧野, 1972)가

표 4-12 들판에 대한 사전적 의미

일본어 국어사전	○野原(노하라) : 풀같은 것이 돋아나고 자라나는 넓은 평지 ○原っぱ(하라빠) : 하라(原)를 쉽게 표현한 것 ○原(하라) : 여러 종류의 풀 등이 자라는 땅, 특히 경작하지 않는 평지. 野原, 原野
한국어 국어사전	○들판 : 들을 이루고 있는 벌판 ○들 : 기복이 거의 없는 평평하고 넓은 땅, 논밭이 되는 넓은 땅 ○들녁 : 들의 주변을 포함한 곳, 들의 속어
한일사전 (한국어를 일본어로 번역)	○벌판(野原/노하라, 原/하라, 原野/하라노) ○들(野原/노하라, 野良/노라) ○들녁(野邊/노베, 野良/노라) ○들판(野原/노하라, 野邊/노베, 原っぱ/하라빠)

자신의 원풍경으로서 어린 시절 자주 놀았던 「공터」를 다루고 있는 것과 서로 통하는 바가 있다. 오쿠노(奧野)는, 「공터」라는 개념을 도시화로 인하여 뒤떨어진 시골을 뜻하는 것으로 또는 도시 속의 한 귀퉁이에 남겨진 자연이라고 설명하고 있는데, 도오쿄의 전철인 야마노테선(山手線)의 변두리에서 자란 오쿠노(奧野)는, 이러한 공터의 존재에 의해서 가까스로 인간다운 유소년기의 체험과 그리운 고향의 기억을 가질 수 있었다고 말하고 있다.

이야기하는 사람인 L이 이야기한 들판의 실태 · 의미는, 오쿠노(奧野, 1972)가 설명하는 그것과는 반드시 일치하고 있다고 할 수 없을지도 모르지만 두 사람에게 공통적인 것은 도시공간 속의 공터(오쿠노(奧野), 1972), 농촌 공간 속의 들판(이야기하는 사람, L)이, 그들 자신에게 있어서 매우 중요한 원풍경으로서 기술되고 있다는 점이다. 즉, 두 사람 모두 자신의 어린시절의 체험을 이야기했지만 그것은 오히려 현재의 자기자신을 이야기하는 것이고, 그 이야기 가운데에는 가족이나 친구를 포함한 인간관계와 특정의 장소 · 공간 · 풍경 등 물리적 환경과의 연결 속에서의 행위나 심리적 활동이 있다.

이야기하는 사람 L의 원풍경 이야기하기에는, 들판이라는 개념에 의해 전체가 연결되고 있는데, 특히 「내 인생 이야기」로 표현되는 자기아이덴티티에 제주도 공간 속의 「들판」을 핵으로 하는 장소 · 공간이 관련되고 있다. 다양한 곳에서의 놀이체험이나 감정, 또는 의미부여가 일체화되어 이렇게 이야기되고 있는 내용 속에서 재구성되는 것이다. 즉, L의 어린 시절의 들판에서의 체험에 의한 여러가지 기억이나 사고방식이 장소아이덴티티를 형성하고, 그것은 L의 현재 사고방식의 기준 중 하나가 되어 「나는 괜찮은, 바람직한 인간」으로서 자리매김하게 되면서 자기아이덴티티를 내보이는 것이라 할 수 있다.

이상으로부터 「원풍경을 이야기한다」라고 하는 것은 자신의 어린 시절을 보낸 장소에 얽혀 있는 다양한 체험을 기본으로 자기자신을 이야기하는 것이지만 그것은 단순한 사실로서의 이야기가 아니라, 이야기하고 있는 시점에서의 의미부여가 가해지면서 「지금의 나자신」을 이야기하는 것이고, 그것은 아이덴티티, 특히 장소아이덴티티를 뜻하는 것이라 할 수 있다. 바로 이 점이 원풍경 이야기하기의 심리적 기능이라고 판단된다. 즉, 과거의 체험에 의해 형성되고 있는 원풍경은 고정된 기억이 아니라 항상 해석하고 의미부여 하면서, 재생산되는 생성의 이야기하기로서 개인의 생활 속에서 구현되고 있는 것이다.

4-2 이야기하기 종류와 이야기하기 타입의 관계(구조)의 검토로부터 파악되는 심리적 기능

이야기하기의 내용으로서 「풍경으로서의 이야기하기」, 「사건으로서의 이야기하기」, 「평가로서의 이야기하기」로 그 종류를 나누고, 또 이야기하기의 타입으로서 「사실설명 타입」 · 「풍경회상 타입」 · 「행위서술 타입」 · 「평가의미부여 타입」 · 「주장연설 타입」의 5개 타입을 설명했다. 이렇게 이야기하기 내용에는 특정의 이야기하기 타입이 관련되기 쉬운 점을 밝히면서 그것을 이야기하기 내용과 이야기하기 타입과의 관계의 「구조」로서 나타내 보였다. 각각의 이야기하기에 어떤 이야기하기 타입이 적용되고 있는가는 과연 무엇이 원풍경으로서 이야기 되는가 하는 것만이 아니라 이야기하는 주체인 그 사람의 그 때 그 장소에서의 감정 · 기분 · 흥분 · 침착성 등의 정동체험으로서 생각할수 있다. 과거의 체험을 이야기하는 현장은 과거가 아니라 「지금 · 여기」이며, 「과거 체험의 리얼리티」를 지금 · 여기서의 리얼리티로서 체험하고 있는 것은 아닌가 하는 해석이다. 이러한 지금 · 여기서의 리얼리티로서의 체험(이것을 체험모드로 해 둔다)은 이야기하기의 내용에 따라 변화하고 있고 이 변화하는 체험 모드가 반영된 것이 이야기하기 타입으로 나타났다고 보인다. 이야기하기 타입은 이야기하는 사람에게 있어서 바로 「지금 · 여기서」체험하는 모드일 것이다. 이 모드라고 하는 것은 문학에 비유하면 문체라고 말할 수 있을 것이다. 어쩌면 이야기하기 타입을 문학적으로 표현하고자 할 때 어느 장르의 어떤 문체의 표현 수법을 취하게 되는가 하는 이미지와 비슷하다고 보아야 할 것이다.

이 체험모드가 반영됨으로써 이야기하기 타입이 각기 다르게 나타나는 것은 비록 그 내용이 동일하다고 해도 이야기하는 사람이 이야기하는 순간의 체험모드의 차이나, 이야기하는 사람 자신이 이야기 내용을 전달하는 방법의 차이라고 보인다. 이것은 어느 타입이 좋다고 하는 것이 아니라 하나의 이야기하기 속에서 쓰여진 이야기하기 타입의 종류에 따라, 그 순간체험하는 리얼리티의 종류와 정도가 다를 가능성이 있다는 것이다. 예를 들면, 사실설명 타입과 평가의미부여 타입만으로 이야기하는 경우와, 행위서술 타입이나 풍경회상 타입에 해당하는 것을 가지고 이야기하는 경우와는 이야기하는 사람의 그 순간의 체험 리얼리티가 달라 그 내용을 듣고 있는 사람에게도 다르게 전해지는 것으로 보인다.

제 2 절 개인의 원풍경(個人 原風景) : 개념 · 구조의 확인과 개인차

1. 문제와 목적

본 절에서는 앞의 제1절의 연구로부터 산출된 개념을 써서 다시 10명에 대한 이야기하기를 검토한 후 그에 따른 개념의 확인과 각각의 특성으로서의 개인차를 분석하면서, 그 개인차가 무엇을 시사하고 있는가에 대하여 고찰한다. 분석은, 제1절의 탐색적 연구의 결과로서의 정리 및 접근방법과 같이 이하의 4가지 점에 대해 검토한다.

1) 풍경적 · 사건적 · 평가적 이야기하기의 개념으로 이야기하기 내용을 구분하면서 그 개념의 출현에 따른 개인차를 검토한다. 2) 이야기하기 내용의 연결로서의 테마를 통하여 그 개인차를 검토한다. 3) 설명회상 타입 · 행위서술 타입 · 주장연설 타입 · 평가의미부여 타입 · 사실설명 타입 등 5가지의 개념을 가지고 서술양식으로서의 이야기하기 타입을 검토하고, 또 그 이야기하기 타입의 출현에 따른 개인차를 검토한다. 4) 이야기하기의 내용과 이야기하기의 타입의 관계라는 관점으로부터 구조를 분석하면서, 그 개인차를 검토한다. 5) 위 4가지 항의 결과를 가지고 생각할 수 있는 심리적 기능에 관하여 고찰한다.

2. 방법

2-1 조사 방법 및 조사 대상자

제1절과 같이 서로 알고 지내는 사람과의 이야기하기라는 방법으로 조사를 실시했다. 조사대상자들의 자택 혹은 찻집 등 있기 편하고 익숙한 장소에서 서로 이야기하면서, 카세트 데이프로 녹음했다. 조사대상자들은 앞 절의 분석대상자인 L을 포함하여 총 10명이며 필자의 선배, 후배, 친구,

옛 직장동료와, 가족 중의 언니 등이다. 연령의 범위는 조사 당시(1996년 11월) 24세부터 64세까지이다. 조사대상자들에 대한 대략적인 인적사항은 표 4-13에 나타냈다.

표 4-13 조사대상자 10인

이름	성별	연령	어린시절의 주요한 거주지역
①L	남	41	제주시
②木(목)	남	40	제주시, 애월읍
③姜(강)	남	53	애월읍
④安(안)	남	28	표선면
⑤在(재)	남	28	서귀포시
⑥玄(현)	여	64	서귀포시
⑦正(정)	여	38	제주시, 서귀포시
⑧欄(란)	여	31	애월읍
⑨玉(옥)	여	30	남원읍
⑩庭(정)	여	24	서귀포시

주 : 시, 군, 읍, 면의 행정구역명은 2000년 현재의 지명을 표기

조사는 「어린 시절 잘 놀던 장소는?」, 「자주 생각나는 놀이는 어떤 것이 있는지?」, 「기억에 남는 풍경은…?」 등을 그 현장의 상황을 보면서 묻는 것으로 시작했다. 질문의 차례는 조금 다르기도 하지만 묻는 내용의 전체는 같게 했고, 이야기하기 속에서 놀이장소로서의 공간이 나오거나 놀이의 설명이 나오거나 하는 가운데, 필자가 흐름에 맞추면서 질문했다. 조사 시간은 L은 2시간, 그 외는 10분부터 40분 정도였지만 조사의 전후에는 일상적인 대화나 차, 식사 등을 나누곤 했다. 즉 일상적으로 만나고 서로 이야기하는 자연스러운 시간 안에 조사 목적의 시간이 포함되는 형태로 가져갔다.

2-2 이야기하기 현장의 모습과 필자의 관찰 및 감상

이야기하기 데이터의 특성 : 이야기하기 현장에서의 모습은 사람마다 달랐다. 연상(連想)에 연상을 해가면서 자연스럽고 부드럽게 연결해가는

사람도 있고 예전에 무엇을 하고 있었는지 어디서 무엇을 하고 있었는지 갑자기 잘 생각해 낼 수 없어서 곤란했다고 하는 사람도 있었다. 그러나 이야기하기에 참여하는 얼굴의 표정들은 즐거운 듯하기도 하고 먼 곳을 바라보고 있는 것같기도 하고 또는 깊이 생각하고 있는 것같기도 하는 등 화제에 따라 바뀌어 갔다. 이야기하기가 진행되는 가운데 최근 한참동안 잊고 있어서 생각난 적도 없었던 것을 모처럼 생각해 냈을 때는 너무나 기쁜 듯한 얼굴로 흥분하면서 이야기하기도 했다. 또 옛날에는 일만 해서 논다고 하는 감각의 기억이 없다고 하는 사람도 있고 놀던 경험으로서가 아닌 일의 경험으로서 이야기하는 사람도 있었다.

실제 이야기하기를 행한 시간의 길이나, 이야기할 때의 표정이나 몸의 움직임, 이야기해 가는 분위기 등은 앞에서 소개한 L의 이야기하기 경우와 반드시 일치하고 있지는 않다. 또 이야기하기가 상기(想起) 안으로 완전히 들어가 있지 않는 인상을 주는 경우도 있었다. 묻고 있는 필자나 상대도 분위기에 따라 즐거워지거나 침착한 기분이 되거나 했다. 아주 간단하게 내용만을 말하거나 상대가 부담을 느끼고 있는 것처럼 보이는 경우, 보통의 화제(조사 목적이 아닌 것)로 바꾸는 것으로 조사를 끝냈다.

2-3 분석 절차

① 녹음된 조사대상자의 이야기하기에 대한 축어록을 작성했다.

② 제1절에서 산출한 「풍경적」·「사건적」·「평가적」이라고 하는 개념으로 그 이야기하기 내용을 검토했다. L 이외의 9인의 이야기는, L의 경우처럼 이야기하기 자체가 모두 다 같이 「풍경적」·「사건적」·「평가적」 이야기하기로서 종합된 상태가 아닌 조금씩 섞여 있는 상태로 짧게 이야기된 것으로 데이터가 수집되었기 때문에 「풍경으로서의 이야기하기」·「사건으로서의 이야기하기」·「평가로서의 이야기하기」로 구분해서는 다루어지지 못했다. 그러나, 그 내용으로서는 「풍경적」·「사건적」·「평가적」 내용으로 구성되어 있었으므로, 이들 3개의 내용에 맞추어 정리했다.

③ 유니트 나누기가 가능한 이야기하기는 유니트 나누기를 하고, 제1절에서 나타난 각 타입으로 분류하는 작업을 했다. 제1절에서 설명한 기준 전부에 합치되지 않아도, 전체적 특징으로부터 어떤 타입인가로 분류할 수 있는 경우는 그렇게 했다.

④ 각 각의 조사대상자들이 어떤 이야기하기 타입을 적용하고 있는가를 검토해가면서 고찰했다.

3. 결과

3-1 10명에 있어서의 서술 내용, 이야기하기의 종류

제1절에서 L의 이야기하기에 대한 검토로부터 「풍경으로서의 이야기하기」·「사건으로서의 이야기하기」·「평가로서의 이야기하기」라고 하는 이야기하기의 종류를 밝히고 구분할 수 있었다. 이러한 개념을 염두에 두면서 조사대상자 10명의 축어록을 작성하고 검토했다. 이들 10명 중 「풍경적」·「사건적」·「평가적」내용의 3개 전부를 말한 사람은 L, 안, 경 등의 3명이며, 「풍경적」·「사건적」내용 2개를 이야기한 사람은 란과 정 2명, 또 「사건적」·「평가적」 내용 2개를 이야기한 사람은 옥 1명, 나머지 4명은 「사건적」 내용만을 이야기했다.

「○○에서 ○○이 보인다, ○○을 자주 보았다」라고 풍경, 경치를 바라보면서 이야기하는 내용(풍경적 내용)은 4인이 이야기했고, 또 「○○으로 00을 했다, 행하였다」라고 하는 내용으로 직접 지면을 걸어 다니는 것과 같은 신체의 스케일로 표현한 내용(사건적 내용)은 10명 전원, 그리고 「이 사회는, 요즘 아이들은 ○○이다, ○○해야 한다」와 같이 자신에 관한 것으로서가 아니라 사회 일반적으로 넓혀서 이야기하는 내용(평가적 내용)은 3인이다. 3개 종류의 이야기하기 가운데 사건으로서 이야기하기는 전원이 이야기하고 있지만 「풍경적」·「평가적」인 내용은 몇 사람 밖에 볼 수 없었다. 물론 「사건적」내용은, 사건만을 이야기하는 것은 아니라 「○○에

표 4-14 조사대상자인 10인에게서 나타난 이야기의 내용(종류)

화자	풍경으로서 이야기하기	사건으로서 이야기하기	평가로서 이야기하기
L (41) 남성	바다, 산, 들녁, 골목 등을 전부 포함한 자연공간의 개념으로서 「들판」과 거기서의 활동이나 감동으로서 「영혼의 대화」	사라봉에서 동굴탐험을 했다. 동굴탐험은 무리해야 할 정도로 무척 겁나는 일이다. 나는 혼자서 그런 동굴에 들어갔다 나와 영웅이 되었다. 또 중학교 1학년 여름방학때에 처음으로 친구들끼리만 해수욕장으로 캠프를 갔다. 마침 태풍이 몰아쳐서 무서웠지만 별탈이 없었다.	어린시절 자연공간에서의 생활은 참 좋았다. 자신은「바람직스러운 인간」이 되었다. 이런 생활(자연공간에서의 생활)은 누구에게나 필요한 것이다. 「자연적」인 것은 인류의 평화 · 안락에 연결되어 있는 것이다.
안 (28) 남성	다양한 모습의 오름들과 들판, 많은 내창들, 울창한 송림에서 고향을 느낀다. 고구마를 썰어서 널어놓거나 무우말랭이를 널어놓은 풍경	나무로 장난감이나 총을 만들었다. 오름에서 동굴탐험 · 아지트 만들기, 들판에서 지네잡기, 산딸기따기, 내창에서 물놀이, 8키로나 걸어서 바다에 간다. 물을 길어오거나 무우말랭이 만드는 일을 하기도 했다. 오름의 모양에 따라 다른 놀이를 했다.	과거에 놀던 장소가 많이 사라져 버리고 있어서 너무 섭섭하다. 오름은 동심의 고향, 오름은 제주도의 특징이기때문에 그대로 보존했으면한다. 일부러 오름박물관 같은걸 만들기보다는그대로자연상태의 오름을 지키는것이 우선되어야 하지 않을까.
강 (53) 남성	흙 · 자연 · 보리 냄새, 명절이나 제사 때 음식만드는 냄새... 추억 속의 정다운 느낌. 4 · 3사건 당시 화재의 광경, 군대가 출동하던 풍경이 떠오른다.	할망당의 커다란 고목나무 밑에서 자주 놀았다. 금지했던 놀이도 했고, 나무에 올라 열매를 따먹거나 했다. 소를 돌보거나 집안일을 거드는걸 자주했다. 노는 것보다는 집안일이 더 많았다.	지금은 급격한 변화가 너무 많아서 누군가에 의해 곧 바뀌어 버린다. 자연적인 흐름이 아니다. 제주어(제주도의 방언)를 보존하지 않으면 안된다.
란 (31) 여성	가을철 고구마 밭, 고구마 잘라 말리기, 돌담 위에 피어나는 꽃들. 멸치잡는(멜걸이는) 풍경. 가난했지만 인정이 넘쳤다.	살림베기(집단)놀이, 삥이뽑기, 삥이치기, 바다나 내창에서 물놀이 · 개구리잡기 · 물고기잡기, 나무오르기, 물동산 오름에서 나무순따먹기,나무오르기, 눌 속에서의 놀이 등 남자아이 처럼 놀았다.	

옥 (30) 여성		들판에서 들파 캐기 · 지네잡기 · 고사라캐기 등을 하거나, 내창에서 물놀이를 하거나 풀밭이나 산 등성이 여기저기 쏘다니거나 했다. 그런 자연에서의 생활은 너무나 좋았다.	시골에서의 생활은 불행한환경이 아니다. 자연환경 그자체가 좋다. 콘크리트 속에서 살고 있는 사람들과는 다르다. 요즘은 차가 너무 많아서 아이들을 밖에서 놀게 할수 없다. 내아이들에게도 자연을 체험하게 해주고 싶다. 동양사상이라는 건 자기자신 안에 자연을 있게 하고 자연 안에 자기를 넣는 것이라할 수 있지 않을까.
정 (38) 여성	바다의 풍경, 산의 풍경, 단풍 든 풍경, 개 짖는 소리 · 귀뚜라미 소리 · 매미 소리	동네 · 골목 · 올레에서 방치기놀이, 물놀이, 머리핀치기, 공기놀이, 여름철 용수(바닷가)에서 수영, 밭에서 잡초뽑는 일(검질메기). 옛날이 훨씬 더 안전하여 멀리까지 갔다.	
재 (28) 남성		전쟁놀이, 밭 구석이나 쓰레기장에서 불량한 놀이, 약촌(장소명)에서 삥이뽑기, 야구놀이, 여름방학 때의 조기 청소하는 일, 전쟁놀이는 좋지 않다.	
현 (64) 여성		우영팟(채마밭)에서 흙으로떡만들기, 눌 속에 들어가 놀았다. 바다에서의 놀이, 약초캐기 · 촐베기(꼴베기) · 나물캐는 일, 감자나 고구마를 심는 일, 보리나 조의 농사일. 놀이 보다는 집안 일이었다. 학교에도 갈 수 없었다.	
목 (40) 남성		사라봉에서 동굴탐험, 용수에서의 수영, 나무들이 있는곳 · 넓은 공터에서 전쟁놀이, 내창에서 여러가지 놀이, 동네싸움(골목놀이)도 했다.	
정 (24) 여성		마당에서 밀감상자로 집짓기, 소꿉장난, 대문앞에서 고무줄놀이, 공던지기, 약촌에서노는것.	

주 : ( )의 내용은 필자의 보충설명이며, 축어록 중 길게 이야기한 사람순서로 표를 만들었다.

서」라고 하는 공간 설명이 있거나, 또 「○○을 해서」라고 하는 사건 · 행위의 설명이 있으며, 「○○이었다, 느꼈다」라고 하는 행위 주체자의 감상이 있거나, 「○○은 나에게 있어서 ○○이다」라고 하는 의미부여도 있다. 이들 전부를 「사건적」내용으로 다룬 것이다. 풍경적 내용이나 평가적 내용보다는, 자기자신의 직접적인 체험으로서 어린 시절을 지낸 마을, 장소, 공간에서의 놀이나 일, 생활이라는 것 등에 같이 섞어서 「사건적」내용으로 보다 이야기하기 쉬운 때문인지도 모른다. 10명이 이야기한 내용에 대한 요약을 표4-14에 나타낸다.

3-2 이야기하기에 걸쳐 있는 테마의 연결

여기서 설명하는 테마라고 하는 것은 제1절에서 L의 예로써 밝힌 것처럼 단순하게 무엇이 상기되어 이야기되는가 하는 점이 아니라, 이야기하는 사람의 용어에서 나타난 내용이 그 전체의 내용 안에서 어떠한 연결을 가지고 이야기되고 있는가 하는 평가의미부여의 방향성이다. L의 경우, 다양한 내용을 이야기하고 있는데 이야기 속에서 그 것들을 한결같이 연결하고 있는 테마는 바로 「들판」이다. 그러면 이러한 L이외의 경우에서는 어떤가. 아래 4인의 예로써 이야기하기의 테마를 나타내 보인다.

안(28세, 남성) : 「내가 자란 마을은 오름(기생화산)의 형태가 다양했기 때문에 그 오름의 모양에 따라 놀이의 종류도 달랐다. 지금도 가끔 시골 마을에 들렀을 때 소나무가 울창한 오름을 보면 자신이 고향으로 돌아온 느낌을 갖게 된다. 자기가 뛰어 놀던 오름은 마음 속의 동심이고, 제주도의 상징이라고 생각되기 때문에 오래 그 모습 그대로 남아 있기를 원한다.」

이 남성은, 오름이 여러 개였던 마을에 살고 있었으므로 이야기하기의 상당한 내용이 「오름」과 관련되어 있다. 실제의 놀이공간이나 장소로서의 오름, 바라보는 풍경으로서의 오름, 마음의 동심이라고 하는 메타개념으로서의 오름이 이야기되고 있다. 그러한 오름에서 놀던 자신의 이야기이다. 그러나 인과관계의 연결은「나는」,「어떻다」라고 하는 대신,「내가 보낸 곳은」,「어떻다」라는 것에 초점이 맞추어져 있다.

옥(30세, 여성) :「어린 시절에는 들이나 산에서 자주 놀았다. 위험하기 때문에 가지 말라고 해도 자주 갔다. 이러한 자연에서의 생활이 좋은 환경이라고 생각한다. 시골은 문화적 환경이 나쁘다고 하고 있지만 자신은 그렇게 생각하지 않는다. 콘크리트의 벽을 마주하며 생활하는 사람과는 다를 것이다. 다행히 우리는 어렵지 않게 흙과 함께 생활할 수 있는 여건이다. 그러니까 시골의 밭에 갈 때는 일부러 아이를 유치원에 보내지 않고 데리고 간다. 밭에 가면 옷은 더러워지지만, 세탁하면 된다. 여기(도시)에서는 자동차가 있어 별로 밖에 나갈 수 없다. 동양 사상이란, 자연 속에 자신을 맡기고 또 나자신 속에 자연을 있게 하는 것이라고 생각한다.」

위의 옥이라는 여성은, 들이나 산을 놀이장소로서 거론하면서 그것들을 메타화한 개념으로서의「자연 · 흙 · 시골」을 이야기하고, 자연환경이 좋은 환경이라고 설명하고 있다. 시골에서 보낸 자신은 운이 좋은 것이라는 의미부여를 하고 있다. 그리고 자연의 좋은 점을 알고 있으므로 자신의 아이를 일부러 밭에 데리고 다닌다고 이야기했다.

현(64세, 여성) :「자신이 어린 시절은 함께 놀 친구가 별로 없었다. 아주 어린 아이 때에는 우영팟(제주어:주택에 딸린 부지내의 소규모 밭) 가에서 흙으로 손장난하면서 떡 모양 만들기 같은 것이나 하고 놀았다. 또 학교에 가도, 일제시대(일본의 식민지 시대)였기 때문에 시키는 일이 많았다. 풀을 베서 학교에 가지고 가거나 한라산으로 땔감을 하러 가기도 했다. 얼마안가 학교는 그만두게 되었고 그 후 집안 일이라든지 여러가지 잡일을 했다.」

이 조사대상자는, 자신의 체험을 이야기하고 있지만 전혀 의미부여를 하고 있지 않았다. 이야기하기 내용은 놀이 종류와 일, 그 당시의 시대 배경 등을 설명하고 있지만「때문에, 나는」,「그러니까, 저기에서는」이라고 하는 과거부터 현재까지의 연결이 되는 인과관계, 또는 의미부여가 보이지 않는다. 모든 내용은 사실설명으로서 과거 경험한 사실만 이야기하고 있었다.

정(24세, 여성) : 「집의 마당에서 나무로 된 귤 상자를 가지고 집짓기 같은 것을 하고 놀았다. 약촌(들녁의 한 장소)에 가서 삥이(제주어:모의 꽃대)를 뽑으러 가거나 했는데 그렇지만 별로 크게 생각나는 게 없다. 대문 앞에서 자주 고무줄 놀이를 하면서 놀았다.」

이 정이라고 하는 대상자의 경우도, 어디서 어떤 놀이를 했던 것에 머물러 있고 자신나름대로의 의미부여나 인과관계적인 표현은 볼 수 없었다.

이상에서 정리한 것처럼, L은 「들판」이라고 하는 용어로, 안의 경우는 「오름」으로, 옥의 경우는 「자연 · 시골 · 흙」이라고 하는 용어를 가지고, 과거부터 현재까지의 연결이나, 인과관계, 자신의 놀이, 생활, 느낌 등을 설명하고 있다. 이들 3인의 예에서는 자신나름의 테마가 나타나 있다.

나머지, 현과 정의 경우는 놀이 자체나 놀이장소를 중심으로 생활의 모습을 이야기하고 있지만 인과관계를 나타내거나 자신의 내부에서의 테마로서 연결시키거나 하는 것은 행하고 있지 않다. 현과 정의 경우, 이야기하기 타입으로서 사실설명 타입만이 적용되고 있고 평가의미부여 타입은 볼 수 없다.

이러한 결과로부터 반대로, 이야기 연결의 테마나 인과관계의 표출에는 평가의미부여 타입이 관계하고 있다고 판단된다. 과거의 체험으로서 이야기하지만 단순한 과거가 아닌 현재의 자신에게 의미부여를 하거나 과거의 체험을 원인으로 하여 현재의 자신을 결과인 것처럼 이야기하는 경우는 반드시 평가의미부여 타입이 적용되고 있다. 그것은 이야기하기의 내용이 풍경이든, 사건이든, 평가이든 모두 같다. 과거의 체험만이 아니라 어떠한 연결이나 인과관계, 의미부여가 나타나는 것은 평가의미부여 타입에서이다. 즉 평가의미부여 타입이 자주 보이는 것만큼 과거에서 현재 사이의 연결이나 자기 자신에게 있어서의 의미가 그 이야기하는 용어로 표현되고 있는 것이다.

3-3 10명에 있어서의 이야기하기 타입의 출현

L의 이야기하기는 각 타입마다 구별할 수 있도록 이야기되고 있어 다양하고 종합적인 이야기하기 타입을 보여주고 있지만 그외 조사대상자들 대부분은 스스로 자연스럽게 이야기하는 형태라기 보다는 질문-응답의 형국으로 이어지고 있어서, 표 4-8에서 그 기준을 제시하고 있는 타입별 나누기는 곤란했다. 그러나 중요한 것은 역시 간단한 응답 내용에도 각 타입별 요소는 조금씩 나타나고 있었으므로, L과 다른 9명의 이야기하기를 가지고 어떤 타입의 요소가 적용되고 있는지를 검토해 보았다. 그 결과, 표 4-15에서 보이는 것처럼 대상자들 여러 명이 자주 적용하고 있는 타입은 「사실설명 타입」·「평가의미부여 타입」이다. 이 2개의 타입은 그 내용이 「풍경적」이든, 「사건적」이든, 「평가적」이든지 적용되고 있다. 한편, 「풍경회상 타입」은 「풍경적」내용에서만, 「행위서술 타입」은 「사건적」내용에서만, 「주장연설 타입」은 「평가적」내용에서만 적용되고 있고, 한정된 조사대상자들에게서 밖에 볼 수 없다.

다양한 타입이 나타나는 대상자가 당연히 이야기하기의 양이 긴 것만은 아니다. 예를 들면, 란과 옥은 거의 같은 20분 가량 이야기했지만 란에게는 다양한 이야기 타입이 보이고, 옥에게는 사실설명 타입과 평가의미부여 타입만이 나타나고 있다. 표 4-15로 나타낸 바와 같이 란에게서 보이는 5개의 이야기하기 타입으로 란의 이야기하기를 구분하면, ① 란이 어린 시절 보아 온 풍경을 전달하기 위한 설명을 하면서, ② 그에 대한 자신나름의 의미부여를 보이고 있다. ③ 또 어린 시절의 놀이체험을 전달하기 위해서 설명하거나, ④ 현재 직접 행동하고 있는 것같이 몸을 움직이거나 하며 직접화법을 쓰고 있다. ⑤ 그러한 사건의 체험에 대해서도 자신나름의 평

표 4-15 조사대상자 10인에게서 나타난 이야기하기 타입

이야기하기 내용	풍경적 내용			사건적 내용			평가적 내용		
이야기하기 타입 / 이야기 하는 사람	풍경 회상	사실 설명	평가 의미 부여	행위 서술	사실 설명	평가 의미 부여	주장 연설	사실 설명	평가 의미 부여
L(41세, 남성)	○	○	○	○	○	○	○	○	○
안安(28세, 남성)	○	○	○	○	○	○	○		
강康(53세, 남성)		○	○	○	○	○		○	○
란欄(31세, 여성)		○	○	○	○	○			
옥玉(30세, 여성)					○	○			○
정正(38세, 여성)	○				○	○			
재在(28세, 남성)					○	○			
현玄(64세, 여성)					○	○			
목木(40세, 남성)				○	○				
정庭(24세, 여성)					○				

가나 의미부여를 하고 있다는 것이 된다. 한편 옥의 경우는, ① 어린 시절에 체험한 공간이나 사건에 대해서 전달하기 위한 설명을 하고, ② 그 내용에 대하여 자기나름대로의 평가나 의미부여의 내용을 이야기로 표현하고 있다. 그러나 지금 · 여기서 행동하고 있는 것같이 직접적이지 않으며 흥분하고 있지도 않다.

양적으로 많이 이야기하는 것이 이야기하기 타입도 다양하게 나오는 경향은 있지만 적용되고 있는 이야기하기 타입의 차이는 그 장소인 현장에서 이야기할 때의 표현 방법에 대한 폭의 차이이며, 이야기하기 내용과 그 종류의 차이나 이야기하기의 길이의 차이로서 규정하기는 어렵다.

다양한 이야기하기 타입 중에서, 사실설명 타입과 평가의미부여 타입이 가장 많이 나타나고 있다. 이것으로부터, 사실설명 타입은 개개인의 상황 또는 인간관계나 그 현장의 상황 등에 영향을 받는 경우가 가장 적으며 누구에게서나 많이 나타나는 타입이다.

3-4 10명에 있어서의 이야기하기의 종류와 이야기하기 타입의 관계(구조)

제1절의 L의 데이타에 대한 검토로부터, 이야기하기 타입과 이야기하기의 종류에는 일정한 관계가 있는 것으로 밝혀진 바 있다. 즉 풍경으로서의 이야기하기에는 풍경회상 타입이, 사건으로서의 이야기하기에는 행위서술 타입이, 평가로서의 이야기하기에 주장연설 타입이 관련되고 있고, 평가의미부여 타입은 어떤 이야기하기에도 관련되고 있는 것으로 나타났다. 또 제2절에서는, 이야기하기의 종류로서 「풍경적」·「평가적」내용보다는 「사건적」내용이 많이 다루어지고 있어 이야기하기 타입도 「사실설명 타입」과 「평가의미부여 타입」이 많이 나타나고 있었다. 그리고 대상자 10명의 결과로부터도 이야기하기의 내용과 이야기하기 타입에는 일정한 관계가 있는 것이 확인되었다. 표 4-15에 나타내고 있듯이 「풍경회상 타입」은 풍경으로서의 이야기하기에만 관계하고 있고, 행위서술 타입은 사건으로서의 이야기하기에만 관계하고 있다. 또 주장연설 타입은 평가로서의 이야기에만 관계하고 있다. 이 이야기하기 종류와 이야기하기 타입의 관계도 L의 결과로부터 얻을 수 있었던 구조가 확인되었다. 이야기하기의 종류(내용)가 같거나, 이야기하기의 길이가 동일해도, 나타나는 이야기하기 타입이 다른 것도 있을 수 있다. 각각의 개인마다 원풍경 이야기하기에 대한 이야기하기의 종류나 이야기하기 타입의 관계를 설명하는 이야기하기의 구조와 관련된 현상은 동일하지 않다. 모든 사람의 원풍경 이야기하기에는 「풍경적」·「사건적」·「평가적」이라고 하는 그 이야기하기의 종류와 5개의 이야기하기 타입과의 일정한 관계로부터 만들어지는 구조를 보이고 있다.

4. 고찰

이상, 제1절에서의 분석틀로 10명의 대상자의 이야기하기를 가지고 검토했는데 다음의 4가지 점을 밝혀낼 수 있었다. 1) 서술 내용으로서 풍경적 · 사건적 · 평가적 내용으로 구성되고 있는 것, 그 중에서 특히 사건적 내용이 많은 사람에게 보여지는 것, 2) 원풍경 이야기하기는, 이야기하는 사람에게 있어서 일관되는 테마의 연결을 볼 수 있지만 테마의 내용이나 의미부여의 방향성에는 개개인의 차이가 있으며 또한 테마의 연결이나 의미부여의 정도에서도 개인차가 확인되었다는 것, 3) 서술 양식으로서의 이야기하기 타입은 풍경회상 타입 · 행위서술 타입 · 주장연설 타입 · 평가 의미부여 타입 · 사실설명 타입이 나타나는 것, 그 중에서 특히 사실설명 타입은 조사대상자 전원에게 서 가장 많이 볼 수 있는 것, 4) 이야기하기의 종류와 이야기하기의 타입에는 일정한 관계가 있지만, 개개인에게서 볼수 있는 그러한 관계는 개인차의 간격이 있다는 것 등이다.

이상의 결과에 기초하여 첫째, 원풍경 이야기하기의 내용과 그 연결 · 테마나 그 개인차로부터 고찰할 수 있는 심리적 기능에 대하여 둘째, 원풍경 이야기하기에 들어 있는 구조(이야기하기의 내용과 이야기하기 타입과의 관계)나 그 개인차로부터 고찰할 수 있는 심리적 기능에 대하여 순차적으로 고찰한다.

4-1 이야기하기에 있어서의 테마의 연결에 대한 검토로부터 고찰할 수 있는 심리적 기능

「풍경적」이야기하기와 「사건적」이야기하기는, 이야기하는 사람이 경험한 사실에 직접 근거한 내용이지만 「평가적」내용은, 체험 자체가 아닌 그 체험에 근거한 「풍경적」 · 「사건적」내용이 상기로서나 이야기하기의 결과로서 이야기하는 사람 자신의 감상과 생각 · 철학 · 사상이라고도 말할 수 있는 내용이다.

기든스(Giddens, 1991)는, 자기아이덴티티라고 하는 것은 개개인이 가지는 하나 혹은 몇 가지의 특성을 가리키는 것이 아니라 한 개인이 자기자신의 인생을 이야기하는 것에 의해 내성적(内省的)으로 이해하고 있는 것이라고 설명하고 있다. 즉 자기아이덴티티라는 것은, 자신에 관한 하나의 이야기를 지속해서 이야기하게 하는 힘이라고 하는 것이다. 이와 같이 하나의 이야기를 말하게 한다는 점에서 「아이덴티티」와, 본 연구의 「원풍경을 이야기한다」는 것은 일맥상통하는 부분이 있다고 본다.

이미 이야기하기 · 상기(想起) · 회상(回想)에 대한 연구에서는, 이러한 이야기하기 · 상기 · 회상의 기능으로서 평가적 기능이 있다는 것이 밝혀져 있다(테즈카(手塚), 1998, LoGerfo, 1980, 사쿠라이(桜井), 1986, Kohli, 1981). 본 연구에서는 상기해서 이야기하기를 행하는 방법을 취함으로써 평가로서 이야기하는 측면이 나타난 것이 이야기하기가 가진 그런 일반적 기능 때문일지도 모르지만 무엇을 어떻게 평가하고 의미부여하는가에 관해서는 원풍경 이야기하기 고유의 특징이 있어서 그러한 것이 아닌가 하는 생각이 든다. 평가로서 이야기된 내용을 살펴 보면 「그립다」, 「재미있었다」 등 단순한 감상의 경우도 있는 한편, 「그로 인하여 나는 괜찮은 바람직한 사람이 되었다, 모든 사람은 자연과의 관계 속에서 살아가는 것이 좋다」와 같이 스스로에 대한 평가와 연관시키면서 사회 일반적으로 필요한 것으로서 설명의 대상을 넓히고 있는 경우도 있다. 또, 「콘크리트의 벽에 둘러 쌓여 살아가는 사람과 흙과 함께 사는 사람은 서로 다르다」, 「동양사상이라 하는 것은 자연 속에 자신을 맡기는 것, 자신 안에 자연을 있게 하는 것」 등과 같이 메타개념을 써가면서 자연관 · 사상 · 가치관으로서 이야기하는 경우 등 다양했다.

제1절 및 제2절에 걸쳐 테마의 연결에 대한 검토로부터, 풍경 · 공간 · 장소와 관계하는 용어가 메타화하고 평가 · 의미부여로서 이야기되고 있

는 것을 밝혀낸 바가 있다. 이로부터 원풍경을 이야기하는 것은, 제 1 절에서도 설명한 것처럼 어린 시절의 놀이나 일의 체험을 기본으로 하여 자신을 말하는 것이지만 자기자신을 이야기할 때 「풍경 · 공간 · 장소」를 빼고서는 이야기될 수 없다. 즉 원풍경 이야기하기는, 어린 시절 체험한 「풍경 · 공간 · 장소」라고 자신을 관련시키면서 자신을 이야기하는 자기아이덴티티, 특히 장소아이덴티티(Proshansky & Fabian, 1987 ; Proshanky & Kaminoff, 1983), 장소애착(Low & Altman, 1992)을 가리키는 것으로서 고찰해 볼 수 있다.

Proshansky & Fabian(1987)은, 발달심리학의 영역에서는 그 동안 자기아이덴티티 형성에 걸친 물리적 환경의 역할을 무시해 왔다고 지적했다. 어떤 사람인지를 정의할 때는 물리적 환경에 대한 인식도 포함해야 한다고 밝히면서 자기아이덴티티의 하부 개념으로서 장소아이덴티티(Place Identity) 개념을 제시했다. 장소아이덴티티에는 사람들이 일상의 생활을 보내고 있는 물리적 세계와 연관된 사고방식 · 기억 · 신념 · 가치관 · 아이디어 · 호불호 · 의미부여 등이 포함된다(Proshansky & Kaminoff, 1983). 즉 나 자신은 과연 어떤 사람인가 하는 아이덴티티는 나는 어디 출신이며, 어디에서 생활해 왔는가 하는 점과 분리해서 생각할 수 없다는 것이다.

그리고 이러한 원풍경 이야기하기는, 어린 시절에 국한된 체험 그것도 공간 · 풍경 · 장소에 얽혀 있는 체험과 관계되는 이야기하기인데 이것은 어쩌면 전체적인 라이프 · 스토리 연구의 관점에서 보면, 어린 시절에 초점을 맞춘 라이프 · 스토리로서 생각되어 버릴지 모른다. 하지만 라이프 · 스토리 연구에서는, 중점적으로 일어난 사건에 초점을 맞추고 있어(테즈카(手塚), 1998, 오테(大手), 1995), 「공간 · 풍경 · 장소」와 관련하여 고찰하는 관점이 별로 없다. 중요한 공간 · 장소와의 관련성을 간과해 버리고 있는 것은 아닌가 여겨진다.

본 장에서 이야기하기로부터 원풍경을 검토한 결과 원풍경은 어린 시절의 체험을 기본으로 하여 생성되는 이야기, 생성(生成)의 이야기하기로서 표출된다는 것이 밝혀졌다. 그와 같은 이야기하기의 장소에서 생성되는 이야기는, 자기아이덴티티 · 장소아이덴티티가 나타나는것으로 생각해볼 수 있다. 또한 이야기하는 그 현장, 그 장면에서 이야기가 생성되고 있다는 것은 그 현장에서 또 다른 새로운 이야기가 만들어지고, 아이덴티티화해서 다시 원풍경화(原風景化)하고 있다는 의미이다. 바로 이런한 점들을, 원풍경을 이야기하는 심리적 기능으로서 고찰하고 검토해 가는 것이다.

다만, 개개인의 예로 본 것처럼 누구나가 테마의 연결을 가지고 의미부여를 하면서 이야기하는 것은 아니다. 전혀 의미부여하는 것 없이 과거의 사실로서만 이야기하는 사람도 있다. 이런 경우에도 이야기로 직접 표현되지 않았다고 해서 그 이야기 전체가 이야기하는 그 때의 상황에 의한 것만이라고 하거나 혹은 그 개인의 체험 자체가 적거나 없었다는 뜻이 아니다. 그리고 보충적으로 이런 원인이 무엇이든지간에 모두가 이야기하는 그 때마다 의미부여를 하지 않는다는 점이나, 아이덴티티화하지 않는다고 할 수 있다.

4-2 이야기하기 내용과 이야기하기 타입의 관계(구조)로부터 고찰할 수 있는 심리적 기능 – 타지마(田島)의 이미지 체험 양식을 참고로 하여–

본 장의 제1절, 제2절을 통하여, 서술 내용으로서 「풍경적」 · 「사건적」 · 「평가적」이야기하기가 있다는 것과, 서술 양식으로서 「사실설명 타입」 · 「풍경회상 타입」 · 「행위서술 타입」 · 「평가의미부여 타입」 · 「주장연설 타입」으로 구분할 수 있다는 것을 밝혔다. 그리고 이야기하기의 종류와 이야기하기 타입에는 일정한 관계가 있음을 설명하면서, 「풍경으로서의 이야기하기」에는 「설명회상 타입」이, 「사건으로서의 이야기하기」에는 「행위서술 타입」이, 「평가로서의 이야기하기」에는 「주장연설 타입」이 관계하고 있다는 것과, 또 「평가의미부여 타입」이라는 것은, 모든 이야기하기 종류에 관련되어 있으면서 개개인의 이야기하기 가운데서의 인과관계의 연결, 과거로부터 현재까지의 연결, 자기나름의 평가나 의미부여 및 해석이 이루어지는 이야기하기 타입이라는 것을 밝혀냈다. 이러한 이야기하기의 종류와 이야기하기의 타입의 관계는 개인차가 있다는 것도 제2절에서 확인할 수 있었다. 즉, 이야기하기 내용에서 보았을 때 「풍경적」·「사건적」·「평가적」내용이 전부 이야기되는 경우도 있지만, 「사건적」내용만 이야기되는 경우도 있다. 또, 이야기하기 타입에서 보았을 때, 5개의 이야기하기 타입을 전부 적용한 사람도 있었지만 사실설명 타입이나 평가의미부여 타입으로만 이야기한 사람이나, 더우기 사실설명 타입 한 가지만으로 이야기한 사람도 있다. 제1절에서 이야기하기 내용과 이야기하기 타입의 관계(구조)는, 이야기하는 사람의 그 현장에서의 체험 모드의 반영으로 나타났고 그것은 그 현장이나 장면에서 이야기하는 사람이 체험하는 리얼리티이며, 또한 청자에게 전해져 오는 리얼리티라는 것이 확인되었다. 거의 비슷한 시간에 이야기한 옥과 란의 경우를 검토해보면 그 현장에서의 체험 모드의 종류가 다르다는 것을 알 수 있다. 이 체험모드의 차이를 타지마(田島, 1992)의 「이미지 체험양식」에 있는 방식을 참고로 해서 보다 자세하게 고찰해 보기로 한다.

4-3-1 타지마(田嶌, 1992)의 「이미지 체험양식」과 원풍경에 걸친 「이야기하기의 종류와 이야기하기 타입

타지마(田嶌, 1987, 1992)는, 임상의 이미지 요법에 있어서도 실험에 있어서도 무엇이 떠오르는가 하는 이미지의 내용만이 아니라 이미지의 체험양식, 바로 사람이 이미지를 어떻게 체험(또는 상기)하고 있는가 하는 것이 중요하다고 주장한다. 아래에 타지마(田嶌, 1987, 1992)의 언급으로부터 본 연구의 결과와 관계가 있다고 생각되는 부분을 인용하여, 필자의 관점에서 원풍경 이야기하기를 설명하는 데 적용해 본다.

「일반적으로 이미지라고 하면, 떠오른 상(像) 그 자체만을 가리키는 것이라고 생각하기 쉽지만, 여기서 말하는 이미지라고 하는 것은 그 뿐만이 아니라, 이미지를 떠올리는 주체의 체험까지도 포함하고 있다. 즉 더 엄밀하게 말하면, 이미지를 만들어 내고 또 그것을 받아들이면서 한층 더 그 이미지에 움직임을 가속화하는 과정 전체를 포함한 이미지 체험이라고 할 수 있다. …여기서 중요한 것은 이미지라고 하면, 시각적인 것으로 한정되어 버리는 것처럼 생각되기 쉬운데 이미지는 모든 감각마다, 또는 그것들이 통합된 형태에서도 존재하는 것이다.」(타지마田嶌, 1992, pp.18-19. 밑줄 필자)

타지마(田嶌, 1987, 1992)는, 이미지를 떠올린 상(像) 그 자체만이 아닌, 이미지를 떠올리는 주체의 체험도 포함하여 설명하고 있다. 원풍경은, 옛 풍경 그 자체가 아니라 과거의 체험을 바탕으로 하여 이미지로서 떠오르는 풍경이다. 지금까지의 원풍경 연구는 이미지로서 나타난 풍경의 시각적 측면을 중시해서 떠오른 풍경 · 공간, 사건 등의 내용적인 요소를 추출하거나 구조를 찾아내거나 해왔다. 그러나 본 연구에서는 원풍경을 떠오른 시각 중심의 이미지만이 아니라, 그러한 이미지를 떠올리고 있는 자신의 상기장면에서의 체험도 포함하여 파악하려고 했다. 그 점에 있어서 타지마(田嶌, 1987, 1992)의 이미지 체험이라는 용어를 차용하여 설명할 수 있을 것으로 보인다.

「이미지는 그것을 떠올리는 것만으로는 타자에게 전해지지 않는다. 자기자신으로의 전달기능은 있어도 타자에의 전달기능은 없다. …그것을 전달하기 위해서는 그것을 한층 더 언어나 그림 등으로 표현하지 않으면 안된다… 이미지와 언어는 상호보완적인 것이며, 또 준감각적(準感覺的)이고 구상적(具象的)이기 때문에 이미지는 언어에 활력을 불어넣는 것이라고 말할수 있다」(타지마田嶌, 1992, pp.24-26. 밑줄 필자)

이미지를 떠올리는 것 만으로는 타자에게 전해지지 않는다. 전달을 위해서는 어떠한 수단이 필요하다. 원풍경의 조사의 경우, 질문지 조사, 작문조사, 그림지도 조사 등이 주로 이용되어 왔지만 이러한 방법에서는, 무엇이 떠올랐는지에 대한 이미지의 내용은 알 수 있지만 떠올리고 있는 그 시점에서의 모습은 모른다.

본 연구에서는, 주로 언어로 표현되는 조사법에서 자연상황이나 그 현장에 가까운 면접방식인 「서로 이야기하기」방법을 취했다. 적어도 이야기하는 그 현장에 조사자인 필자가 마침 같이하고 있기 때문에 이야기하기(구술) 장면의 분위기 · 모습을 잘 파악할 수 있다는 것과, 언어의 조작 방법이나 표현으로부터 이야기 속의 장면에서의 체험이 거기에 반영되어 나타날지도 모른다고 생각했기 때문이다. 원풍경은 과거의 체험을 기본으로 하여 떠오르는 이미지이지만 본 연구에서는 이미지 자체에 주목하기 보다는 이미지가 이야기로 나타난 언어로 구성된 것을 가지고 분석을 행하였다. 이미지를 떠오르게 하는 활동 그 자체는 그저그런 평범한 일상 속에서 서로 이야기하는 가운데서도 확인할 수 있다고 판단되었기 때문이다.

「…과거를 다시 새롭게 체험한다. 재체험이 아니라 「다르게 새로 체험한다」는 것이다. 물론 과거에 일어난 사실 그 자체는 바꿀 수 없다. 그러나, 같은 과거의 한 사건을 그 당시와는 다른 식으로 체험할 수 있는 것이다…. 거기까지 깨끗이 「소화」할 수 없었던 것을 이미지 내에서 과거를 다시 체험하는 것으로 마치내 소화할 수 있게 되었다고 하는 것으로 말해야만 하는 것이다」(타지마田嶌, 1992, pp.87-88. 밑줄 필자).

「어떻게 이미지가 체험되고 있는가」라고 하는 이런 측면을 나는 「이미지 체험양식」이라고 부르고 있다. 그 점에 주목하여, 성공한 이미지 요법의 프로세스를 보면 그 이미지 내용이 변화해 나가는 것뿐만 아니라, 「이미지 체험양식」도 또한 일정한 법칙으로 변화하고 있는 것이다. 아니, 오히려 어떤 특정의 테마가 치료하는 것으로써 충분히 펼쳐질 수 있는 이유에서는, 그러한 체험양식의 변화가 필요하다고 할 수 있다. 그리고, 바로 이러한 체험양식의 변화야말로, 대부분의 이미지 요법에서 공통적으로 볼 수 있는 것이다」(타지마田嶌, 1992, pp.100-101. 밑줄 필자).

「여러 종류의 이미지 기법 중에서 이용되고 있는 이미지 내용은 여러가지가 있지만 체험양식의 변화에 주목해 보면, 동일한 프로세스인 것으로 보아야 할 것 같다. 즉, 아무런 입장이나 기법에 따른다고 해도 "연결" 그 자체로 환자의 내적 이미지를 활성화시키고 동시에 그에 대한 수용적 · 탐색적 자세를 계속하여 취하기 때문에 생기는 이미지 체험양식의 변화가 공통의 치료 원리인 것으로 생각할 수 있는 것이다.

… 이와 같이 어떤 심적 자세를 지향하는가에 따라 이미지의 체험양식이 변화하면서 치료에 이르는 것은 어떤 이유에서인가. 약간 드라이한 표현을 한다면 그것이 말하자면, 뭔가의 「정신 신체 레벨에서의 체험의 (재)처리과정」과 다름없기 때문이라고 생각할 수 있다. 혹은, 이미지의 체험양식이 변화하면 바로 그것이 움직여 나가는 상태라고 생각할 수 있을 것이다. 인간의 자기치유력의 한 측면이라고 말할 수 있다.」(타지마田嶌, 1992, pp.118. 밑줄 필자).

그는 또 이러한 이미지 체험양식으로서 크게 「체험적 이미지」와 「관찰적 이미지」의 두 가지를 제시하고, 이 둘은 서로 다른 성질 및 기능을 가져서 움직인다고 강조하면서 다음과 같이 말하고 있다.

「필자나, 랑그 등의 실험적 연구에 있어서 근전도반응(筋電圖反應)에서 차이를 보이는 것은 체험적 이미지가 관찰적 이미지에 비해 보다 더 신체를 동원해야 하는 체험이기 때문일 것이다. 필자는 다음과 같이 생각하고 있다. 관찰적 이미지는 신체로부터 떨어져 있는 이미지이며, 그에 반하여 체험적 이미지는 신체와 깊이 연결된 이미지라는 것이다. 따라서 전자는 신체의 상태로부터 상당히 자유롭다고 할 수 있을 것이고, 후자는 어느 정도 신체에 제약받고 있다는 것이 된다. 심리요법에 있어 신체를 다루는 방식이 갖는 의의의 하나는 이러한 데에 있다」(타지마田嶌, 1987, pp.141. 밑줄 필자).

무엇을 이미지로 떠올리고 있는가 하는 내용은 각각 다르지만 이미지의 체험양식의 프로세스는 동일한 것이고, 이미지 체험의 변화가 공통의 치료 원리로서 설명되고 있다. 여기서 원풍경 이야기하기에 적용해 보면, 이야기하기의 내용 안에서의 「풍경적 · 사건적」내용은 이미지의 내용으로서 파악된다. 더우기 「이야기하기의 타입」은 이미지의 체험양식과 유사하고, 「평가적」이야기하기에서 자기나름의 의미부여를 하고, 아이덴티티가 표출되는 것은, 이미지 체험의 결과로서 치료 · 치유에 관계하는 유사한 구조같은 것으로 판단된다.

물론 본 연구에서의 「원풍경을 이야기한다」라고 하는 것은, 치료 · 치유 현장이 아닌 이른바 정상인의 일상생활로서 취하고 있다. 또 치료 · 치유 현장에서의 이미지 체험은, 생활 현장에서의 이미지 체험과는 상당한 차이가 있을지도 모른다. 그리고 「평가적」내용 그 자체가 그대로 치유의 의미로서 옮겨 놓을 수 있는 것은 아니다. 그러나, 일상의 생활 속에서 원풍경을 이야기하는 행위를 설명해 나가기 위한 하나의 실마리는 되지 않을까 한다. 원풍경을 이야기하는 것과 이미지 체험을 하는 것과의 구조의 유사성에 관한 것을 그림으로 나타내 보면 그림 4-3과 같다.

따라서 무엇을 이미지로 떠올리고 있는가 하는 이미지 내용은 원풍경 이야기하기의 이야기하기의 종류에 해당되고, 어떻게 이미지로 떠올리고 있는가 하는 이미지 체험 양식은, 이야기하기 타입에 해당되는 것으로 보인다. 또 이미지 체험의 결과, 어느 정도의 치유 효과가 있는가 하는 것은 어떤 상태의 언어 구성으로 아이덴티티화 하고 원풍경화하게 되는가에 해당된다고 볼 수 있다. 그러한 때, 이미지 체험양식의 「체험적 이미지」와 「관찰적 이미지」가 서로 다른 기능 및 성질을 가지는 것과 같이 이야기하

	이미지체험양식 (타지마田嶌 1987,1992)	원풍경이야기하기
내용	무엇을 이미지하고 있는가?(내용)	무엇을 이야기하고 있는가?(내용) 풍경적내용 사건적내용 평가적내용
양식「지금 · 여기서」	어떻게 이미지하고 있는가? 체험적이미지 관찰적이미지 새로체험한다 · 새로구성한다	어떻게 이야기하고 있는가? 풍경회상타입(풍경적) 행위서술타입(사건적) 설명연설타입(평가적) 사실설명타입 평가적의미부여타입 새로 이야기한다 · 새로 구성한다
의의 · 결과	각각의 양식은 성질 · 기능이 다르다 치료효과와 관계한다	각각의 타입은 성질 · 기능이 다르다 그 현장에서의 아이덴티티화

그림 4-3 이미지체험양식과 원풍경이야기하기의 구조의 유사점

기 타입인「풍경회상 타입」·「행위서술 타입」·「주장연설 타입」·「사실설명 타입」·「평가의미부여 타입」등은 서로 다른 기능 및 성질의 반영으로서 설명할 수 있다.

「풍경회상 타입」·「행위서술 타입」·「주장연설 타입」은「체험적 이미지」의 체험양식 과 유사하다. 이들 이야기하기 타입은, 타지마(田嶌, 1987, 1992)의 표현을 빌리면,「신체를 보다 더 움직이게 만들어」가면서 「이미지 안에서의 자기 감정경험을 보다 더 뚜렷하게 느끼도록」하고「이미지 현장 속으로 더 몰입하게 하는, 소위 시각적 이미지와 그것을 떠올리면서 바라보고

있는 자신과의 체험적 거리가 거의 없어져 있는 상태」에 가깝다. 이들 3개의 이야기하기 타입이 체험적 모드인 측면은 유사하지만 이미지 내용의 성질이 각각 다른 타입이다. 「풍경회상 타입」은, 이미지 내용 자체가 풍경 · 공간 · 장소 등을 바라보는, 즉 눈으로 본다고 하는 내용에 가깝고, 「행위서술 타입」은, 동굴탐험의 예와 같이 직접 몸을 활발하게 움직이면서 이동해 가는 행위자로서 행동하는 내용이다. 전자는 이미지 내용 자체가 보다 정적이고, 후자는 보다 동적이다. 행위서술 타입은 타지마가 말하는 「운동 이미지」의 성질과 유사한 것으로 본다. 그리고, 「주장연설 타입」은, 이미지와 중첩되지는 않지만 이야기하는 현장에서 정말로 연설을 하고 있는 것같이 이야기하기에 몰입하고 있어서 체험양식으로 적용하면 「체험적 모드」에 가깝다고 할 수 있다. 이 3개의 이야기 하기 타입은 이야기하기 현장에 있어서 각각 리얼리티가 있는 체험모드이지만 체험하는 리얼리티의 종류는, 이미지 내용 · 이야기하기 내용과 관계가 있다. 이러한 점들로부터, 원풍경을 이야기하는 것의 심리적 기능은 이야기하는 그 현장이나 장면 속에서 리얼리티를 체험하는 것이라고도 말할 수 있을 것이다.

한편, 「사실설명 타입」과 「평가의미부여 타입」은, 「관찰적 이미지」의 체험양식과 유사한 것으로 보인다. 타지마(田嶌, 1987, 1992)의 설명에 의하면 「신체로부터 유리된 이미지」이며, 「이미지를 단지 방관적으로 바라보고 있다.」, 「시각적 이미지와 그것을 떠올려 바라보고 있는 자신과의 사이에 거리가 있다고도 말할 수 있는 체험양식」이다. 이 2개의 이야기하기 타입은 「관찰적 모드」로서 파악할 수 있지만 단순한 관찰이 아닌 과거의 체험, 혹은 현재의 사정 등을 사실로서 구성해서(사실설명 타입), 자신나름의 해석이나 평가의미부여 하기(평가의미부여 타입)를 실행한다.

이들은 리얼리티의 체험이라 하기 보다는, 리얼리티의 체험 내용을 포함해서 이야기하는 그 현장이나 장면에서 과거와 현재를 묶어 가면서 정리 · 구성하여, 자신과 관계를 맺어 가며 의미를 생성하고 있는 것으로도 판단할 수 있어서 원풍경을 이야기하는 것의 또 다른 하나의 심리적 기능으로서 설명할 수 있을 것같다.

체험적 모드에 해당하는 이야기하기 타입과, 관찰적 모드에 해당되는 이야기하기 타입은 같은 내용이라 해도 각각의 기능이나 성질이 다르고, 이야기하는 사람은 체험적 모드와 관찰적 모드를 왕래하면서 이야기하는 현장이나 장면에서의 리얼리티가 있는 체험을 하면서, 자기나름의 구성 · 의미부여를 해서 하나의 또 다른 이야기를 만들어 가는 것, 원풍경화해 가는 것, 장소아이덴티티화해 가는 것으로 파악된다. 어떤 체험 모드나 어떤 이야기하기 타입이 좋은가라는 의미가 아니라 각각의 체험모드와 이야기하기 타입은 각각 다른 성질 · 기능을 내보여 조사대상자 10명에 있어서의 이야기하기 종류와 이야기하기 타입의 차이는, 그 현장이나 장면에서의 체험의 성질과 기능의 차이로서 볼 수 있다. 이렇게 개인차의 요인은 여러 가지 생각할 수 있지만(예를 들면, 이야기하기 현장이나 장면에서의 청자와 이야기하는 사람과의 관계, 분위기, 이야기하는 사람의 과거 체험으로서의 축적의 다름, 말솜씨 등), 확실히 말할 수 있는 것은, 이야기하는 그 현장이나 장면에서의 체험이 반영된, 다시 구성되어 가는 그 장소에서의 이야기, 자신나름의 의미부여를 행하면서 생성되는 이야기하기라는 것이다.

제 3 절 개인이야기하기의 검토로부터 생성된 가설

본 장에서는 제1절에서 전형적인 1명 개인의 이야기하기, 제2절에서는 10명의 각각의 개인이야기하기를 이용하여, 원풍경으로서 무엇이 어떻게 나타나고 있는지를 검토했다. 다시 그 결과에 대한 개략적인 내용을 아래와 같이 정리한다.

1) 원풍경 이야기하기의 서술 내용은 「풍경적」·「사건적」·「평가적」내용으로 구성되어 있다.

2) 개개인의 이야기하기는, 어린 시절의 체험을 기본으로 이야기가 시작되어 「지금 · 여기서」 의미부여가 되고 해석을 해가면서, 인과관계를 가지고 이야기해간다. 즉, 이야기하고 있는 그 현장이나 장면에서 생성되는 이야기하기로서 파악되었다. 원풍경을 이야기하는 것은 이야기하기의 장소에서의 자기아이덴티티화, 장소아이덴티티화, 재원풍경화가 행해지는 생성의 이야기하기로서 간주된다.

3) 서술 내용으로서의 3개의 종류 속에서는 「풍경적」, 「평가적」내용보다는 「사건적」내용이 자주 표출되었다.

4) 원풍경 이야기하기의 서술 양식으로서 「풍경회상 타입」·「행위서술 타입」·「주장연설 타입」·「사실설명 타입」·「평가의미부여 타입」을 볼 수 있었다.

5) 이들 5개의 이야기하기 타입 가운데 「사실설명 타입」과 「평가의미 부여 타입」이 자주 나타났다.

6) 서술 내용인 3개의 이야기하기와 서술 양식인 5개의 이야기하기 타입과는 일정한 관계가 있었다. 즉, 「풍경회상 타입」-「풍경적 내용」, 「행위서술 타입」-「사건적 내용」, 「주장연설 타입」-「평가적 내용」은 특히 관계가 깊었다. 또 「사실설명 타입」과 「평가의미부여 타입」은 어떤 종류(내용)에도 관계가 있었다.

7) 이야기하기의 종류(내용)와, 이야기하기 타입의 관계(구조) 상의 개개인에 있어서 표출되어 나오는 차이는 이야기하는 그 현장이나 장면에서의 체험모드의 차이의 반영이며 그 체험모드의 기능이나 성질은 각기 다른 것으로 간주된다.

이상과 같은 결과를 기본으로 제4장의 연구로부터 산출한 가설로서, 다음의 3가지 점을 뽑아내어 정리한다.

가설 1) 원풍경은 다양한 소재나 주제로 구성되는 스토리 · 이야기하기로서 일상생활 안에 나타난다.

일상생활에 있어서의 원풍경은 기억 속에 고정된 한 장의 사진이라든가 한 장면으로서가 아니라 과거의 다양한 공간 체험이나 놀이 체험에 근거하여 상기(想起)해서 이야기하는 것이고 그 현장이나 장면에서 구성되어 의미부여가 이루어지는 「인생에 대한 이야기하기」를 의미한다. 즉, 원풍경을 상기해서 이야기하는 것은 논리 · 실증 모드가 아니라 이야기 모드(야마다(やまだ), 1999)로 파악되는 라이프 · 스토리의 입장(랑네스 · 프랭크, 1993, 나카노 · 사쿠라이(中野 · 桜井), 1995, 야마다(やまだ), 1999)과 일치하는 것으로 파악된다.

가설 2) 원풍경의 내용은 「풍경적」 · 「사건적」 · 「평가적」요소로 구성되어 이야기된다.

「원풍경을 이야기한다」라고 하는 것은 물리적 풍경이나 공간을 객관적으로 나타내 보인다는 의미가 아니라 풍경 · 공간적 요소와 그 공간에서의 직접적 체험 · 사건, 그리고 이야기하는 그 때의 시점에서의 의미부여나 평가 등을 포함한 주관적 체험의 연결을 가지고 내용을 구성해 가는 것을 의미한다. 「사건적」, 「평가적」내용은 모든 이야기하기에서 나타나고 있는데 원풍경 이야기하기에서는 특히 「풍경적」내용이 이야기하고 있는 주체 안에서 연결을 가지고 나타나는 것으로 보인다.

가설 3) 원풍경을 이야기할 때의 각기 다른 서술 양식(풍경회상 타입 · 행위서술 타입 · 주장연설 타입 · 평가의미부여 타입 · 사실설명 타입)이 있는데, 이야기하기 내용의 변화나 이야기하기 현장의 상황에 따라 그 서술 양식이 변해간다. 각 각의 양식(이야기 타입)에는 다른 기능이나 성질이 나타난다.

원풍경을 어떻게 이야기하는가 하는 서술 양식은, 청자와의 관계나 그 현장이나 장면 · 상황 등 전체적 분위기에 의해서도 변화하지만 다른 한편으로는 이야기하기의 내용이 무엇인가에 따라서도 이야기하는 사람이 쓰고 있는 그 서술 양식이 변화할 수 있다는 것을 의미한다.

공동이야기하기로 본 원풍경의 공동성(共同性)

내창(건천 乾川)
전형적인 제주의 하천, 근처 아이들의 놀이터이기도 했다.

본 장에서는 서로가 아는 사람들로 구성된 그룹에 대하여 각 그룹별로 조사협력자들이 같은 자리에서 함께 이야기하기를 활용하여, 원풍경의 공동성으로서 무엇이 어떻게 나타나는지를 탐색적으로 분석하고 기술해나간다. 분석틀과 접근방법으로서 제4장에서의 분석결과를 기초로 1) 이야기하기의 종류(내용), 2) 이야기하기에 있어서의 테마의 연결, 3) 이야기하기 타입, 4) 이야기하기의 내용과 이야기하기 타입과의 관계(구조) 등 이러한 4가지 점을 참고한다.

제 1 절 원풍경의 공동성을 설명하기 위한 개념산출과 구조 파악

1. 문제와 목적

본 절에서는, 공동으로 이야기하기를 행한 4그룹 중 가장 이야기하기의 시간이 길고 다양한 내용이 이야기되면서 자연상태에서 마음 편하게 이야기를 주고 받은 것으로 보이는 1개의 그룹(이하, 가족그룹 A라 한다.)의 데이타를 탐색적으로 분석한다. 그 목적은 다음의 3가지 점이다.

1) 이야기하기로서 원풍경을 파악했을 때, 원풍경의 공동성을 설명해 나가기 위한 개념 만들기를 행한다.

2) 산출된 개념을 가지고 그 개념의 연결이나 관계를 검토해서, 원풍경의 공동성이 나타내어지는 구조를 명확히 한다.

3) 위의 1), 2)의 결과에 근거하여, 공동으로 원풍경을 이야기하는 것의 심리적 기능에 대하여 고찰한다.

2. 방법

조사방법으로서는, 제2장에서 다루어 온 것처럼 가능한 한 자연스러운 현장에 가까운 상황으로서 서로 아는 사람들끼리 함께 이야기하는 장을 마련하여 필자도 참가할 수 있는 범위내에서 참가하며 조사를 행하였다.

2-1 조사방법 및 조사대상자

조사 시점 현재, 제주도에 살고 있는 필자의 가족그룹에 대하여 서로 이야기하는 방법으로 조사를 행하였다. 조사는 1999년 2월 23일이다. 당시의 공동 이야기하기에 참가한 조사협력자, 필자를 포함한 형제들과 그 부부관계인 가족그룹 5인이다. 필자 이외는 전원이 40대이며, 그들은 1950년대부터 1970년대의 한국의 시대적 배경 속에서 유아기 · 아동기 · 청년기를 보낸 사람들이다. 각 조사협력자의 프로필과 조사협력자 사이의 관계는 표 5-1, 그림 5-1로 나타낸다.

2-2 조사의 절차와 조사 현장의 상황

조사대상자의 한 사람인 금(43세)의 집에서 조사했다. 금은 대학 입학시(1974년)부터 고향인 제주도를 떠난 후부터 서울에서 생활을 하고 있지만 조사당시는 제주도 친가의 노부모를 돌보기 위해 잠시 직장을 제주도로 옮긴 상태로서 금의 핵가족 전원(아내인 은과 아이 2명)이 함께 이사해서 살고 있는 중이었다(1999년 2월). 조사를 행한 날은 그 이사를 기념하기 위한 모임으로서 제주도 현지에 살고 있는 직계 대가족 전원(20명)이 모여 식사를 하는 날이었다. 가족 전원이 식사가 끝난 후 어른 6인, 아이 4인이 먼저 귀가한 뒤의 디저트 타임에 리빙룸에서는 아이 5인이 텔레비젼을 보고 있고 어른 5인은 키친룸에서 커피를 마시고 있었다. 여기서 필자는, 연구를 위한 협력을 의뢰하여 어린 시절에 관한 이야기를 듣기로 하고 또 동의를 받아 카세트테이프로 녹음했다. 필요한 녹음은 1시간에 끝났지만 이미 시

표 5-1 공동 이야기하기에 대한 조상대상자의 인적사항

이름(나이, 성별)	주요 거주지역 및 성장지역과 참가자 간의 관계
금(43세, 남성)	유아기에는 부친의 전근에 따라 포항, 인천, 김포 등지의 제주도 이외의 지역에서 살았다. 초등학교 2학년부터 고3까지 제주도에서 성장했다. 대학을 서울로 진학한 후로는 군대 3년과, 1999년부터 제주도로 전근발령을 받아 가족들을 이끌고제주시에서 살고있다.
인(46세, 여성)	금과 남매. 어린시절의 상황은 금과 동일하다. 제주도로 들어온 초등학교 6학년때 이후 고교졸업 후 직장과 결혼까지 제주도에서 줄곧 살았다. 결혼 후(당시 27세) 경남 마산시에서 10년 넘게 살았고, 1997년 이후에는 가족들과 함께 제주도로 이사해 왔다.
은(42세, 여성)	금과 부부관계. 서울에서 태어나고 자랐다. 대학졸업 후 취직하여 2년정도 지방에서 근무하며 지낸 것 말고는 줄곧 서울에서 생활했다. 금과 결혼후 매년 2-3회 제주도 시집에 다녀가는 정도이고, 1999년 3월부터 금의 직장에서 제주도 발령으로 제주도에서 살고 있다.
영(43세, 남성)	금과 처남매부 관계. 제주도에서 태어나 자랐고, 군대 3년과 대학졸업 후인 4년정도 서울, 부산에서 직장을 다녔을 때 말고는 줄곧 제주도에서 활동하고 있다. 금과는 초등학교부터 고교까지 선후배로서 같은 학교를 다녔다.
필자(32세, 여성)	제주도에서 태어나고 자랐다. 금과는 남매관계, 은과는 시누이 올케사이. 대학졸업 후 1992년 일본으로 유학오기 전까지 약 1년간 서울에서 지낸 것 말고는 제주도에서 활동했다.

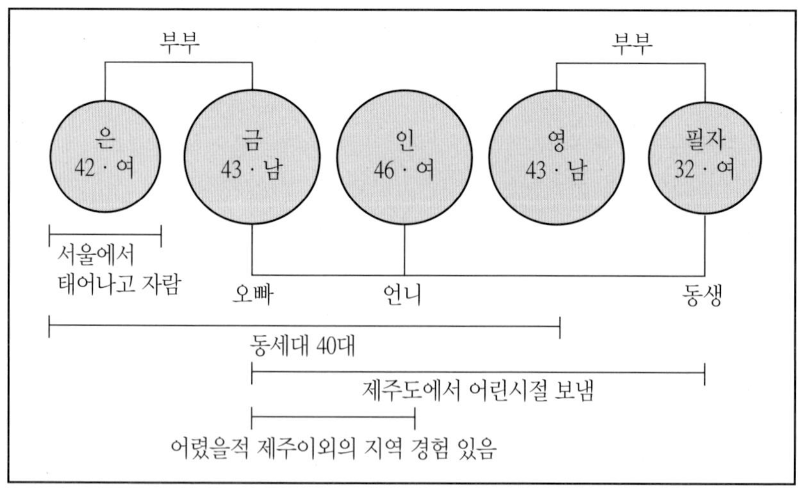

그림 5-1 공동으로 이야기하기의 조사협력자관계(가족 그룹)

작된 가족의 옛 이야기는 계속되었다.

조사 협력자인 대상자가 필자의 가족이기 때문에 필자도 참가하는 것이 자연스럽다고 판단하여, 이야기하는 데 끼어들 수 있는 부분은 무리없이 어울려 이야기할 수 있도록 유의했다. 서로 이야기할 때에는 필자인 나자신도 정말 즐거운 현장이 되었다. 가족에게 이런 면이 있었구나하고 처음 알게 된 것도 많고 연구자로서가 아니라 가족의 일원으로서 가족을 전보다 더 잘 알게 되는 느낌도 들었다.

2-3 분석 순서

① 녹음된 순서 그대로 공동의 이야기하기를 전부 1차 축어록을 작성하여 옮겨 놓았다.

② 공동 이야기하기의 축어록을 작성하면서, 제4장에서 나타난 개인 이야기하기와는 다르게 보이는 점을 따로 메모해 두었다.

③ 한가지 화제의 시작으로부터 다음의 화제로 바뀔 때까지의 단락을 1개의 분석 유니트로 하여, 전체 데이타로부터 이러한 31개의 유니트를 추출했다.

④ 각 유니트마다 이야기를 시작한 차례와 이야기하는 사람, 그리고 이야기 내용을 알 수 있도록 1차의 축어록을 재편집하는 2차 축어록을 따로 작성한 후, 각 유니트마다 그 내용이 요약되는 10자 정도의 1행 제목을 붙혔다(표 5-3 참조).

⑤ 제4장에서 산출한 풍경적 · 사건적 · 평가적이라고 하는 개념으로 이야기하기 내용을 검토했다.

⑥ 공동 이야기하기의 2차 축어록을 이용하여, 각 개인마다 이야기를 시작하는 것을 중심으로 검토한 결과 주로 화제를 제공하는 사람, 제공된 화제에 설명을 덧붙이는 사람, 모르는 지명이나 장소의 위치나 어휘 등에 대하여 몇 번이나 질문하는 사람, 그리고 이야기를 들으면서 끄덕이거나 놀라워하거나 하면서 자신의 감상을 이야기하는 사람 등 각각의 특성이 있

다는 것을 알아냈다.

⑦ 앞의 ⑥에서와 같은 참가자의 여러가지 움직임(반응)을 중심으로 이야기 내용과 이야기하는 사람과의 관계를 검토해서, 원풍경의 공동 이야기하기에 참가하는 전형적 타입이 있다는 것을 발견했다. 이들 전형적인 참가 타입을 각각 「화제제공」·「부연설명」·「수락반응」·「확인회전질문」이라고 명명하고, 그 각 각의 특징을 정리냈다.

⑧ 「화제제공자」와 「부연설명자」의 이야기하기에서, 몇 가지의 공동성이 나타나고 있는 것을 발견하여, 그 공동성의 내용을 분류해서 그 특징을 정리했다.

⑨ 공동 이야기하기의 원풍경의 내용을 「풍경적」·「사건적」·「평가적」이라고 하는 개념으로 정리했다.

⑩ 원풍경의 공동성에 대하여 고찰했다.

3. 결과

3-1 그룹 A(가족그룹)에서 이야기된 내용의 개요

이하의 표 5-2에 그룹 A(가족그룹)의 공동 이야기하기의 내용에 대한 개요를 기술한다.

3-2 분석 단위와 이야기하기의 내용

공동의 이야기하기는, 개인의 이야기하기와는 달리 여러사람이 이야기를 주고 받는 것이므로 이야기의 화제 변화는 개인내에서 일어나는 자연스러운 변화라기 보다는 이야기를 주고 받음으로써 생기는 변화가 많다는 것을 녹음테이프를 들으며 축어록을 작성하는 가운데 알 수 있었다. 이야기의 교환 속에서 화제는 변화해 나가지만 어느 한 사람으로부터 화제가 제공되면 잠시 같은 화제에 대하여 서로 이야기하기가 되고 있었으므로 화제가 바뀌는 때를 유니트의 간격으로 하여 전체의 분류 작업을 시도하였

표 5-2 그룹 A(가족)의 공동 이야기하기(개요)

어린 시절은 버렝이깍(바닷가의 지명)에서 보말(조개류)도 잡고 헤엄도 치거나, 사라봉에 가서 동굴에 들어갔다 나오며 탐험을 하거나 동네(주거지 부근)에서 자주 놀았다. 집에서 아우와 누이동생을 돌보느라 거의 놀지 못했지만 동네에서 많이 놀았다. 제주도에 들어 온 이후 줄곧 집안일을 거들었다. 언젠가 어릴 때 살던 곳을 전부 찾아 가 보기도 했다. 그때는 놀이 범위가 꽤 넓었었다. 동무들과 자주 어울려 놀았는데 체구가 큰 나를 아무도 무시하지 못했다. 매일같이 노는 데 정신이 팔려서 저녁식사 시간 때까지도 돌아가지 않아 어머니에게 욕을 듣곤 했다. 우리가 어렸을 적에는 사라봉, 산천단은 걸어서 갔다. 무척 먼 거리였지만 그 때는 그게 보통이었다. 볼레(가을철 나무열매)를 따먹거나 삥이(모의 순)를 뽑으러 갔다. 사라봉은 동굴탐험이 유행이었다. 그 근처에 자살바위도 있다. 오현단, 관덕정, 산지천이나 그 주변에 자주 놀러 갔다. 관덕정에는 커다란 나무가 많았고, 산지에는 먹구슬나무가 있었다. 내가 삼성혈 동네에 살던 그 때는 주위가 거의 들판(野原)이었다. 아침 일찍 일어나 산보하곤 했다. 지금까지도 그 당시 모습대로 개조되지 않은 채 남아 있는 집이 한 채 있다. 지금은 집들이 너무 많이 들어서 있다. 내창(건천)도 거의 복개되어 버려서 옛날의 분위기가 없다. 예전에는 근처 딸기밭에서 서리도 하곤 했는데...산딸기나 삥이 같은 건, 그 때는 내창이나 계곡에 가면 있었다. 그 당시 고교 때는 좀 불량하게 보이는 녀석들이 전부 내가 사는 집에 모여들었다. 화투치기도 자주 했다. 학교에서는 또 빵먹기 내기 게임을 많이 했다. 학생이었지만 담배도 피웠다. 그래도 5반(우등생반)에 들어갔다. 그 5반은 영어단어를 찾는 것도 영영사전으로만 보도록 했다. 열등반에 있는 친구들은 심한 모멸감 속에서 불평등한 취급을 받기도 했지. 아무튼 그 때의 풍경이 많이 생각난다. 내가 살던 동네, 그 동네의 돌담에서부터 개굴창(노천 하수도)까지 기억난다. 돌담과 그 집 주위의 나무와 대나무 등...이제와서 돌이켜 보면 살기 힘들었지만. 지금은 공간, 공터가 전부 없어져 버리고 있다. 버렝이깍 위로는 전부 복개되어 도로가 되어 버려 너무나 삭막해졌다. 그 탑바레(탑동) 바닷가도 전부 매립해 버려서 예전의 풍경이 아니다. 단순한 공간이 사라져 버렸다고 말하는 것 이상으로 자리를 깔고 여기저기 서로 모여 앉아 이야기하거나 하는 문화가 없어져 버렸다. 차량 중심의 문화 탓으로... 예전에는 내창에서 목욕도 했다. 공부를 열심히 한 기억 보다는 장난치고 놀았던 기억이 더 생각난다. 초등학교 4학년 때는 힘이 센 녀석이 급식 빵을 전부 가지고는 좋아하는 여자아이에게 그 빵을 나누어 주곤 했지. 옆 교실의 여자반의 빵을 뺏어오기도 했고. 그래도 그 때의 여자아이들은 선생님에게 이르지도 않았어. 어이없이 뺏겨 버렸네 하곤 그만이었지. 지금 보다는 아이들이 순진했지. 생각해보면 공부도 제법 잘 했다. 6학년인 중학교 입시 때는 현아무개 선생님 반이었기 때문에 새벽 4시부터 학교에 가야 했다. 우리는 그 때 참고서 없이 공부했는데 교과

서를 전부 외어버리곤 했어. 정말 굉장했지. 예전에는 먼 거리도 걸어서 다녔어. 밭들도 넓기만 했는데 지금은 어디로 가버렸는지. 이제도 찾으면 흔적은 있기는 하지만... 그 당시 제주시에서 제일 큰 대운동장이 있었던 곳, 지금의 광양로터리도 흙밭 투성이었는데. 북교 운동회는 그 곳에서 했다. 또 근처의 오라(지명) 내창있는 그곳만 해도 아무 것도 없었던 곳, 전부 보리밭인 완전한 변두리 촌이었지. 옛날의 초가집은 정말로 좋았는데, 전부 없애버렸다. 지금의 밀감밭들도 그 때는 전부 보리밭이었지. 소 외양간(쇠왕)도 있었고, 돌담 주변에 대나무도 많이 자라고 있었다. 보리를 수확할 때는 자주 밭에서 일을 했는데도 돈을 받지 못했고, 떨어진 밀감을 주우러 다니거나 할아버지가 마시고 남은 술병을 모으거나 해서 필요한 용돈을 만들기도 했다. 아무래도 초가집을 허물어 버린 건 애석한 일이다. 나였으면 굶더라도 없애지 않았을 걸. 초가집 마루도 너무나 멋들어진 좋은 나무로 된 곳이었어. 그렇게 귀한 재목들도 전부 버려지고 말았다. 황동화루 같은 것도 보기 좋은 골동품이었는데 전부 던져 버렸다.

주 : 이야기된 순서대로 주어를 무시하고 전체를 필자가 요약한 내용이고, ( )는 필자가 표준어나 제주어로 보충설명한 것이다.

다. 이 분석 단위인 유니트는 어떤 곳에서, 무엇을 하고, 무엇을 느끼며, 그것을 지금 어떻게 생각하는가를 나타내는 것으로 이야기 내용을 자연스럽게 정리되고 있다. 화제의 변화로 유니트를 구분하기 때문에 하나의 유니트의 축어록의 양은 각각 다르다. 유티트의 예를 표시한 것이 표 5-3이다.

유니트는 그룹 A의 이야기하기 전체에서 31개를 얻을 수 있었다. 이들 유니트들마다에 내용을 나타내는 1행의 제목을 붙혔다. 각 유니트를, 제4장에서 설명한 이야기하기의 종류로서의「풍경적」·「사건적」·「평가적」이라고 하는 개념에 맞추어 내용적으로「○○에서 ○○이 보였다, ○○을 바라보았다」의 문맥이라면「풍경적」으로,「○○에서 ○○을 겪었다, 했다」의 문맥이라면「사건적」으로,「지금은 ○○이다, ○○해야 한다」의 문맥이라면「평가적」내용으로 분류했다. 실제로는 풍경 · 공간을 설명할 때 사건이나 평가의 설명이 나타나는 것도, 사건 · 행위를 설명할 경우에 풍경이나 공간의 설명이 나타나오기도 하지만 주로 설명이 이루어지고 있는 쪽으로 분류했다. 그 결과를 표 5-4로 제시한다.

표 5-3 2차 축어록의 형태와 유니트의 예

유니트 (번호와 제목)	금 (43세, 남)	인 (46세, 여)	은 (42세, 여)	영 (43세, 남)	필자 (32세, 여)
4. 금과 인의 놀이	④김포에 살 때는 그렇게 썰매를 타며 놀았던 큰 강이었는데, 요전에 가보니까 아주 작은 냇가였다.	③경제적으로 여유가 없었지. 친구들과 거의 같이 놀지 못했고 집안에서 책을 읽거나 음악을 듣거나 했지. 기억에 남아 있는 건 포항에 살았던 때 정도다. 인천에서는 논 시간이 없었고 포항에서는 해수욕장으로 걸어서 가거나 했는데, 지금 보면, 요전에 가보니까 너무나 작기만 했어. 그 당시에는 (크기만 했는데) ⑤김포에서도 썰매는 자주 탔어	①육지에서의 기억이 참 많이 있겠네요. 초등학교 6학년 때 제주도로 왔으니까...		②그럼 창원(마산)에 가보거나 하면...
9. 놀이 행동의 범위	②난 산천단까지도 갔었어.	⑤우리가 학교에 다닐 때는 사라봉, 산천단은 보통으로 걸어 다녔지.	⑨사라봉은 여기서는 아주 가까워 그냥 갈 수 있어요.	①그 당시 사라봉이라고 하면 아주 먼 곳이었어. ④물론! 볼레 따먹으러 가기도 했었어. ⑥그래그래, 삥이 뽑으러 가거나 했었지. ⑧물론!	③산천단까지! ⑦그러면, 지금 훈(자녀)이 혼자 사라봉에 간다고하면 그러라고할 수 있겠어요?
	(⑱생략)	(⑬생략)	(⑭⑯생략)	(⑩⑫⑮⑰⑲ 생략)	(⑪ 생략)

주 : 원번호는 동일 유니트내에서의 이야기 순서를 표시한 것

표 5-4 그룹 A(가족)의 이야기 내용

유니트(번호와 제목)	이야기하기 내용(풍경적 · 사건적 · 평가적)		
1. 도입			
2. 금과 인이 놀던 장소와 놀이		사건적	
3. 인의 피아노강습		사건적	
4. 금과 인의 놀이		사건적	
5. 금이 살았던 곳	풍경적	사건적	
6. 금과 인의 놀이		사건적	
7. 지역마다의 아이들의 특징			평가적
8. 노는 것에 정신이 팔린 금		사건적	
9. 놀이 행동의 범위		사건적	
10. 금과 인이 예전에 놀던 장소와 집	풍경적		
11. 옛날집과 그 주변의 현재 모습	풍경적		평가적
12. 금의 불량한 친구들		사건적	
13. 금의 공부, 그 당시의 수험상황		사건적	
14. 기억나는 풍경	풍경적		
15. 변해버린 현재의 모습	풍경적		평가적
16. 내창에 관하여	풍경적		
17. 금의 초등학교 시절의 급식빵 훔치기		사건적	
18. 예전의 학교, 공부상황		사건적	
19. 금, 인, 영의 장학생		사건적	
20. 그 당시 공부의 질과 양		사건적	평가적
21. 읽을 책에 대한 사정		사건적	
22. 은의 생활공간(서울)	풍경적	사건적	
23. 그때는 걷는 생활이었다.		사건적	
24. 예전의 공간의 모습	풍경적		
25. 토평(시골집)에 살았던 사람		사건적	
26. 토평집의 예전의 모습	풍경적		
27. 금과 인이 싫어한 밭일과 용돈버는 방법		사건적	
28. 술을 좋아했던 할아버지		사건적	
29. 사라져버린 예전의 초가집			평가적
30. 초가집이 보존되지 못한 이유	풍경적		평가적
31. 예전의 집, 초가집	풍경적		평가적

유니트의 수는「사건적」내용이 가장 많다. 제4장의 제2절에서 개인 이야기하기의 경우에서도 사건적 내용이 많았던 것을 생각하면, 원풍경을 이야기할 때 사건적 내용이 가장 잘 나타나는 것으로 이야기하기 쉬운 것이라고 추측된다. 다만 사건적 내용이 가장 중요한 것이라는 의미로 생각하지는 않는다.

3-3 공동 이야기하기에 있어서의 참가 타입

처음에는 제4장의 개인 이야기하기에서 산출한 5개의 이야기하기 타입에 적용시켜보려고 시도했지만, 공동 이야기하기는 개인 이야기하기와는 다른 점이 있었다. 그것은, 1) 개인 이야기하기의 경우는 이야기하는 사람 자신의 연상을 자유롭게 넓히며 해가지만, 공동 이야기하기는 여러사람이 하는 이야기이기 때문에 자유의지로 화제를 바꾸는 것만이 가능하지 않은 게 아니라 다른 사람에 의하여 자기의 화제가 바뀌거나 넓혀지거나 하는 점, 2) 서로 같은 경험을 했다는 것을 알았을 경우는 서로 확인하거나 모르는 경우는 질문하거나 하는 것과 같이 개인 이야기하기에는 없는 이야기하기의 교환이 있는 점, 3) 여러명이 동시에 이야기를 하거나 동시에 같은 반응을 하거나 하는 점 등이다. 이러한 차이점에 의해 제4장에서의 이야기하기 타입의 개념을 그대로 적용시키는 것은 가능하지 않고 애초부터 동일한 분석을 하는 것이 부적절하다고 판단되어 이 공동 이야기하기 타입에 관하여는 재차 개념 만들기와 분석을 실시하기로 했다.

2차 축어록을 활용하여, 개개인마다의 축어록(즉, 표 5-3에서는 각 열에 수록)을 검토한 결과 줄곧 중심적인 위치에서 화제를 제공하는 사람도 있는 한편, 누군가의 화제를 계승해서 보다 자세하게 설명해 나가는 사람도 있었다. 또,「응」이라고 하면서 고개를 끄덕이거나「그랬었지」라고 납득을 하는 사람, 이야기하고 있는 내용 안에서, 지명이나 장소 등을 몰라서 몇 번 질문하는 사람도 있고, 더 자세하게 그 이야기를 듣고 싶어서 질문하는 사람도 있었다.

표 5-5 유니트와 그 분석의 예

유니트	축어록	참가타입	필자의 해석(설명)
9. 놀이 행동의 범위	①그때는 사라봉이라고 하면 아주 먼 곳이었어(영)	참가타입	거리가 멀다는 걸 강조하고 있다.
	②난 산천단까지도 걸어서 갔지(금)	부연설명	더 먼 곳을 제시하고 있다.
	③산천단까지!(필자)	수락반응	산천단까지 갔었던 것을 듣고 놀라고 있다.
	④물론, 볼레(가을철 나무열매) 따먹거나 했어(영)	부연설명	산천단에서의 행위를 설명하고 있다.
	⑤우리가 학교 다닐 때는 사라봉, 산천단은 보통으로 걸어다녔어(인)	부연설명	주어가「우리」로 변해 영과 금의 설명을 종합하는 것과 같은 표현을 하고 있다.
16. 내창	①예전엔 그 내창이라는게 말야, 굉장하게(금)	화제제공	내창은 제주도지형의 특징을 나타내고 있는 마른 하천(건천)이다.
	②목욕하기도 했고(영)	부연설명	내창에서의 활동을 설명하고 있다.
	③응!(인)	수락반응	들으면서 동감을 나타내고 있지만 말로는 표현하지 않는다.
	④내창이 뭔데요?(은)	확인회전 질문	내창은 제주어로서 내창이라는 말이 한국 일반의 하천과는다른데, 그것을 모르는 서울출신의 은이 질문을 하고 있다.
	⑤강, 작은 하천...(필자)	부연설명	간단하게 답해주고 있다.
	⑥마른내(하천)라고 해서 제주도에서는 건천이라는, 평상시에는 그 하천의 밑바닥인 창이보이기 때문에...(영)	부연설명	보다 자세하게, 왜 내창이라는 명칭이 붙었는가, 실제 지형학적 특징은 무엇인가를 설명하고 있다.
	⑦그래서 내창이라고 하는구나!(필자)	수락반응	명칭의 유래까지는 알지 못했었는데, 그 현장에서 듣고 납득한다.
	⑧그럼 그럼, 하지만 또 비가 내리면...(영)	부연설명	내창에 관하여 한번 더 설명을 첨가한다.
	⑨거기 물 속에 들어가서 놀 수 있어요?(은)	확인회전 질문	다시 잘 모르는 은이 질문을 하고 있다.
	...... 이하, 생략		

주 : ( )내의 설명은 필자가 첨가한 것이고, 원번호는 유니트 내의 이야기 순서를 나타낸 것이다.

공동으로 이야기하기를 행하면서 자연스러운 연상의 연결로 화제가 바뀌어 갔지만 서로 이야기를 주고 받는 가운데 어떤 입장에서 그 이야기하기에 참가하고 있는가 라고 하는 어떤 전형적인 참가타입이 있는 것을 발견했다. 이런 참가타입으로서 새로운 화제를 제공해 나가는 사람을 「화제제공자」, 타인으로부터 제공된 화제를 공유하면서 함께 설명을 더하거나 넓혀서 다시 설명하는 사람을 「부연설명자」, 또 제공된 화제를 들어서 「응」하고 고개를 끄덕이거나 「그랬군요」 등 충분히 납득하는 듯한 반응, 혹은 「에? 정말로!」 등 놀라워하면서 화제를 받아 들이는 반응을 나타내는 사람을 「수락반응자」, 또 「빌레는 뭐야?」라고 하며 자신이 모르는 것을 질문하거나 「그래서 왜?」 등 더욱 이야기를 재촉하는 질문을 하는 사람을 「확인회전질문자」라고 명명했다. 표 5-5에 2개의 유니트에서의 각자의 참가타입의 예를 나타냈다.

3-3-1 화제 제공-부연 설명

어떤 화제로부터 새로운 화제로 바꾼 최초의 사람을 화제제공자, 거기에 같은 화제를 넓혀 더 설명을 추가하거나 하는 사람을 부연설명자라고 했다. 그러나, 화제제공이 없으면 부연설명은 개념상 성립되지 않기 때문에 분석 및 서술에 있어서는 화제제공-부연설명을 하나의 세트로 묶어 나타낼 수밖에 없다. 부연설명의 경우, 화제제공자의 설명에 들어가기 전에 제공되기 시작한 이야기에 바로 「그래그래」 「응응」 등 맞장구를 치면서 그 설명을 먼저 넓혀가는 경우도 많다.

표 5-5는 2개의 유니트각각에서 발언①이 화제제공을 한 것이다. 여기서 유니트 9 의 경우 화제제공에서 이야기된 장소 ①에 대해서 발언②는 더 먼 장소를 이야기하고 있으며, 발언④는 그 장소에서의 활동을 이야기하고, 발언⑤는 그 장소까지 걷는 것은 보통이라고 이야기하고 있다. 이러한 발언②④⑤는 최초의 화제 그 자체를 넓히거나 덧붙이거나 하는 설명이므로, 「부연설명」으로 분류했다. 이러한 「화제제공」과 「부연설명」이 한

세트가 되어 이야기되는 경우, 다음의 4가지의 특징이 있음을 밝혀냈다.

1) 주어 표현의 변화 : 동일한 유니트 속에서 최초의 화제제공의 경우, 「나는」이 내용상의 주어로 이야기되지만, 제2화자 그리고 제3화자가 받아서 계속 이야기해 갈 때에는 주어가 「나도」 또는 「우리는」으로 바뀌어가는 경우를 많이 볼 수 있었다(예를 들면, 표 5-5 유니트 9의 발언③).

2) 연결 : 제1화자의 미완성인 이야기를 그대로 받아서 같은 설명을 해가거나 카테고리를 넓혀서 같은 문맥에서 설명해 나가는, 「연결작업」의 역할을 하는 경우가 있었다(예를 들면, 표 5-5 유니트 16의 발언⑤와 ⑥).

3) 끼어들기 : 화제제공자의 이야기는 아직 끝나지 않았는데, 제2화자가 부연설명을 시작하는 경우를 볼 수 있었다(예를 들면, 표 5-5 유니트 16의 발언①②).

4) 제3화자의 대답 : 화제제공자에게 제2화자가 질문했을 때, 화제제공자가 아닌 제3화자가 질문에 대하여 답하는 것을 볼 수 있었다.

5) 맞장구치기와 웃음 : 내용이 있는 이야기하기 이외에 자주 볼 수 있는 것으로 설명자의 이야기에 동의하면서 「그래그래」 「응응」같은 것이 있었지만 더 이상 언어로 표현되지 않았던 경우는 수락반응으로 분류했다. 맞장구치는 것과 같은 웃음은 부연설명에도 수락반응에도 잘 나왔지만, 각각의 웃음의 내용이 달라서 상당한 해석이 필요한 것같았다. 여기서는 직접 분석은 하지 않지만 보조적으로 참고로 한다.

이상의 특징을 표 5-5에 나타낸 유니트 9를 예로써 설명하면 영이라는 사람이 「그때는 사라봉이라고 하면 매우 먼 곳이었다」라고 했던 것에 대하여 다음에 금이란 사람이, 「나는 산천단까지도 갔어」라고 한층 더 먼 곳에 갔었던 것을 이야기했다. 그리고 인이란 사람이 「우리가 학교에 다닐 때는 사라봉, 산천단은 그냥 걸어 다녔어」라고 이야기했다. 이 예를 보면, 위 3인은 「사라봉」, 「산천단」이라고 하는 장소(이름)와 거리 감각을 모두가 알고 있다는 것을 볼 수 있다. 질문이 아니라 그대로 화제를 이어가며 설명하고 있는 것이 그 본보기이다. 축어록에서는 인 자신이 걸어 갔던 적이 있는지 어떤지는 모르지만 사라봉이나 산천단까지 걸어 간다는 사실은 알 수 있고, 나아가 인의 표현도 「나는」이 아니고 「우리」가 되어 있다.

유니트 9의 화제제공-부연설명의 영역에서 사라봉 · 산천단이라고 하는 장소에 관련된 거리감각, 활동의 공유인식을 볼 수 있고 주어의 표현도 「우리」가 되어 있다. 체험을 기본으로 이야기하는 가운데 공통성을 찾아내서 「우리는」이라고 하는 공유 인식화를 도모하고 있다. 바꾸어 말하면 이것은 어떤 공통성(유미트 9의 예에서는 화제에 제공된 장소명, 위치, 거리감각, 그곳에서의 활동, 그 시대의 사정 등을 포함한 신체감각)이 없으면 부연설명에 참가할 수 없다고 하는 것을 보여주고 있다.

3-3-2 수락반응

수락반응은 화제에 대한 설명도 아니고 질문도 아니다. 화제나 부연설명에 대한 동의나 납득과 같은 반응이다. 표 5-5의 유니트 9의 발언③과 유니트 16의 발언③⑦이 여기에 해당된다. 수락반응에도 몇 가지의 특징이 나타난다.

1) 순접수락 : 화제-부연설명을 듣고, 그대로 「응」이라고 하거나 「그래」, 「그랬었어」하며, 그대로 납득 · 이해하고 있는 반응이다. 표 5-5의 유니트 16의 발언③이 여기에 해당된다.

2) 역접수락 : 위의 1)과는 반대로, 납득하는 것이 아니라, 화제의 내용에 의외성을 느껴 놀라거나 하는 반응을 나타내는 경우이다. 표 5-5의 유니트 9의 발언③이 여기에 해당된다.

3) 해석 · 평가 의미부여 : 화제제공-부연설명자가 아닌, 청자였던 타자(제3자)가 화제제공-부연설명자에게 반문을 하여, 「오빠도 많이 했었구나」 하거나 「그 예전에도 학원에 다녔네요」라고 하는 경우가 이에 해당된다. 화제제공-부연설명자에 대해 칭찬하거나 싫은 말을 하거나 평가하거나

하는 경우가 있었다.

4) 웃음 : 이야기를 들으면서 모두가 웃기 시작하는 경우가 있다. 웃음은 어휘로는 표현되어지지 않아서 분석에 편입시키려면 다른 해석이 필요하기 때문에 분석항목으로 삼지는 않지만, 참고로 한다.

표 5-5의 유니트 9의 발언③은, 덧붙이는 설명이 아니라, 설명을 들어 재차 알았다고 하는 조금 놀란 듯한 반응을 나타내고 있다. 이것은 「수락반응」에 해당한다. 필자는 금이 산천단까지 간 것을 듣고 「에! 산천단까지!」라고 반응했다. 여기서 필자는 놀라고 있다. 금이 직접 「걸어서 갔다」라고는 말하지 않았지만 들은 순간 걸어서 갔다고 해석한 필자는 놀라움을 나타냈다. 이것은 그 장소도, 거리감각도 알고 있지만 아마 걸어서 가는 거리로서나 아이가 놀러 가는 곳으로서는 인식하고 있지 않는다는 증거가 된다. 여기서 놀란 필자는, 조금이라도 문맥상 부연설명자의 「우리」에게는 들어가지 못한다. 금과 영 그리고 인에게 있어서 산천단까지 걷는 것은 당연한 일이었지만 필자에게는 놀라운 일이었다.

필자는 덧붙이는 설명을 하고 있는 것은 아니기 때문에 수락반응자이다. 수락반응자가 되려면 적어도 질문해서 확인하는 것은 하지 않더라도 먼저 이야기되고 있는 것에 대한 내용이 이해되고 납득이 되는 그런 필요조건이 나타났다.

3-3-3 확인회전질문

확인회전질문은 질문 형식을 띤 이야기의 시작을 나타낸다. 표 5-5의 유니트 16의 경우, 발언④⑨는 질문이다. 질문 형식의 이야기 시작에는 크게 3가지의 다른 의도를 볼 수 있었다.

1) 확인질문 : 화제의 내용이나 용어 자체를 몰라서 질문하는 경우이다. 예를 들면, 발언④는 화제에 등장한 「내창」이라고 하는 용어 자체를 알지 못하는 것이고 또 발언⑨는 설명을 듣고 그 내창의 의미는 알아도 실제로

거기서 노는 것이 가능한지 아직 이해할 수 없어 던진 질문이다. 이와 같이 화제의 내용을 모르기 때문에 질문이 되는 것, 그런 확인질문이다.

2) 확장질문 : 내용을 모른다는 것보다는, 더 자세하게 알고 싶은 의도를 내보이는 경우이다. 예를 들면, 하나의 놀이에 관한 화제 중에서 「오빠는 제일 멀리 갈 때는 얼마나 시간이 걸렸어?」라고 묻는 경우이다.

3) 회전질문 : 모른다는 것이나 더 알고 싶다는 것이 아니라 이야기하기 가운데 잠깐 틈이 생겼을 때, 혹은 하나의 화제만이 계속되었을 때 화제의 전환을 요구하는 질문이다. 예를 들면, 한 동안 어린 시절의 놀이에 관한 화제가 계속 진행 중임에도 불구하고 「오빠는 서울에 살고 있을 때 제주도가 생각나지는 않았어?」라고 하는 경우이다.

이들 배경에 대한 의도가 다른 3개의 질문을, 간추려서 「확인회전질문」으로 종합했다. 그런데 이러한 질문 중에 특히 1) 확인질문과 2) 확장질문은, 화제제공-부연설명의 내용이 공유인식되지 않거나 물어 보지 않으면 모르는 경우가 있다. 따라서 질문하고 또 설명을 듣는 것으로 그 내용을 이해하게 되고 공유인식할 수 있게 되는 것으로서 간주할 수 있다. 완전하게 공유되고 있는가 하는 것과는 별도로 마침 서로 이야기를 하고 있는 「지금 · 여기, 이야기하기의 현장」에는 모두 함께 참가하고 있다는 전제가 있기 때문이다(이런 점 때문에 침묵에 대하여는 참가하고 있는 것으로 여기면서도, 언어로 표현되지 않기 때문에 여기에서는 분석의 대상으로 삼지 않는다).

이상의 「화제제공-부연설명」 · 「수락반응」 · 「확인회전질문」의 특징을 표 5-6에 나타낸다. 이 밖에, 구체적인 어휘로 나타나고 있는 것은 아니지만 전원이 혹은 2인 이상이 웃음을 내보이는 경우가 있다. 이러한 반응은 「공통반응」으로서 보조적으로 다루어가기도 하지만 주된 분석은 구체적인 어휘로 표현되고 있는 내용을 가지고 행한다. 그리고 본 연구에서는 몇 초라는 순간의 차이로 동시에 이야기가 시작되는 경우에는 빠른 순서대로의 그 어휘들을 가지고 분석을 행하고 있다.

표 5-6 공동 이야기하기에 나타난 참가타입

참가타입		특징	공통반응
화제제공	자신의 경험으로서 맨 처음 화제가 제시(제공)된다.	○「나는」이라고 하는 것이 문맥상의 주어가 되는 경우가 많다.	○웃음 (4가지의 참가타입 모두에 이 웃음이 포함되어 있지만 웃음이 나오는 배경은 각각 다를 가능성이 있고, 또 해석이 필요하지만 분석항목에는 넣지 않고 참고 정도로 한다.)
부연설명	앞서 이야기하는 사람의 내용에 자신의 경험을 덧붙이거나, 보다 더 의미를 넓히거나 하면서 자세하게 설명을 한다.	○「나도」, 「우리는」, 「우리들도」라고 하는 것이 문맥상 주어가 되는 경우가 많다. ○찬동 · 동의의 표현 ○화제에 끼여들기 ○화제의 내용을 연결	
수락반응	제공된 화제에 관한 피동적 반응을 나타낸다.	○납득 · 이해한다. ○의외 · 놀라움 ○들은 말을 다시 확인 · 승인	
확인회전질문	상대에게 구체적으로 질문을 던진다.	○이야기된 내용에 대하여 잘 모르는 점을 질문 ○화제 내용의 변화를 요구하는 질문	

3-4 이야기하기 참가 타입의 기능과 고찰

공동 이야기하기는, 개인 이야기하기와 같이 청자와 이야기하는 사람이 고정되어 있지 않다. 참가자 전원이 무엇인가 이야기하고 있다고 하는 의미에서는 전원이 이야기하는 사람이다. 또 전원이 타인의 이야기를 듣고 있으므로 전원이 청자가 되기도 한다. 그러나 화제의 장면(유니트)마다 검토한 결과, 화제가 바뀔 때마다 이야기하는 사람과 청자가 바뀌고 각 각의 참가 타입이 존재하는 것이 밝혀졌다. 그러한 「참가 타입」을 「화제제공-부연설명」 · 「수락반응」 · 「확인회전질문」으로 분류했다. 이들 각 각의 참가 타입은, 서로 다른 기능을 가지고 있다(그림 5-2 참조).

3-4-1 화제제공-부연설명의 기능 : 공동성의 생성

화제제공-부연설명자는 이야기하는 사람이 되어 자기 자신의 어린 시절의 체험을 기본으로 자신의 체험, 자신의 생각을 이야기하고 있다. 여러 사람들 사이에서 각기 자기자신의 이야기가 어우러지면서 「우리」라고 하

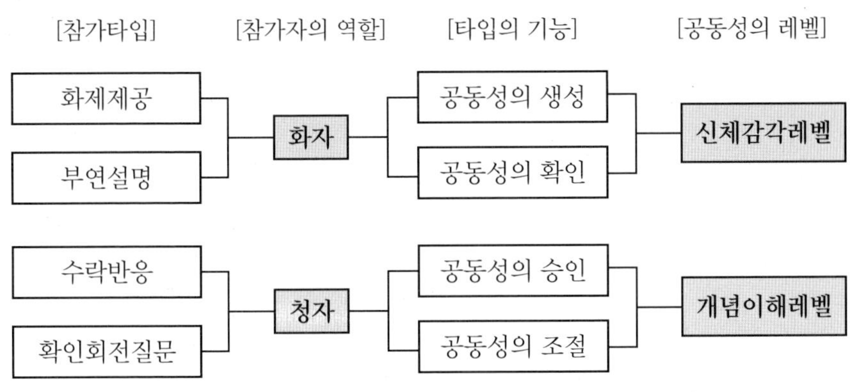

그림 5-2 참가 타입의 기능

는 공동성이 생성되고 있다. 화제제공자가 「나는」이라고 하면서 이야기를 시작하고 있지만 부연설명자는 마치 자신의 이야기인 것같이 「나도」라고 하면서 화제를 연결하거나 가로채서 설명하고, 앞에서 제공된 화제가 자신의 경우와 같은 것을 승인하여 「우리」라고 하는 어휘로 변화해 간다. 화제가 이야기되기 시작한 최초부터 「같은 경험을 한 우리」라고 하는 것은 아니었지만, 마치 같았었다는 것과 같이 화제제공-부연설명자는 함께 이야기를 만들어 갔다. 이 화제제공-부연설명자는 공동으로 체험의 이야기하기를 만들고 있다는 것이 밝혀졌다. 즉 화제제공-부연설명자는, 그 장면 또는 현장에서 이야기하는 사람이 되어 (원풍경)이야기하기의 공동성을 생성하고 있다고 볼 수 있다.

3-4-2 수락반응의 기능 : 공동성의 승인 · 조절

수락반응자는 자신의 체험을 바탕으로 화제를 제공하거나 설명을 하고 있는 것이 아니라 제공된 화제에 대하여 자신이 느끼거나 생각한 것을 이야기하고 있다. 화제 제공-부연설명자에 대한 대답으로서의 이야기하기의 시작이다. 그런 의미에서 청자의 역할을 취하고 있다. 그러나, 「응응」하

표 5-7-a 공동으로 이야기된 내용의 유니트별 요약

유니트(제목)	금(43세, 남성)	인(46세, 여성)
1. 도입		
2. 금과 인이 놀던 장소와 놀이	버렝이깍에서 보말을 잡거나, 사라봉에서의 동굴탐험, 동네에서 참 많이 놀았다.	집에서 아기 돌보던 것, 포항의 산에서 쥐불놀이, 동네개울이 얼면 거기서 썰매타던 일
3. 인의 피아노 강습		어린시절부터 음악을 좋아했다. 학교의 특별시간에 선생님에게서 피아노를 배웠다.
4. 금과 인의 놀이	김포의 큰강에서 썰매타던 일, 그런데 요전에 가보았더니 그 강이 아주 작아 보였다.	집안에서 독서하거나 음악을 듣거나 했다. 경제적으로 여유가 없었다. 포항에 살 때는 걸어서 해수욕장까지 갔고, 김포에서는 썰매를 탔다.
5. 금이 살았던 집	포항, 인천 등에서 전에 살던 집을 전부 돌아보았다. 기억만으로... 황희대감집도..	수락반응
6. 금과 인의 놀이	놀이범위가 넓었다.	포항에서는 남자들하고 놀았다. 자치기, 구슬치기...제주도에서는 거의 밖에서 놀지 않았다.
7. 지역마다 다른 아이들의 특징	아이들하고 잘 놀았다. 경기도의 아이들은 많이 친절하고, 남자 여자아이 같이 놀았다. 경상도의 아이들은 남자여자 따로 놀았다. 제주도 아이들도 그랬다.	제주도 아이들은 잘 토라진다.(삐친다.)
8. 노는 것에 정신이 팔렸던 금	덩치가 커서 힘센 친구들이 많았다. 걸어서 2-3시간 걸리는 곳도 놀러갔다. 저녁식사 시간까지도 집에 돌아오지 못해서 어머니에게 잘도 욕들었다.	수락반응
9. 놀이행동의 범위	산천단까지도 갔다. 사라봉과 별도봉도	사라봉, 산천단에 걸어서 갔다.
10.예전의 금과 인의 놀이장소와 집	오현단에 자주 갔다. 교회같은 돌집과 먹구슬나무가 있었다.	남문통에 살았다. 지금의 농협, 도서관이 있었던곳. 산지천에서 빨래를 했다.
11.예전의 집과 주변의 현재 모습	삼성혈 동네 살던 집, 그 집만 지금도 개조되지 않고 남아있다. 내창이 전부 복개되어버렸다. 현재는 정취가 없다. 딸기밭안에 몰래 들어가서 딸기를 따먹곤 했다.	
12.금의 불량한 친구들	제주도의 불량한 녀석들은 전부 모여들었다.	수락반응
13.금의 공부와 당시의 수험상황	공부는 쉬는 시간에만 해도 우반(優班)에 들어갔다. 그 당시의 입학시험은 굉장했다.	확인회전질문 우열반(優劣班)은 비인간적
14.기억나는 풍광	풍경이 가장 생각이 난다. 살던 동네, 돌담, 하수구, 집안에서 자라던 나무들	수락반응
15.변해버린 현재의 모습들	현재는 사는것이 각박해졌다. 동네의 공간들이 사라져 버렸다. 공터, 공간이 없어지고 전부 포장도로가 되어버렸다.	바다의 풍경도 예전과 다르다.

주 : 화제제공이나 부연설명은 내용을 요약했고, 수락반응이나 확인회전질문은 그대로 타입의 명칭을 기입했다.

은(42세, 여성)	영(43세, 남성)	필자(32세, 여성)
	「이야기하기」를 해가면, 이야기하는 그 속에서 생각나기도 한다.	원풍경을 연구하고 있다. 어린시절 살던 곳이나 놀이 등, 기억에 남아 있는 것...
	수락반응 확인회전질문	확인회전질문
수락반응 확인회전질문	수락반응	확인회전질문
수락반응		확인회전질문
수락반응	수락반응	확인회전질문 수락반응
수락반응	수락반응	수락반응
	여자아이들과 어울리면 놀림거리가되었어.	
수락반응	우리가 사라봉에 가는 건 아주 멀리간거야.	확인회전질문 나도 너무 늦게까지 놀다 들어가서 어머니에게 욕들었어.
수락반응	사라봉은 탐험의 장소였다.	수락반응 확인회전질문
	관덕정에서 자주 놀았다. 큰나무들이 많았다.	수락반응 확인회전질문
	중학교때 불량한다는 것...특히 하숙생들의 그 당시 불량함이라는건...	확인회전질문
	우열반의 상황과 입학시험	확인회전질문
수락반응	돌담, 나무, 바다	확인회전질문
확인회전질문	우리가 놀았던 골목, 문화 등이 없어져버렸다는 건 아주 커.	확인회전질문

표 5-7-b 공동으로 이야기된 내용의 유니트별 요약

유니트(제목)	금(43세, 남성)	인(46세, 여성)
16.내창에 관하여	예전의 내창은...	
17.금의 초등학교 때 급식빵 훔치기	장난치던 일이 잘 생각이 난다. 힘이 센 녀석들만 빵을 훔치는 게 가능했다. 옆교실 여학생반의 빵을 훔친 일	그때는 지금과는 달랐다
18.예전의 학교, 공부상황	그 당시 우리는 공부도 많이 했다. 6학년때는 새벽 4시부터 학교에 갔다.	자기 담임선생이 가르치는 방식
19.금과 인, 그리고 영의 장학생	나도 우반, 우등생도 서울에 가면 대학입학시험에 떨어졌다.	나도 특별장학생, 그런데 공부했던 건 잘 기억나지 않는다. 우리들은 입시지옥이었다.
20.그 당시의 공부의 질과 양		
21.읽을거리(책)의 사정		
22.은의 생활공간에 관하여(서울)		
23.그 당시는 걷는것이 보통이었다. (걷는생활이었다.)	지금의 노형까지도 걸었다.	예전에는 꽤 걸었다. 먼 곳까지
24.예전 공간의 모습	넓은 땅이 어디에나 있었지. 오라, 내창 등	
25.토평에 살았던사람들(촌에 있는나의 집)		토평에서 살았던 형제
26.토평집의 예전모습	예전의 토평집 모습, 대나무밭, 빌레가 많았다. 보리밭.	현재 화단이 있는 곳은 소 외양간이고, 우영팟은 다른 사람의 것인데 교환한 것. 그리고 대섶밭은 자갈투성이었다.
27.금과 인이 싫어한 밭일과 용돈마련하는 방법	용돈을 주지 않으니까, 집안일은 싫었다. 밀감을 주워서 팔고 빈 술병을 모아 팔았다.	집안일 하지않고 도망갔던 에피소드. 집안일은 동생인 정이 많이 했다. 용돈만들기를 설명
28.술을 좋아하신 할아버지		할아버지가 술 마시던 상황
29.사라져버린 옛초가집	초가집을 없애버린 건 너무 애석한 일이다	한가지 물건이라도 남아있다면 좋았을 걸.
30.초가집이 보존되지 못한 이유		수락반응
31.예전의집, 초가집	우리집은 정말로 괜찮은 집이었다. 재료나 골동품 같은 것들이라도 남았더라면 좋았을 걸.	제주도의 특유한 나무로 만들어진 마루가 너무나 멋졌다. 예전의 민구들도 너무 좋은 것들이었는데.

주 : 화제제공이나 부연설명은 요약을 했고, 수락반응이나 확인회전질문은 타입의 명칭을 그대로 표기했다.

은(42세, 여성)	영(43세, 남성)	필자(32세, 여성)
확인회전질문	내창이라는 명칭이 붙은 의미와 그 현상에 관하여	수락반응 확인회전질문
수락반응 그당시는...	그 당시의 상황	확인회전질문
그 당시 공부하는 방법, 교과서를 통째로 외워버렸다	공부하는 방식, 선생님과의 관계	수락반응 확인회전질문
	우리때에는 사상 최고의 경쟁율. 그 당시의 입시상황	확인회전질문 수락반응
참고서가 없기 때문에 교과서에 선생님이 설명하는 걸 써넣었다. 그때의 아이들은 눈만으로도 공부했다.	질적으로 충분. 기초가 강하다. 공부하는 방법	수락반응 확인회전질문
교과서 이외의 책은 거의 없었다. 교회에 조금 있었다.	친척인 대학생이 같이 살고 있어서 책을 빌어 읽었다. 집안분위기가 중요	확인회전질문
시냇가에서 온종일 놀았다. 2㎞나 걸어서 학교에 갔다.	수락반응	확인회전질문 확인회전질문
그런 식으로 걸었다.	자동차가 거의 없었고, 타고 다닐이유가 없었기 때문에 걷는 시간으로 거리를 짐작했다.	수락반응
	이제라도 건질 수 있는 건 그렇게 하지 않으면 안된다. 예전의 운동장, 드넓은 들판, 시골	
예전의 형제 설명	확인회전질문 수락반응	오빠가 소꿉놀이 세트를 사다주었다. 초가집에 살던 때
	대학생때 조사할 당시 들른 토평마을의 모습, 소 외양간, 초가집 마당에는 보리짚, 빌레 등	확인회전질문 수락반응
수락반응	시골학생들은 집안일만 하는 게 아니다. 주말에는 밭에서 일했다. 수락반응	확인회전질문 수락반응 나도 밀감 주우러 갔다.
확인회전질문	수락반응	수락반응
불편했기 때문이지요.	수락반응	수락반응
수락반응	새(모)밭을 관리할 수 없게 되고, 지붕을 이는 기술자들이 점점 없어지고 있다. 새는 지금엔 농작물을 위한 밭의 보온용 등으로 많이 쓴다.	할 수 있는 사람이 없다.
	수락반응 예전의 자기집을 설명, 민구와 골동품등에 관하여.	수락반응

며 납득을 표하거나 「에!」라고 놀라움을 나타내거나 혹은 「오빠도 장학생이었구나. 우수했었네!」하는 등 칭찬하며 평가하거나 해석하거나 하고 있다. 이러한 「수락반응」은 단지 묻고 있는 것만이 아니라 화제제공-부연설명으로 생성되고 있는 공동성을 이해하고 승인하며 혹은 부인하며 원풍경의 공동성을 공유인식해 나가는, 공유시켜 나가는 기능을 다하고 있다. 즉 수락반응자는 청자의 역할을 취하면서 생성된 공동성을 받아들여 승인하거나 부정해서 그것을 변화시키거나 하면서 공유인식화를 조절하고 있다고 보인다.

3-4-3 확인회전질문의 기능 : 공동성의 승인 · 조절

질문한다는 것은 알지 못하고 이해하지도 못한다는 의미이기도 하다. 화제제공-부연설명에서 바로 수락반응을 하는 것이 아니라 질문을 하는 「질문자」가 되었다. 그리고 질문에의 대답을 들은 다음 「수락반응자」가 되어 간다. 즉, 수락반응자와 같이 청자의 역할을 취하는데 생성되어 가는 공동의 이야기하기를 이해하고 승인하거나 부인하면서 공유인식화를 조절하고 있다고 볼 수 있다.

3-5 이야기하기의 내용과 이야기하기에의 참가자와의 관계 (공동성의 내용이 다르다)

유니트마다 각각의 참가자가 어떤 입장에서 이야기하기에 참가하고 있는가 하는 것을 검토해서, 표 5-7-a와 표 5-7-b에 전체 유니트에 대한 요약을 행하였다. 「화제제공-부연설명」에 대한 것은 그 내용의 요약으로 기술하고, 「수락반응」이나 「확인회전질문」에 대한 것은 그 자체로 참가타입명으로 했다. 표 5-7-a, 5-7-b를 보면, 금과 인 그리고 영은 자주 화제-부연설명자가 되었다. 반면 은이라는 사람에게는 수락반응이나 확인질문이 압도적으로 많다. 또 필자도 확인회전질문이 많고 수락반응도 나타나기는 하지만 부연설명에는 그다지 들어가지 않고 있는 것을 보이고 있다. 그리고 부연설명되고 있는 내용을 유니트마다 들여다 보면 그 내용이 공간에 대한 설명이거나 학교에서의 공부이거나 옛 집이거나 하면서 각기 다른 것을 알 수 있다.

3-5-1 「화제제공-부연설명」으로부터 보이는 공동성의 종류

이상, 위의 3-3과 3-4에서 「화제제공-부연설명」에서 원풍경이 이야기하기로서 공동으로 생성되고 있다는 것을 밝혔다. 여기에서는 공동 생성되고 있는 공동의 원풍경에 대한 구체적인 내용을 검토하기 위하여 「화제제공-부연설명」을 중심으로 아래의 3가지 점부터 검토한다.

1) 「어떤 내용 · 화제」에서 「누구」가 「화제제공-부연설명」하고 있는가.
2) 「화제제공-부연설명」에서 내용상 주어의 표현이 어떻게 변하고 있는가.
3) 공동성으로서 표현되는 내용은 구체적으로 무엇인가.

표 5-8에는, 「화제제공-부연설명」의 주된 내용과 주어의 변화 및 참가자를 알 수 있도록 정리히였고, 표 5-9에는 구체적인 예를 들어 재정리했다. 「우리」라고 하는 같은 표현을 사용한 이야기하기에서도 내용이 각 각 다르고 어떤 지역 · 공간 · 풍경의 특징을 공유하는 어휘였거나, 동일한 세대로서의 같은 시대 배경을 기본으로 하는 그 문화에 관한 공유였거나, 한 가족으로서의 재미있는 에피소드의 공유였거나 등 여러가지였다.

예를 들면, 표 5-8의 유니트 2에서 6까지는 「제주도 이외의 지역에서의 이야기」이므로 금과 인 이외의 타지역에 산 적이 없는 사람의 부연설명은 볼 수 없다. 또 유니트 17에서 23까지는 은의 이야기하기가 눈에 띤다. 은이 참가하고 있는 화제의 내용을 보면 「초등학교 · 중학교 무렵의 학교 생활이나 공부 스타일」에 관한 화제이다. 또 유니트 22는, 은이 보낸 서울의 옛 이야기이므로 아무도 부연설명에 들지 못하고 있다. 서울 출신인 은은 같은 한국 일반의 시대 배경을 가지고 이야기된 학교의 이야기 이외의 제주도의 옛 공간 · 풍경의 이야기 등에는 부연설명자로서는 전혀 참가되어 있지 않았다.

또 유니트 9, 29, 27에서는 필자의 참가가 조금 나타나 있다. 그 내용은 친가에서의 가족의 일이나 건물로서의 집에 관한 내용이다. 필자는 1960년대와 1970년대의 학교 풍토나 제주시내의 공간 구조에 관해서는 전혀 부연설명자로서 참가할 수 없었다.

금은, 「나는」이라고 하는 표현이 많아 화제제공자로서 자주 나서고 있다. 인과 영은 「우리는」이라는 표현이 많고 공간에 대한 화제에도, 세대에 관한 화제에도 자주 참가하고 있음을 알 수 있다. 이러한 금, 인, 영 3인은 같은 세대로 초등학교 시절부터 고등학교까지 동일 지역인 제주시에 살고 있었으므로 이 3인은 어느 화제에서도 「화제제공-부연설명」을 하는 자로서 참가하고 있다.

이상으로부터, 참가자 각자는 배경이 다르고 각 각의 참가자는 어떤 특정의 화제에만 부연설명자로서 참가하고 있다는 것이 밝혀졌다. 누가 어떤 내용에서 부연설명자로서 나서고 있는가, 그리고 그 때 주어의 표현은 어떻게 변하고 있는가 하는 것 속에서 다른 공동성이 잠복하고 있다는 것을 알았다. 즉 부연설명자로서 이야기하기에 참가하는 사람이 「어떤 세대」인가, 「어느 지역」에서 생활하고 있었는가, 「가족인가, 아닌가」등의 배경에 따라 다른 공동성의 내용이 부각되고 있다.

3-5-2 「화제제공-부연설명」으로 나타나는 공동성의 배경 · 기반의 차이

3-5-1에서, 「화제제공-부연설명」으로 분류된 이야기하기에서 어떤 내용에 누가 참가하고 있는가에 따라 원풍경의 공동성의 종류 · 내용이 다르다는 것을 설명했다. 여기서는 공동성의 종류를 밝혀 가기로 한다. 부연설명을 하고 있는 참가자와 이야기 내용에 대하여 검토한 결과 크게 「제주도

표 5-8 화제제공-부연설명에의 참가와 그 이야기하기의 내용에 대한 주어의 변화

유니트내용	금(43세, 남)	인(46세, 여)	은(42세, 여)	영(43세, 남)	필자(32세, 여)
1. 도입					
2. 놀이	나는(제주에서)	나는(포항에서)			
3. 피아노		나는			
4. 놀이	나는(김포에서)	나는(김포, 포항)			
5. 집	나는(김포, 포항, 인천에서)	나는(김포, 포항)			
6. 놀이	나는(김포에서)	나는(포항)			
7. 지역	나는, 김포는, 경기도는	경기도는, 제주는		제주는	
8. 놀이	나는			우리는	
9. 놀이	나는	우리는		우리 때는	
10.놀이 · 집	나는, 그곳은	나는, 그곳에서는		그곳은	그곳은
11.그곳은	그곳은	그곳은		그곳은	
12.친구	나(의친구)는			우리는	
13.공부 · 입시	나는	우리 때는		우리학교는	
14.풍경	나는			풍경은	
15.공간	나는, 풍경은	풍경은		공간은	
16.공간	그곳(내창)은			그곳(내창)은	
17.사건 · 학교	나는, 그사건은	지금 아이들은	그때는	그 사건은	
18.공부 · 학교	나는, 그때는	우리 선생님은	우리는, 공부는	우리는, 공부는	
19.장학생 · 학교	나는, 그때는	나는, 그때는		그때는, 나는	
20.공부			우리는	우리는	
21.읽을거리			그 당시에는	그 당시에는, 우리는	
22.공간			나는		
23.생활습관	예전에는	예전에는, 그때는	그때는	그때는	
24.공간	예전에는, 그곳은			예전에는, 그곳은, 제주는	
25.집		그때 그집에서는	그때 그집에서는		그집에서는, 나는
26.집	그곳은	그곳은		그때는, 그곳은	
27.집안일	나는	나는		촌에 사는 학생은	나도
28.할아버지		할아버지는			
29.집(초가집)	그집은	그집은			
30. 집(초가집)				초가집은	
31. 집(초가집)	우리집은	우리집은		우리집도	

주 : 굵은 선 안의 부분은 금과 인, 그리고 영 3인이 혹은 한 사람이 빠진 2인이 화제제공-부연설명에 들어가고 있음을 표시한 것이다.

표 5-9 화제내용의 변화와 부연설명에 대한 참가자의 변화의 구체적인 예

유니트내용	금(43세, 남)	인(46세, 여)	은(42세, 여)	영(43세, 남)	필자(32세, 여)
4.금과 인의 놀이	④김포에서는 그 썰매를 타던 넓은 강이 있었는데 요전에 가 보았더니 너무 작았다.	③경제적으로 여유가 없었기 때문에 친구들과 거의 어울려 놀지 못했다. 집안에서 책을 읽거나... 포항에서는 해수욕장에 걸어서 가거나... ⑤김포에서는 썰매도 잘 탔다	①말하자면, 육지에서의 기억이 꽤 많은 것 같네요.		②그러면 창원에 갔었던 건
9. 놀이 행동의범위	②난 산천단까지도 갔었어	⑤우리가 학교 다닐 때는 사라봉, 산천단은 보통으로 걸어다녔어....		①그때는 사라봉이라고 하면 꽤 멀었어. ④물론! 볼레를 따먹으러 가거나 했지	③산천단까지?
11.예 전 의 집과 그 주변의현재모습	①지금 그곳은(예전에 살던 곳) 완전히 달라져 버렸고, 내창도 전부 덮어 버렸다. ④그런 맛(정취)이 없어, 지금은	②복개 되어 버렸어? ⑥전부 들판이었어, 예전에는...		③응, 복개가 아니라도 전부 개인 소유가 되버렸어. ⑤그런 맛이 없지, 예전같은.	
17.급식빵 훔치기	①공부하거나 했던 것은 거의 기억나지 않지만 장난치던 것들은 잘 생각이 난다. ③지금은, 까마귀떡 같은것이 생각난다. ⑥...우리 힘센 아이들만 떡, 빵을 전부 가져버렸다. ⑧좌아무개와 내가 빵을 전부 가져버렸지.	⑪지금의 아이들과는 달리 그때의 아이들은 순진했지.	⑫그때는 고자질 한다는 건	②나도 공부에 대한 건 거의 생각나지 않아. ⑤응, 옥수수빵 ⑦주고 싶은 사람에게만 주는 거야 ⑩그 친구도 덩치가 컸었구나	④까마귀떡? ⑨그렇구나
18.공부 · 학교	③공부는 많이 했지만 ⑤우리가 초등학교 시절에는 정말로 공부를 많이 했어. ⑨6학년 때는 아주 새벽 4시에 학교 갔다....		②그때는 상당히 공부를 하게 되었네요. ④기억은..... ⑦응응, 우리는 교과서를 처음부터 전부 외워 버렸어.	①에이, 그 때는 한 문제 틀리면 한대 맞았어. 우리 초등학교 때는 ⑥아, 책을 전부 외워버렸다니까, 책을 ⑧처음부터 마지막까지....	⑩우와!

27. 용돈 만드는 일	①나는, 초등학교 여름방학 때 떨어진 밀감을 주웠어. ④그 걸 주워 팔아서 용돈 만들었다. ⑦나는 말야 상효까지 갔었어. 자루에 가득 담고서... ⑩약으로 쓰는 거야	③그것을 주워서 ⑨잘라서 한방약으로	⑪응응	⑤그것들은 그렇게 했대(필자에게)	②응응 ⑥그래, 나도 그렇게 했어요. ⑧아, 밀감, 여름에 떨어진것. ⑫나도, 밭에 가서 떨어진 밀감을 주워 커다란 비닐봉지에 담고....
31. 예전의 집, 초가집	①우리 집처럼 좋은 집이 없었는데, 아주 큰 초가집이었어. ⑥그 재목만이라도 남았더라면..... ⑪그 집의 물건이라도 남았더라면	③마루가 정말로 좋았었지. ⑤그 마루 ⑦전부 장작으로 불때버렸어. ⑨제주도 특유의 나무였는데.		④응 ⑧그 재목은 무슨 나무야? ⑩우리 집 마루도 그거야	②그렇지만, 관리하는 사람이 없어서 ⑫지금 남아 있었으면 골동품인데.....

주 : 굵은선은 화제제공-부연설명이고, 보통의 가는 선은 수락반응과 확인회전질문이다. 그리고 말없음표… 이후는 필자가 생략한 것이다.

이외의 다른 지역성」, 「1960 · 1970년대의 세대성」, 「제주도의 지역성을 전제로 하는 공간 · 풍경성과, 세대 · 가족성」등이 공동성으로서 나타났다. 표 5-10에 구체적으로 기술해 보인다. 같은 제주도의 특성이면서도 세대에 의해 공간 · 풍경 · 장소 자체가 변하거나, 놀이나 일 등을 중심으로 생활 문화가 차이가 나거나 하는 것이 보였다. 즉, 원풍경은 일정한 지역성과 관계가 있고 또 같은 지역내에서는 보다 작은 범위의 지역마다 그리고 각 각의 세대마다 공유하는 것들이 다를 가능성을 나타냈다. 원풍경의 공동성의 생성은 같은 지역 공간을 같은 세대로서 체험하고, 신체 감각을 공유하는 것이 중요한 조건으로 보인다. 생성된 원풍경의 공동성을 받아 들여 공유인식한다는 것은 세대가 달라도 같은 지역을 체험하고 시각적으로 이미지업하는 것이 가능하다면 개념적으로 이해가 되어서 공유인식화하는 것이 가능하다고 판단된다.

표 5-10 공동성의 종류와 내용

<table>
<tr><th colspan="2" rowspan="2">공동성의 종류</th><th colspan="3">화제제공-
부연설명에서 볼 수 있는 공동성의 내용</th><th rowspan="2">필자의 설명</th></tr>
<tr><th>주요 참가자</th><th colspan="2">이야기된 내용의 요약</th></tr>
<tr><td colspan="2">타지역성
(경기,인천,포항,김포)</td><td>금, 인</td><td>타지역에서의 놀이와 아이들의 특징</td><td>썰매타기,쥐불놀이를 했다. 지역마다 남녀구별의식이 다르다.</td><td>○기후 · 지형이 다른 것 때문에 놀이종류가 다른 것으로 보인다.
○타지역에서의 놀이는 표준어만을 사용하고 있다.</td></tr>
<tr><td colspan="2">세대성
(1950년대에 태어나 1960년대 아동기, 1970년대에 청년기를 보낸 세대)</td><td>금, 인, 영, 은</td><td>1960년대의 공부 · 입시의 상황</td><td>그때 우리들은 암기 위주의 공부를 했다. 입시제도가 엄격하고 어려웠다. 참고서 등은 거의 없었지만 공부의 질은 높았다.</td><td>○학교제도나 교과서의 내용, 입시제도가 전국이 통일되어 있는 이유로 은도 부연설명에 참여하고 있다.
○한국의 경제, 문화적 배경에 대한 동일성에 기인하는 학습참고서, 독서환경 등의 공통성이 보인다.</td></tr>
<tr><td rowspan="4">제주도의 지역성</td><td>세대성
놀이</td><td>금, 영, 인</td><td>같은 동네에서 동일한 놀이</td><td>사라봉에서 동굴탐험, 버렝이깍에서 보말잡기나 수영, 오라 내창, 산천단 등에서 삥이뽑기를 하거나 2-3시간 쏘다니며 놀았다.</td><td>○3인은 그 당시 놀이동무는 아니지만, 특정한 놀이장소의 고유명사를 써서 제주도의 놀이문화를 공유하고 있다. 그리고 도시개발이 아직 되지 않은 야외에서의 집단 놀이가 중심을 이루고 있는 탓에 놀이장소나 놀이명, 관습 등이 공유되는 것을 확인할 수 있다.</td></tr>
<tr><td>세대성
공간성</td><td>금, 영, 인</td><td>같은 동네의 공간 · 풍경</td><td>예전에는 넓은 들판이 많았다. 산지천도 있었고, 돌담이나 먹구슬나무 같은 것도 생각난다.</td><td>○길가의 가로수, 담장의 재료 · 소재, 집에 있는 나무의 종류 등 도시개발에 따라 변화했거나, 없어져버렸거나 한 것에 대한 발언이 많다. 현재는 도시화가 진행되어 공간이 너무 변해버렸지만, 3인이 예전의 공간구조를 서로 이어가면서 설명을 하고 있다. 공간의 명칭은 고유명사가 아주 많아지고 있다.</td></tr>
<tr><td>세대성
학교</td><td>금, 영, 인</td><td>같은 동네 동일한 학교내의 문화</td><td>현선생님 반은 새벽 4시부터 학교에 갔다. 좌군과 같이 급식용 까마귀떡(빵종류)을 뺏어오거나 했다.</td><td>○학교에서의 생활과 입시 이야기도 포함되어 있지만, 한국 일반의 특징으로서가 아닌 특정의 학교에서의 구체적인 에피소드가 이야기되고 있다. 특정인에 대하여도 3인은 공통적이다.</td></tr>
<tr><td>가족성
집이라는 공간성</td><td>금, 인, 필자</td><td>같은 집안의 공간구조에 대한 특징과 가족의 특징</td><td>예전의 초가집에 살 때는 지금과는 공간배치가 다르다. 할아버지는 마당구석에 술을 숨겨두거나 했다.</td><td>○지금은 사라져버린 초가집에 대한 추억과 그 당시의 공간구조와 가족들의 모습이 이야기되고 있다. 가족만이 아는 지명이나 공간명이 사용된다.</td></tr>
</table>

3-5-3 제주도의 원풍경이 되는 공통 기반

3-5-2에서의 「화제제공-부연설명」의 내용과 참가자와의 관계를 검토해본 결과로부터 몇 가지의 다른 공동성을 확인할 수 있었다. 여기서는 앞에서 설명한 3-5-2에서 나타난 공동성 가운데 특히 제주도의 특성과 관계된 공통 기반만을 검토해 본다. 원풍경으로서의 내용은 표 5-4의 「풍경적」·「사건적」·「평가적」이라고 분류된 각 각의 유니트의 「화제제공-부연설명」으로 이야기된 부분만을 가지고, 구체적인 어휘가 무엇인가를 검토해서 제주도에 대한 원풍경 내용의 기반으로서 정리했다(표 5-11).

표 5-11에서 나타내 보인 것처럼 「풍경적」인 내용에서는 예전에 살았던 곳에 대한 공간적 설명이나 놀이의 설명이 행하여졌는데 그 때 공간·장소·지명이 일반명사나 고유명사로 표현되었다. 또 식물이나 재료명은 자주 거론 되었지만 이것들은 일반명사만이 쓰여지고 고유명사는 사용되지 않았다. 이러한 점은 원풍경을 공동 생성하는 것 즉 그것을 공유인식하는 것은, 먼저 풍경·공간을 표시하는 고유명사나 혹은 고유명사가 포함된 일반명사로서의 어휘에 대한 이해와 그 장소에서의 활동에 대한 이해가 필요하다는 것을 뜻하고 있다. 또 일반명사 중에서도 제주도에서만 통용되는 일반명사(제주어인 방언으로 표현되거나 지리적 특성과 관계가 있는 단어)의 경우는 고유명사와 동일하게 그 어휘가 이해되는 동시에 구체적인 공간·장소에 그 이미지가 연결되는 것이 필요했다. 예를 들면, 이야기하기의 참가 타입 중에서 이야기된 내용을 몰라서 질문을 하는 「확인질문」의 경우, 확인질문자는 이야기되는 원풍경에 대하여 아직 이해되지 않은 상태 즉, 공유되지 않았다고 해석할 수밖에 없다.

「사건적」내용으로서는 학교에서의 에피소드나 동굴탐험 등의 놀이, 가족 가운데서의 에피소드 같은 것들이 나타났다. 이들 에피소드를 설명할 때 사람에 대한 호칭은 일반적으로 막연하게 친구라고 표현하는 경우도

표 5-11 제주도에 국한된 「화제제공-부연설명」 중 표현된 내용의 분류

풍경·공간적	지명 · 장소명 (고유명사)	(버렝이깍), 사라봉, 사라봉동굴, 별도봉, 자살바위, 산천단, 오현단, (무근성), 산지천, 관덕정, 광양로타리대운동장, 관덕정경찰서, 도립도서관, 예전에살던집, 그샛길, (대섶밭/가족만 통용되는 밭이름), 동광양, 노형, 삼성초등학교, 토평, 오리엔탈호텔, 탑동, (오라내창), 상효, 신성여중
	공간 · 장소명 (일반명사)	(내창), 공터, 동네, 들판, (벌레), 소외양간(쇠왕), 초가집, (우영팥)
	식물명 (일반명사)	(먹구슬나무), 대밭, 보리밭, 딸기밭, (뻥이), (볼레), 밀감(미깡), 마루의 재목, (촐밭), 매실나무
	재료소재명	큰나무, 돌담, 그집에 있었던 나무, 목조교실, 맨땅인 운동장, 자갈밭
	구체적으로 이야기된 풍경 · 공간에 대한 화제	ㅇ예전 제주시내의 풍경 · 공간 ㅇ어릴 때 놀던 장소(특히 내창, 동굴, 동네) ㅇ옛날 집의 공간 · 풍경, 초가집과 그 주위 부지내의 밭과 작물, 식물
사건적	실명으로 나타난 인물	좌아무개, 현선생님, 이선생님, 현아무개, 채아무개, 미수, 정수, 정아, 선아, 우리어머니, 우리할아버지, 상효숙모, 우리아버지
	일반적인 인물	친구, 선생님, 그 당시 아이들
	구체적으로 이야기된 에피소드나 생활의 모습	ㅇ일상의 습관 : 식사시간까지도 집에 들어오지 않았다. 어머니에게 욕들었다. ㅇ사라봉 동굴탐험 ㅇ학교에서 급식빵 훔치기 : 옆 반의 급식빵을 전부 훔쳐버렸다. ㅇ학생 때의 불량한 생활, 우리 집에는 불량한 녀석들이 모이는 장소 ㅇ학교 등교시간은 새벽 4시, 암기위주의 공부, 장학생이 되었다. ㅇ언제나 걸어 다니는 생활 : 2-3시간 걸어서 놀러가는 건 보통, 차를 타는 건 생각하지 않았다. ㅇ떨어진 밀감 줍기, 빈 술병 수집, 밭일
평가적	ㅇ지금은 공터가 전부 없어져서 답답하다. 예전의 정취가 없다. ㅇ현재의 탑동은 바다를 매립해 버려서 옛날의 풍경이 아니다. ㅇ지금은 자동차 문화에 따라 많은 것들이 변화되었다. 공간만 없어진 게 아니라 그 공간에서 이루어지던 문화마저 없어져 버렸다. ㅇ그때 아이들은 지금과는 달라서 선생님에게 고자질한다는 것은 생각할 수도 없을만큼 순수했다. ㅇ우리 쪽이 훨씬 더 질 높은 공부를 했다. 지금은 책이나 참고서 등이 충분히 있는데도 눈으로만 공부를 한다. ㅇ이제는 초가집을 보존하기가 너무 힘이 든다. 초가지붕 재료의 관리가 힘들고 그 기술자들이 없기 때문에... ㅇ예전의 우리 초가집은 남겨두어야 했는데 부모님이 뜯어버리고 말았다	

주 : ( )는 사투리인 제주어로 표현된 용어들이고, 이 표는 제주지역에 한정하여 표출된 유니트 중 「화제제공-부연설명」의 내용만으로 작성한 것이다.

있었지만 실제의 이름이 더 많이 등장했다. 이와 같이 구체적인 인물이 등장할 경우 다른 참가자가 알고 있는 경우는 부연설명이 뒤따랐다.

확인질문이 가장 많았던 참가자는 은이었다. 은이라는 참가자는 제주도 출신이 아니어서 제주도의 특성과 관계 있는 화제에서는 부연설명자로서

참가하는 회수가 가장 적었다. 이러한 점들로부터 공동의 원풍경을 공유해 가는 경우, 풍경 · 공간에 대한 고유명사를 이해할 수 있거나 또한 고유명사를 일반명사화 하여 이해할 수 있거나, 아니면 동일한 카테고리의 다른 고유명사를 제시할 수 있는 것이 필요조건이 되는 것으로 파악된다.

4. 고찰

본 절에서는, 가족그룹의 공동 이야기를 통하여 공동의 원풍경으로서 무엇이 어떻게 나타나는지를 중심으로 살펴보았다. 그 결과, 1) 공동 이야기하기의 내용도 「풍경적」·「사건적」·「평가적」이야기하기의 3가지 종류로 나눌 수 있었다. 2) 공동 이야기하기에 참가할 때 몇 개의 전형적인 참가타입이 있으며, 그것들을 「화제제공-부연설명」·「수락반응」·「확인회전질문」이라고 구분하여 명명했다. 3) 이러한 점들 가운데 「화제제공-부연설명」의 경우는 주어가 「나」로부터 「우리」로 변화하고, 각 각이 동일한 지역에서의 놀이나 장소 등에 대한 공유인식을 해 나가는 그 속에서 마치 같은 시간과 장소에서 함께 체험했던 것처럼 「우리」가 생성되어 간다는 것, 그리고 「수락반응」의 경우는 직접 「우리」라는 내용을 만드는 일은 없지만 형성되어가는 「우리」를 이해하면서 받아 들이는 자체에 「우리」라는 인식이 포함되어 있다는 것, 「확인회전질문」의 경우는 화제의 내용을 직접 체험했던 적은 없어도 그 이야기하기 현장에서 모르는 것을 물으면서 이해하고 받아 들이고 하여 이야기 현장에서의 공유인식에 들어간다는 것 등이 밝혀졌다. 4) 그 현장에서 생성되는 「우리」라는 공유인식의 내용 · 기반으로서 「지역 특유의 장소 · 공간」, 「지역에서의 어린이놀이 · 학교생활」, 「지역의 시대배경에 의한 공통성 · 세대성」 등이 나타났다. 5) 그 현장에서 공동성이 생성되어 이해되고 받아 들여지기 위해서는 적어도 지역에서 통용되는 고유명사를 이해할 수 있거나 그 고유명사가 포함되는 일반명사를 이해하는데 접근할 수 있는 것이나, 아니면 구체적인 사람을 알고 있는가 하는 그러한 것이 실마리가 된다는 사실이 나타났다.

여기서는 이상의 결과를 근거로 하여 1) 먼저, 본 절에서 「공동」의 용어를 사용한 몇 가지의 표현을 정리하여, 2) 원풍경을 공동으로 이야기하는 것은 어떤 심리적 기능을 나타내고 있는 것인가 하는 점에 대하여 고찰한다.

4-1 몇 개의 「공동」이라는 용어에 대한 정리

본 절에서 「공동 이야기하기」에서의 공동, 「생성되는 원풍경의 공동성 · 공동의 원풍경」에서의 공동, 그리고 「공유인식」, 「공통기반 · 공동성의 종류」에서의 공동 등으로 쓰고 있기 때문에 이러한 공동이라는 용어를 사용한 문맥에 대한 설명이 필요하다고 생각된다. 이러한 용어로 의미를 나타내고 있는 몇 가지의 주목해야 할 점에 대하여 정리한다.

1) 공동 이야기하기 : 어떠한 공통기반을 가진 상태에서 동일한 시간, 동일한 장소에 마주앉아 서로 이야기하기를 한다고 하는 의미로 사용했다. 본 절에서는 가족관계인 사람들끼리 한 장소에서 같이 이야기하고 있다. 가족으로서의 인식은 모두 다르다고 해도 적어도 법률상 「가족」인 것은 사실이다. 본 절에서 활용한 것은 가족이 서로 모여서 이야기하는 공동 이야기하기이다.

2) 공동성의 생성 : 우선 사람마다 각자가 자신의 경험에 근거하여 형성되어 있는 기억 속의 축적이 있는데 그것을 상기해서 이야기하는 가운데 「여러 사람(복수인)에게 공통되거나, 혹은 유사한 내용」으로서 표현되는 경우나 해석되는 경우에는 「원풍경의 공동성 · 공동의 원풍경」이라는 개념을 적용했다. 개개인의 체험으로서 각 각 이야기하는 가운데 동일한 장소를 서로 알고 있거나, 같은 놀이를 알고 있거나, 또는 비슷한 에피소드를 공유하고 있거나 하는 것이 확인되어 놀이의 친구로 서로 함께 체험한 것은 아니지만 그렇게 같이 체험한 것과 같은 연속선상에서 서로 이야기해 간다. 즉 체험은 따로따로 하고 있어도 지금 · 여기에서의 이야기 현장

에서 「같은 것이다」라고 간주하여 혹은 확인해서 「우리」라고 표현해가는 내용이 존재한다. 이러한 것들을, 생성되어 나타나는 「원풍경의 공동성 · 공동의 원풍경」으로서 표현했다.

3) 공유인식 : 서로 이야기를 하는 그 현장에서 생성되는 「공동의 원풍경 · 원풍경의 공동성」을 신체적 · 개념적으로 이해하고, 확인하며, 승인해 가면서, 이야기 현장에서 공유인식해 간다고 하는 의미로 표현한 것이다. 실제의 체험은 각 각 달랐지만, 「과거, 동일한 경험을 한 우리」와 「지금 여기서, 공유해가는 우리」가 존재한다. 이 「공유해가는 우리」는 이야기하기 참가자의 배경에 따라 차원이 다르다. 「화제제공-부연설명」을 하는 사람은 신체감각을 포함한 체험확인으로부터의 공동성의 생성 차원에서 「공유해가는 우리」이고, 「수락반응」의 사람과 「확인회전질문」의 사람은 직접적인 신체감각은 없을지라도 생성된 공동성의 개념적 이해에 대한 공유 차원이 있다. 바로 이들 「차원이 다른 공유」가 한 데 섞이면서, 지금 · 여기라는 이야기 현장에서 「서로 이야기하고 있는 우리」라고 하는 인식을 가리킨다.

4) 공통기반 : 공동성이 생성되어 공유인식해 갈 때의 「우리로 인식하는 공동성의 기반」으로서의 배경을 뜻한다. 예를 들면, 세대에 관한 것이거나 동일한 지역의 특정 장소와 같은 배경이다.

5) 공동평가 : 「지금 여기서 서로 이야기하며 공유인식하는 우리」와 대비되는 관계의 「지금은」 「현재의 아이들은」 「오늘날 사회는」 「지금의 공간은」 등이 이야기된다. 여기 · 지금이라는 시대와는 다른 「과거의 경험을 공유하는 우리」라고 하는 인식 위에, 「지금」을 이야기하는 것을 공동평가라고 표현했다.

이상의 1) 공동 이야기하기, 2) 공동성의 생성, 3) 공유인식, 4) 공통기반, 5) 공동평가를 전부 포함한 총괄적인 광의의 용어로서, 여기서는 「원풍경의 공동성」이라고 한다.

공동 이야기하기로 원풍경을 다루어 갈 때, 원풍경의 공동성이란 각각의 개인이 가지고 있는 과거 기억의 정확한 공통 요소의 추출이 아니라 개개인의 과거 체험을 이야기하는 가운데, 이야기하는 그 현장에서 이야기하기 참가자가 서로 유사성을 확인하고, 동일한 것으로 승인해서, 그 현장에서 서로 의미를 부여하고 평가하는 공동 작업의 내용이다. 이러한 공동작업의 내용에 대한 작업프로세스의 이해가 공유인식인 것이다. 원풍경의 공동성이 생성되는 것과 공유인식하는 것은 따로 떼어내서는 사용할 수 없는 개념으로 파악되지만 종합적으로는 공동작업의 프로세스 즉, 이러한 공유인식 프로세스를 포함하는 공동성으로서 다루어 가기로 한다.

4-2 원풍경을 공동으로 이야기하는 것은 어떤 심리적 기능을 나타내고 있는 것인가

제4장의 개인 이야기하기에 대한 고찰에서, 원풍경은 어린 시절의 체험을 기본으로 하면서 이야기하기의 현장에서 생성되는 또 다른 하나의 이야기이며, 원풍경을 이야기하는 것은 이야기하는 그 현장에서의 다양한 리얼리티를 체험하면서 자기아이덴티티 · 장소아이덴티티화하는 기능이 있다는 것을 밝혔다.

개인의 이야기하기에서 나타난 원풍경의 내용과 공동 이야기하기에서 나타난 원풍경의 내용은 모두 「풍경적 · 사건적 · 평가적」이라고 하는 개념으로 분류할 수 있고 또, 실제 동일한 공간 · 장소를 보이고 있다(예를 들면, 들판, 사라봉, 동굴 등은 꽤나 겹치고 있다). 그러나, 개인 이야기하기와 공동 이야기하기에는 큰 차이가 있음을 알 수 있다. 개인 이야기하기의 경우는 개인 원풍경으로서 이야기되어 개인적 의미부여가 이루어지는데, 「그러니까 나는 ○○이야」라고 하는 표현이 되었다. 내용도 「나는」이 주어이며, 평가 · 의미부여에 있어서도 「그러니까, 나는」으로 자기아이덴티티에 방향을 맞추는 이야기하기였다. 한편, 공동 이야기하기에서는, 처음은 자신의 개인 원풍경인 개인의 경험으로서 이야기된 내용이, 「우리는 자주 거기까지 갔었지」라고 부연설명을 하는 타자에 의해 승인되거나, 「아, 그랬었구나. 오빠도 자주 그렇게 했었네」라고 타자의 「수락반응」에 의해 의미부여되거나, 평가되거나 한다. 즉 「나」의 이야기가 타인에 의해 스토리가 연결되며, 의미부여되고, 그 현장에서 공유되어 나의 원풍경이 아닌 우리의 원풍경으로 변화해 간다. 평가 · 의미부여에 있어서도 「우리는 ○○이었는데(했는데), 예전에는 ○○이었는데(했는데)」와 같은 대칭적 관계로

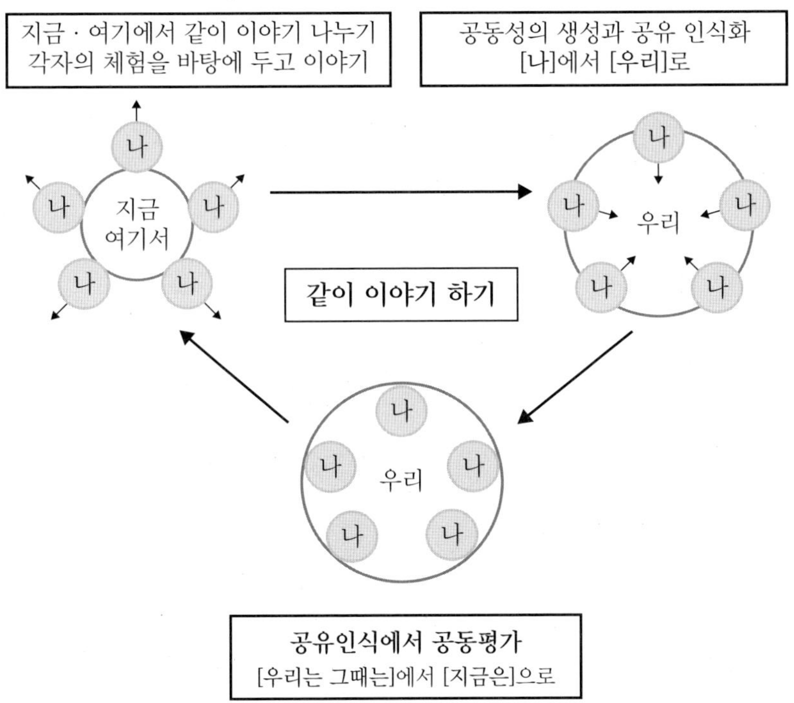

그림 5-3 원풍경을 공동으로 이야기하는 것의 공동성의 생성과 공동성의 레벨

「지금은 ○○이다(한다), 지금의 아이들은 ○○이다(한다)」라는 방향에서 이야기되는 경우가 많았다. 개인의 체험으로 이야기하기가 시작된 것이 개인의 아이덴티티로서만 방향지을 수 없게 되는 것이다. 개개인이 「우리」라는 의식에 들어가 있지만, 개개인이 목적 의식적으로 공통성을 내보이는 것의 집합인 「우리」가 아니다. 그 현장의 흐름 속에서 조절되면서 「우리」의 것이 되어 가는 과정에서 공동성이 생성되고 공통기반을 갖는 「우리」라고 하는 아이덴티티가 나타나고 변용되어 간다고 볼 수 있다. 이러한 원풍경을 공동으로 이야기하는 이야기하기 현장에서의 공동성의 생성과 변화는 그림 5-3과 같이 나타낼 수 있다.

원풍경을 공동으로 이야기한다는 것은, 동일한 지역의 장소 · 공간 · 풍경과 관계된 다양한 사람, 놀이, 사건이 한 데 어우러지면서, 공동으로 스토리를 구성하고, 공유인식하며, 공동으로 평가하고, 의미부여를 하며, 서로 이야기하기를 하는 그 현장에서의 공동의 이야기 생성작업이라고 할 수 있다. 이러한 생성작업은 일상적인 생활 속에서 특별히 의식하지않은 상태에서 행하여지며 그러한 현장마다 조금씩 변용되면서 「우리」라고 하는 공동의 아이덴티티, 우리의 장소와 관련된 공동의 장소아이덴티티가 나타나 기능하고 있는 것으로 볼 수 있다.

제 2 절 원풍경의 공동성에 대한 개념 · 구조의 확인과 그룹간의 차이점

본 절에서는, 제1절에서 산출한 개념이나 적용했던 분석방법으로 4 그룹별로 공동 이야기하기를 검토하고, 기술해 나간다

1. 문제와 목적

원풍경의 공동성이 어떤 내용을 가지고 어떻게 나타나는가에 대하여, 제1절에서 산출된 개념과 분석방법을 이용하여 4그룹의 공동 이야기하기를 검토한 결과, 다음의 4가지 점을 명확히 해간다.

1) 제1절에서 산출된 원풍경의 공동성을 설명하기 위한 개념이나 공동성이 나타나는 구조를 확인하고, 2) 그룹마다 나타난 원풍경의 공동성의 차이나 그 의미를 검토한다. 그리고, 3) 원풍경을 공동으로 이야기하는 것의 심리적 기능에 대하여 고찰한다.

2. 방법

2-1 조사방법 및 조사협력자

서로 알고 있는 사람들의 그룹 속에서 공동 이야기하기로 조사를 행하였다. 제1절에서 설명한「그룹 A : 가족」을 시작으로,「그룹 B : 친구부부」,「그룹 C : 동일한 맨션내의 주부들」,「그룹 D : 방문판매원들」등 4그룹에 대한 각 각의 공동 이야기하기를 조사했다. 이하에 제1절의 그룹A이외의 나머지 그룹에 대한 서로 이야기하는 현장의 장면과 참가자 간의 관계를 기술한다.

그룹 B(친구부부)

남편끼리 친구관계로서 어린 시절에 살던 곳도 같다(제주시). 아내끼리(한편은 필자 자신)는 양쪽 부부가 동석하는 자리에서 아는 관계가 된지 6년이다. 한 해에 몇 차례 서로의 집을 왕래하면서 함께 식사를 하기도 한다. 조사일자는 오랜만에 만나 여느 때처럼, 식당에서 함께 식사를 하는 날이다. 주문한 식사(전복죽)가 나오기 전 전복의 생태에 관한 화제가 나왔을 때, 필자의 「어린 시절 어디서 살고 있었는지, 바다 가까운 곳이었는지」 등의 질문에 의하여 자연스럽게 놀이의 화제로 옮겨가고, 어린 시절의 이야기를 하게 되었다. 남성 둘과 필자가 제주도에서 태어나 자랐다. 다른 한 여성은 타지역 출신으로서 결혼하고 나서 제주도에 살기 시작했다. 필자는 30대초반 그 이외는 전원 40대 전반이었다. 식사의 시간은 2시간 정도이며 녹음한 시간은 30분 정도였다.

그룹 C(동일 맨션내의 주부들)

동일 맨션의 같은 동에 살고 있는 몇 몇 주부들끼리의 모임이다. 월1회 모여 식사를 함께 하면서 일상적인 이야기를 나눈다. 이 그룹의 한 사람이 필자가 아는 사람인데, 모임에 필자도 더불어 가서 소개를 하고 참가했다. 조사일자에 참가한 사람은 주부 4명과 그녀들의 아이 2명이다. 거기에 필자도 필자의 아이를 동반하여 참가한, 어른 5명과 아이 3명의 식사모임이 되었다. 식사 전의 수다떠는 시간에 그리고 식사가 끝난 후의 차 마시는 시간에 이야기를 나누었다. 조사만을 위하여 모인 것은 아니기 때문에 수다떠는 이야기 가운데 상황에 맞추어 어린 시절에 살던 곳이나 놀이에 대해 질문했다. 참가자 전원이 제주도에서 태어나 자란 사람들이지만 각 각 그 장소는 달라서 지연, 학연은 없다. 필자 이외에 30대가 2명, 40대가 2명이다. 참가자들의 서로 알고 지낸 시간은 4년부터 8년이다. 모임의 시간은 2시간 정도에 녹음시간은 30분 정도였다.

그룹 D(방문판매원들)

필자가 아는 사람의 집에서 영양보조 식품의 판매원들의 홈파티가 열리는 날, 필자도 참가해서 파티가 끝날 즈음 아는 사람으로부터 모두에게 소개받아 조사에의 협력을 부탁했다. 파티에 참가한 사람은 전부 30명이며, 이 그룹에서는 차분히 이야기를 나눌 수 있는 분위기가 아니어서 그 중의 여러 명에게 묻는 형식이 되었다. 참가자들은 다른 사람이 이야기하는 것을 곁에서 듣고는 있지만, 어디까지나 개인적인 이야기로서 함께 이야기를 주고 받는 것이 되지 못했다. 녹음한 것은 6명의 이야기하기이다. 간단하게 한마디씩 이야기했으므로 1명이 평균 5분, 약 30분정도이다. 이야기해 준 6명 중 4명은 제주도, 2명은 타지역 출신이다. 이들 판매원 그룹은 일하는 멤버들의 교체가 많아 알고 지내는 경력도 1개월에서 1년 정도로 짧다.

2-2 분석방법 및 순서

① 공동 이야기하기의 순서대로 1차 축어록을 작성한 다음, 화제가 바뀌는 때를 분석 단위의 간격으로 해서 유니트 추출 작업을 행하였다.

② 분석 단위마다 화제의 순서와 이야기하기에 참가하고 있는 사람의 이야기 내용을 알 수 있도록 2차 축어록을 편집했다.

③ 각 분석 단위마다 내용의 요약으로 10자 정도의 제목을 붙혔다.

④ 제1절에서 설명한 참가타입을 이야기의 발화마다 맞추어 검토했다.

⑤ 「화제-부연설명」을 중심으로 검토해서 공동성의 내용, 특징을 검토했다.

⑥ 그룹간의 차이에 대해 검토하고, 기술했다.

⑦ 원풍경에 있어서 공동으로 서로 이야기하는 심리적 기능에 관한 고찰을 시도했다.

3. 결과

3-1 각 그룹에서 이야기된 내용의 개요

여기에서는 우선 각 그룹에 의해서 이야기된 주된 내용의 요약을 기술하여 제1절에서 설명한 분석 틀에 따라 검토하고 그 결과를 정리한다. 그룹 A의 내용은 제1절에서 기술했으므로, 그룹 B와 그룹 C의 분석을 나타낸다. 그룹 D는 개인 이야기하기가 되어버려서 그룹으로서의 공동 이야기하기가 되지 않았기 때문에, 그 내용의 요약만을 참고로 정리하는데 그쳤다. 각 그룹에서 이야기된 내용의 개요를 표 5-12와, 표 5-13, 표 5-14로 나타낸다.

3-2 각 그룹의 분석단위와 이야기하기의 내용

제1절에서의 방법과 같이, 이야기하기의 축어록을 가지고 시계열에 따라 화제가 바뀌는 곳을 유니트의 간격으로 해서 유니트 나누기 작업을 했

표 5-12 그룹 B(친구부부)의 이야기하기 내용(개요)

바다의 전복은 아주 신비롭다. 그 전복은 돔밖에 먹지 않는다고 한다. 전복의 몸체는 무척 부드럽게 보이지만 그 힘은 놀라울 정도이다. 때문에 옛날 해녀들 중에는 그 힘에 휩쓸려 끼어죽는 경우도 있었다. 바다 속에서는 움직이지 않으면 바위와 전혀 구별이 되지 않는다. 에덴동산(놀이장소명)은 우리 때의 놀이터였다. 그 주변은 완전히 촌이어서 집도 없고 보리밭 투성이었다. 우리는 무근성 주변에 살고 있었기 때문에 자주 사라봉에 놀러 갔다. 사라봉은 우리가 「기지」라고 이름 붙여 놀았다. 매일 바라보거나 놀러 가거나 하는 장소였다. 사라봉에 가기 위해서는 고아원을 통과하지 않으면 갈 수 없었는데 무서웠다. 톰소여의 모험이라는 책을 읽고 해서 그 영향도 있었다. 우리도 그런 모험을 해보려고 3총사(3인조 모험단)를 만들어 사라봉에 본부를 정했다. 사라봉 동굴에 살고 있던 사람이 있어서 사라봉에 동굴이 몇 개 있다고 가르쳐주었다. L자 동굴, ⊂형 동굴 등이 있었다. 입구가 다른 양쪽으로부터 들어가면 마주치는 지점의 천정에 구멍이 뚫여 있어 그 곳을 기지로 삼았다. 굴에 들어 갈 때는 낡은 고무신으로 횃불을 만들어 들고 갔다. 가운데는 아

주 넓었다. 그 곳을 아지트로 해서 학교가 끝나면 자주 갔다.
　사라봉은 겁나는 곳이다. 왜냐하면 거기에는 무덤투성이인 곳이 있기 때문이다. 언젠가는 밤에도 한 번 가보려고 밤중에 세 명이 큰 소리로 노래를 부르면서 갔던 적이 있었다. 세 명 모두 겁이 났지만 무섭지 않은 척하면서 노래를 불렀다. 그 때의 친구들이 다른 지방으로 이사해 갈 때 돈을 한 장 건네줬다. 사라봉에 놀러 갔던 것은 몇 차례 집중적으로 유행처럼 갔었을 뿐 매일 간 것은 아니었다. 무서웠기 때문이다. 특별한 때에 가는 장소였다.
　보통 때는, 난 여자 아이와 자주 놀았다. 내 주변에는 전부 여자들이었기 때문에. 고무줄 놀이도 잘 했다. 지금 생각해 보면 일본의 놀이도 있었다. 하시다리, 하루 같은 것들. 이시끼리도 일본어. 그리고 자주 기억나는 것은 동네싸움인데, 이웃 동네의 아이들끼리 모여 전쟁놀이를 했다. 진짜 전쟁. 연탄재를 던지거나 공기총을 만들어 쏘거나 했다. 그렇지만 어른들은 크게 금지하지 않았다. 반쯤은 내버리는 듯한 느낌이었다. 웬지 그 전쟁은 밤에만 했다.
　그런 기억을 현재의 아이들에게도 나누어 주고 싶기 때문에 바다나 산에도 데리고 다니거나 한다. 그러나 나 자신의 아이들이 친구들 하고만 어딘가에 가려고 하면 안된다거나 해버릴 경우도 있다. 예전에는 위험하다고 해도 자연적 요소로부터 비롯되는 것이기 때문에 아이들이 본능적으로 몸을 건사할 수 있었지만, 현재는 인공적 요소 때문에 위험하다. 내 아들은 공사현장에서 떨어져 죽을 뻔도 했었다. 다행히 무사했지만... 자전거를 타고 다니게 하고 싶지만 너무 위험하다. 자전거를 타고 다녀도 안심할 수 있는 도로가 아니다. 장애물을 피하는 순간 차도로 나가게 되고 만다. 인위적인 위험요소가 없어지지 않으면 밖에서 놀게 할 수 없다.

주 : ( )는 필자의 보충설명

표 5-13 그룹C(맨션의주부)의 이야기하기 내용(개요)

　어느 근방에 살았었는가라는 필자의 질문으로부터 이야기하기는 시작되었다.
　어린 아이때 촌에서 제주시로 이사와서 줄곧 살고 있다. 주로 동네의 골목에서 놀았다. 남자아이들과 같이 남자이이들의 놀이를 많이 했다. 뻰치기(머리핀이나 옷핀을 많이 갖고 하는 게임), 고무줄놀이, 공치기를 잘했다. 음력 8월 15일밤, 동네의 아이들이 모여 달빛 아래서 놀았다. 산에 가서 뼁이치기를 하거나 공기, 방치기(돌차기), 공기치기, 내창에 가서 헤엄치면서 놀았다. 너무 멀리 나가 놀지는 못했다. 거의 동네 골목에서 조용히 놀았다. 어렸을 무렵인 30년전에는 여기(제주시)도 촌이었다. 집들도 그렇게 많이 없었다. 예전에는 우영팥(집에 딸린 작은밭)에도 자주 가서 고구마를 구워 먹거나, 그 당시는 장난감이라고 할만 한 것들도 없어서 돌로 무얼 만들거나, 뼁이를 뽑거나 오징어(지면에 그려서 하는 게임)를 하거나 했다. 그래서 운동도 되고 좋았다. 뛰어 돌아다니는 놀이를 많이 했다.

그때는 도로도 포장되지 않아서 비가 오면 곤란했는데, 비바람 속에서도 그 시절에는 아이들을 밖에 나가도록 내버려두는 경우가 많았다. 햇볕이 따뜻하게 비추는 날은 돌담 아래 구석진 곳에 앉아서 놀았다.
지금은 놀 시간이 없다. 학원에 가지 않으면 안되는 것이다. 예전이 좋았다고 말하면서도 달리 방법이 없다. 혼자서 집안에 틀어 박히거나 해서는 밖에 나가면 따돌림 받는다.
예전은 풀피리도 만들거나 하면서 창작력이 몸에 베었는데도 지금은 텔레비전만 본다. 이웃집 아이들은 엄마 머리 위에서 논다. 언제나 자가용차로 학교에 데리고 간다. 그런 것은 아이들을 망쳐버리는데... 요즘 엄마들은 아이들을 과보호하고 있다. 예전엔 어느 정도 아이들을 내버려두면 자기들의 힘으로 컸다. 아이들이 서로 사귀면서 배려하는 것도 배웠고.
조금 자라서는 밭에도 나갔다. 콩이나 보리를 수확할 때... 애기구덕(제주도식인 아기바구니)도 들고 아기에게 장난치면서... 그때는 학교에도 아기를 데리고 가서 수업을 받기도 했다. 도시락의 반찬도 형편없었다. 보말반찬을 싸고 가기도 했는데 지금에야 거꾸로 고급품이지만... 그리고 무우말랭이 반찬도 자주 먹었다. 여름철 백중날에는 촌마을 사람들이 모두 바다로 가거나 했다.

표 5-14 그룹D(방문판매원들)의 이야기하기 내용(개요)

방문판매원의 경우는 서로 주고 받는 이야기하기가 되지 못했다. 같은 방에는 앉아 있었지만 이야기하기는 각각의 개인이야기하기가 되었다. 여기서는 개인별로 이야기 내용의 개요를 소개한다. 단지 6인이 이야기했는데 그 중 2인은 또 타지역에서 온사람이었다. 제주도출신 4인의 이야기 내용이다.

ㄱ. (50대 후반으로 보이는 여성)
어렸을 때부터 자연환경이 너무나 풍부했다. 집둘레에 나무가 많이 있었고 주변에는 전부 밭이었다. 가을밤 조밭에 이는 바람소리 때문에 진한 감상에 젖어들기도 했었다. 여름밤에는 마당에서 달을 쳐다보거나 별을 세거나 할 때가 많았는데 그래서 그런지 지금도 마음 씀씀이라고 할까 어떤 융통성이 생긴 것같다. 그 때가 너무나 그립다. 그런 것들이 무척 중요하게 여겨진다. 지금의 학생들을 보면 버스에서도 자리를 양보하지도 않는다. 그런 걸 보면 이 사회의 미래가 없는 것처럼 느낀다.

ㄴ. (50대 후반으로 보이는 여성)
친구 집에 밤에 모여 오메기떡(제주도의떡)을 먹었던 것이 너무나 재미있었다. 그러면 남자아이들이 와서 문을 열어달라고 해도 열어주지 않았다. 여름철에는 집으로 갈 때 더우면 바당(바다)에 들어가기도 해서 빨리 집에 돌아가지 못했다.

ㄷ. (40대 후반으로 보이는 여성)
지금은 전자게임을 하기도 하지만 우리 때는 삥이를 뽑거나 가까운 언니들과 같이 사라봉에 가거나 했다. 현재는 농약 때문에 먹지도 못한다. 바다에도 자주 가서 놀기도 해서 무공해 천연자연과 벗하여 놀았다. 사라봉의 방공호(굴)에 무서웠지만 오빠들과 같이가서 나중에 아버지께 혼나기도 했다. 아이들끼리만 모여 학예회처럼 하며 놀러 가기도 했다.

ㄹ. (40대 전반으로 보이는 남성)
제주시 삼성혈 뒤에 살았다. 그 당시는 까마귀들이 무척 많았다. 현재의 자연사박물관이 있는 장소가 그때 놀던 곳인데 에덴동산이라고 불렀다. 나무로 총을 만들어 놀거나 삼성혈 가운데 들어가 놀거나 했다. 그때는 보리밭이 많았고 무덤도 있었지만 거기서 자주 놀았다. 사라봉은 멀어보여서 거의 가지 않았다. 지금 KAL호텔 자리에 물이 솟아나는 곳이 있었는데 그 물은 무척 차가웠다. 거기서 자주 물장난치면서 놀았다. 지금의 삼성혈 주변은 집이 거의 없었다. 현재의 아파트가 들어선 곳도 전부소나무와 묘지들 뿐이었다.

다. 그룹 B는 16 유니트, 그룹 C는 20 유니트로 나눌 수 있었다. 그런 후에 각 유니트마다 10자 정도 1행의 제목을 붙여 유니트의 내용을 검토하여, 제4장에서 산출한 「풍경적 · 사건적 · 평가적」 가운데의 어느 쪽인가에 적용시켜 정리했다. 이러한 결과를 표 5-15와, 표 5-16에 나타내었다.

표 5-15, 표 5-16에 나타내 보인 것처럼, 이야기하기의 내용은 풍경공간적 · 사건적 · 평가적이라고 하는 것 전체에 걸쳐 있지만, 사건적 내용을 가장 많이 볼 수 있었다.

3-3 각 그룹에서 보이는 참가타입

제1절에서 설명한 방법과 같이, 이야기하기에의 참가타입을 유니트 안에서 이야기가 시작되는 발화 때마다 검토해서 표 5-17과, 표 5-18에 타입명을 붙여 정리했다

표 5-17에서 밝힌 것처럼 그룹 B에서는, 천이라는 참가자와 영이라는 참가자가 화제제공-부연설명을 주로 하고 있고, 숙이라는 참가자와 필자는

표 5-15 그룹 B(친구부부)의 공동이야기하기 내용

유니트(제목)	이야기하기 내용(풍경적 · 사건적 · 평가적)		
1. 바다 속 전복의 생태	풍경 · 공간적		
2. 놀이장소, 사라봉	풍경 · 공간적		
3. 사라봉은 멀다.	풍경 · 공간적		
4. 사라봉 동굴탐험의 동기		사건적	
5. 사라봉 탐험의 상세한 내용		사건적	
6. 사라봉은 무섭다.		사건적	
7. 예전의 동무들		사건적	
8. 사라봉에 간 횟수		사건적	
9. 사라봉의 과거와 현재	풍경 · 공간적		
10. 여자애들과 같이 놀기		사건적	
11. 놀이의 종류		사건적	
12. 일본에서 들어온 놀이		사건적	
13. 아이들만의 동네싸움		사건적	
14. 내아이들은			평가적
15. 현재의 상황			평가적
16. 현재와 과거의 환경			평가적

표 5-16 그룹 C(맨션의주부)의 공동이야기하기 내용

유니트(제목)	이야기하기 내용(풍경적 · 사건적 · 평가적)		
1. 세의 동네에서의 놀이		사건적	
2. 사의 추석날 놀이		사건적	
3. 예전의 놀이 종류		사건적	
4. 놀이 장소와 범위		사건적	
5. 놀이 장소	풍경 · 공간적		
6. 과거 제주시의 모습	풍경 · 공간적		
7. 예전의 놀이방식		사건적	
8. 놀이 종류		사건적	
9. 놀이 공간과 장소	풍경 · 공간적		
10. 현재 아이들의 놀이와 생활			평가적
11. 예전의 아이들과 지금의 아이들		사건적	평가적
12. 이웃집 아이들			
13. 그때의 아이들			평가적
14. 아이들간의 개인차			평가적
15. 그때의 엄마들			평가적
16. 우리 가족			평가적
17. 예전의생활 : 학교, 밭		사건적	
18. 예전의도시락반찬		사건적	
19. 바다에가는날		사건적	
20. 예전에살던곳	풍경적 · 공간적	사건적	

거의가 수락반응인 확인회전질문자가 된다. 또 표 5-18에서는, 참가자 모두가 화제제공-부연설명을 하거나 수락반응이나 확인회전질문에 들어가거나 하면서, 주도적인 화제제공-부연설명자는 눈에 띄지 않는다.

표 5-17 그룹 B(친구부부)의 이야기하기에의 참가타입

유니트내용	천(44세, 남성)	숙(38세, 여성)	영(43세, 남성)	필자(32세, 여)
1. 바다의 전복	화제제공-부연설명	수락반응	화제제공-부연설명	수락반응
2. 놀이장소	화제제공-부연설명	확인회전질문	화제제공-부연설명	수락반응
3. 사라봉	화제제공-부연설명	확인회전질문	부연설명	수락반응
4. 사라봉	화제제공		수락반응	확인회전질문
5. 사라봉	화제제공-부연설명	확인회전질문 수락반응	수락반응	확인회전질문
6. 사라봉	화제제공-부연설명	확인회전질문	부연설명	확인회전질문 수락반응
7. 친구들	화제제공-부연설명	수락반응	수락반응	확인회전질문 수락반응
8. 사라봉	화제제공-부연설명	확인회전질문	부연설명	확인회전질문
9. 사라봉	화제제공-부연설명	확인회전질문	화제제공-부연설명	확인회전질문 수락반응
10.여자애들과 같이놀기	화제제공	수락반응		수락반응
11.놀이	화제제공		부연설명	확인회전질문
12.놀이	화제제공-부연설명	수락반응	화제제공-부연설명	수락반응
13.놀이	화제제공			수락반응
14.내아이들	화제제공-부연설명	화제제공-부연설명		수락반응
15.현재의 사정		수락반응		화제제공-부연설명
16.과거와 현재	화제제공-부연설명	화제제공-부연설명		확인회전질문 수락반응

표 5-18 그룹 C(맨션의주부들)의 이야기하기에의 참가타입

유니트내용	사(40대)	정(40대)	태(30대)	세(30대)	필자(30대)
1. 놀이	수락반응	수락반응 부연설명		화제제공-부연설명	확인회전질문 수락반응
2. 놀이	화제제공	수락반응	확인회전질문	확인회전질문 수락반응	
3. 놀이	화제제공	수락반응		수락반응	
4. 놀이	화제제공	확인회전질문	수락반응		
5. 놀이장소		부연설명		화제제공	확인회전질문 수락반응
6. 예전의 공간	화제제공	부연설명		부연설명	
7. 놀이	화제제공 부연설명	수락반응	부연설명	부연설명	수락반응 확인회전질문
8. 놀이종류	부연설명	부연설명	화제제공	부연설명	부연설명
9. 공간	화제제공 부연설명	화제제공 부연설명	화제제공		확인회전질문
10. 현재의 아이들	화제제공 부연설명	부연설명			확인회전질문 수락반응
11.과거와 현재	화제제공 부연설명	수락반응		수락반응	화제제공
12.이웃집아이	화제제공 부연설명	확인회전질문 수락반응		수락반응	수락반응 확인회전질문
13.현재의 아이들	화제제공 부연설명	수락반응	수락반응	수락반응	확인회전질문 수락반응
14.내아이들	화제제공 부연설명	수락반응			확인회전질문
15.현재의 아이들	부연설명	부연설명	부연설명	부연설명	화제제공
16.과거의 나	화제제공 부연설명	수락반응			확인회전질문
17.예전의 생활	화제제공 부연설명		화제제공 부연설명	화제제공 부연설명	확인회전질문
18.예전의 반찬	부연설명	부연설명	부연설명		화제제공
19.바다	부연설명	부연설명	화제제공	수락반응	확인회전질문
20.쌀	부연설명	수락반응 확인회전질문	수락반응	화제제공	확인회전질문 수락반응

3-4 「화제제공-부연설명」으로부터 나타나는 각 그룹의 공동성

3-4-1 각 그룹의 「화제제공-부연설명」에 있어서의 주어의 변화

각 그룹에서 화제제공-부연설명이 보이는 유니트를 중심으로 내용적 주어의 변화를 검토해서 표 5-19, 표 5-20에 정리했다.

표 5-19와, 표 5-20에서 보는 것처럼 그룹 B에서는 천이라는 참가자와 영이라는 참가자 2인의 화제제공-부연설명이 뚜렷하게 나타나고 있다. 또 주어의 사용법을 보면, 행위 · 사건의 설명에 대하여 「나」에서 「우리」로의 변화를 볼 수 있다. 한편 그룹 C에서는 두드러지게 중심 역할을 하는 화제제공-부연설명자는 없고, 참가자 전원이 화제제공-부연설명에 참가하고 있다. 그렇지만 한 사람이 화제제공을 해도 부연설명은 나타나지 않은 채 수락반응이나 확인회전질문을 하는 경우를 많이 볼 수 있다(예를 들면, 표 5-20의 유니트 2, 3, 4, 12, 13, 14).

표 5-19 B(친구부부)의 화제제공-부연설명의 내용상 주어의 변화

유니트내용	천(44세, 남성)	숙(38세, 여성)	영(43세, 남성)	필자(32세, 여)
1. 바다의 전복	바다는, 전복은		전복은	
2. 놀이장소	어린시절, 나는		우리 때는	
3. 사라봉(거리)	사라봉은		사라봉은	
4. 사라봉	나는, 우리는			
5. 사라봉	나는, 우리는		(나도) 도구는	
6. 사라봉	나는, 우리는		(나도) 그 장소는	
7. 친구	나는, 우리는			
8. 사라봉	나는, 우리는		우리도	
9. 사라봉	그 장소는		그 장소는	
10.여자아이들과 노는 것	나는			
11.놀이	나는, 놀이는		놀이는	
12.놀이	놀이는		우리는, 놀이는	
13.놀이	나는, 우리는			
14.내 아이들	우리는	우리는		
15.현재의 상황				현재 상황은
16.과거와 현재	과거는, 현재는	현재의 내아이들은		

표 5-20 그룹C(맨션의 주부들)의 화제제공-부연설명에 있어서의 내용상 주어

유니트내용	사(40대)	정(40대)	태(30대)	세(30대)	필자(30대)
1. 놀이		예전은		나는	
2. 놀이	나는				
3. 놀이	나는				
4. 놀이	나는				
5. 놀이장소		그때는		그때는	
6. 과거의 공간	어린시절은, 거기는	그때는, 그곳은		어린시절은, 그곳은	
7. 놀이	예전에는, 우리들은		예전의 놀이는	예전에는, 놀이는	
8. 놀이의 종류	예전의 놀이는	예전의 놀이는	예전의 놀이는	나는	예전의 놀이는
9. 공간	예전의 공간은	예전의 공간은	예전의 공간은		
10.현재의 아이들	현재의 아이들은	현재의 아이들은			
11.과거와 현재	예전의 아이들은				현재는
12.이웃집 아이들	이웃집 아이들은				
13.현재의 아이들	현재의 아이들은				
14.내아이들	내아이들은				
15.현재의 아이들	현재의 아이들은	현재의 아이들은	현재의 아이들은	현재의 아이들은	현재의 아이들은
16.예전의 나	예전의 나는				
17.예전의 생활	예전의 나는	나도	내언니도		
18.예전의 반찬	예전의 반찬은	예전의 반찬은	예전의 반찬은		예전의 반찬은
19.바다	예전에는, 바다에서는	바다에서는	바다에서는		
20.논	논은		논은		

3-4-2 각 그룹에서 나타나는 공동성의 종류와 내용

각 그룹마다 화제제공-부연설명이 있는 유니트를 중심으로 내용을 검토해서 공동성의 종류를 표 5-21와, 표 5-22에 정리했다.

그룹 B에서는, 제주도에 한정된 내용으로서 같은 동네에서 같은 놀이, 동일한 마을의 공간 풍경, 가족으로서의 사고방식이라는 공동성이 보이는데 동일한 세대로서의 놀이나 공간 구조에 대한 공유가 부연설명의 중요

표 5-21 공동성의 종류와 내용(그룹B : 친구부부)

공동성의 종류		화제제공-부연설명에서 볼 수 있는 공동성의 내용			필자의 설명
		주요 참가자	이야기된 내용의 요약		
제주도의 지역성	세대성 놀이	천 영	동일 마을에서 같은 놀이	사라봉은 아주 먼 곳이지만, 친구들과 자주 갔다. 동굴을 기지로 해서 놀았다. 도구 등도 전부 우리들 손으로 만들었다. 동네에서는 하시다리 같은 (일본식) 놀이를 했다.	천과 영은 제주도에서 같은 지역(제주시)에서 어린 시절을 보냈다. 학교는 다르지만 놀이에 관해서 구체적인 준비과정, 사람이름 등을 떠올리면서 이야기하고 있다.
	세대성 공간	천 영	동일한 마을의 공간 · 풍경	예전에는 동문통 주변, 무근성, 사라봉, 바다 등이 놀이 공간. 예전의 사라봉은 지금과 달라서 공동묘지도 들어 차 있었다. 그것은 알봉, 암봉, 숫봉과 같이 불리워졌다.	동일 마을의 공간구조나 아이들이 자주 노는 장소 등을 알고 있다. 거의 노는 장소를 중심으로 한 특정의 공간에 관해서 배치, 위치관계 등을 설명하고 있다. 특정의 장소명이 나나타고 있다.
	현재 가족성	천 숙	우리집 아이 현재의 환경	자신의 아이들에게도 그와 같은 추억을 간직하게 되었으면 해서 여기저기 데리고 다닌다. 현재는 인위적인 환경 쪽이 더 위험하다.	자신들의 아이들에 대한 부모로서의 생각을 표출하면서, 현재가 자신의 아이들에게 있어서 어떤 환경인가를 평가하고 있다.

표 5-22 공동성의 종류와 내용(그룹C : 맨션의 주부들)

공동성의 종류		화제제공-부연설명에서 볼 수 있는 공동성의 내용			필자의 설명
		주요 참가자	이야기된 내용의 요약		
제주도	과거 놀이	각각의 내용마다 참가하는 사람이 확실히 구분되지 않음	제각각의 마을에서 같은 놀이	예전에는 자치기, 뻥이치기, 공기, 공놀이 등을 자주했다. 밭에 가서 고구마를 구워 먹거나 장난감도 거의 없었기 때문에 자기가 직접 무언가를 만들거나 했다.	구체적인 놀이에 대한 에피소드보다는 과거의 일반적인 것으로 보이는 놀이 종류를 설명하는 경우가 많다. 대신 친하게 같이 노는 아이들의 이름이나 특정의 놀이장소가 이야기되는 것은 적다.
	과거 공간	각각의 내용마다 참가자가 확실히 구분되지 않음	일반적인 놀이장소의 특징이나 생활공간의 모습	예전에는 거의 길들이 포장되지 않은 맨땅이었다. 이 주변도 시골과 같이 대체적으로 밭들이었고 아무것도 없었다.	특정시기의 구체적인 장소에 관한 설명없이 제주도의 일반적인 경향으로서 이야기되고 있다.
	과거 학교	사 태 세	학교에서 나타나는 일반적 경향	예전에는 아기를 데리고 학교에 가기도 했다. 도시락 반찬도 모두 다르지 않을 정도로 같았다.	자신의 경험으로서 이야기되고 있지만, 일반적으로 보이는 모습으로서 부연설명하고 있다.
	현재 아이들	각각의 내용마다 참가자가 확실히 구분되지 않음	일반적인 현재의 아이들의 모습	현재는 학원에 다니거나 텔레비젼을 보는 경우가 많다. 아이들도 시간이 없다.	일반적인 현재 아이들의 상황으로서 이야기되고 있다.

한 실마리가 되고 있는 것으로 나타났다. 한편, 그룹 C에서는, 각각 자신이 살던 마을에서의 유사놀이, 유사공간이라는 공동성이 나타났다. 특정한 시기의 특정의 장소가 아니라 각각 다른 마을에서의 일반적 경향으로서의 공동성이 부연설명에 참가하는 실마리가 되고 있다.

표 5-23 「화제제공-부연설명」에서 표현된 내용의 분류(그룹B : 친구부부)

풍경·공간적	공간·장소명 (고유명사형)	에덴동산, 사라봉, 알봉, 암봉, 숫봉, 무근성, 북교, 동교, 오현고등학교, 남문통, 중앙예식장, ㄱ자굴, ㄷ자굴, 동문통, 사라봉충혼묘지
	공간·장소명 (일반명사형)	바다, 동굴, 고아원, 보리밭, 공동묘지
	식물 등의 생물	전복, 소라(구쟁기), 바위, 바다고기, 돔
	재료·소재명	톰소여의 모험 책, 고무신, 횃불
	구체적인 풍경공간에 대한 화제	사라봉과 그 주변의 모습이 구체적으로 이야기되었다.
사건적	사람 이름(구체적 인물)	김창○, 강석○, 삼총사(3인조)
	일반적인 사람	동굴에 사는 아저씨
	구체적으로 이야기된 에피소드나 생활의 모습, 놀이명칭	○하루, 고무줄뛰기, 하시다리, 이시끼리, 오니다섯개, 공기놀이 ○사라봉 동굴탐험
평가적	○예전에는 자연환경. 사람들은 각자 자기나름의 본능대로 자연속에서 자신을 지키며 살아왔다. 현재는 자신도 예측하지 못할 정도로 위험에 노출되어 있다.	

표 5-24 「화제제공-부연설명」에서 표현된 내용의 분류(그룹C : 맨션의 주부들)

풍경·공간적	공간·장소명(고유명사형)	서사라, 광양로타리, 남문로타리, 인화동
	공간·장소명(일반명사형)	동네, 골목, 우영팟, 밭
	식물 등의 생물	감자(지실), 고구마, 벼(나룩)
	재료·소재명	돌멩이, 장난감공, 돌담, 비포장도로(흙길)
	구체적인 풍경공간에 대한 화제	아직 도시화가 진행되지 않은 때의 이곳(제주시)의 모습
사건적	사람 이름(구체적 인물)	
	일반적인 사람	물애기(아기), 어린이, 친구들
	구체적으로 이야기된 에피소드나 생활의 모습, 놀이명칭	○삥이치기, 고무줄뛰기, 공놀이, 자치기, 오재미, 풀피리 ○동네에서의 놀이 ○예전에 학교에 아기를 데리고 갔었던 일
평가적	○아이들이 시간이 없고, 엄마들도 공부 중심	

3-4-3 화제제공-부연설명에 나타나는 내용의 표현

화제제공-부연설명의 내용에 대한 어휘 표현을 중심으로 검토해서, 표 5-23와, 표 5-24에 나타냈다. 그룹 B에서는 특정의 장소를 뜻하는 고유명사나 특정의 사건 가운데서의 구체적인 인물명을 많이 볼 수 있는데, 그룹 C에서는 고유명사로서의 지명이 보이기는 하지만 거의가 행정상의 지명이며, 특정의 인물명은 전혀 나타나지 않았다.

3-5 그룹간에 나타나는 공동성의 차이

3-5-1 3그룹에서 나타나는 공동성의 차이

본 장에서 3그룹의 공동 이야기하기에서의 검토로부터 전형적인 참가 타입을 찾아내서 그것들을 「화제제공」·「부연설명」·「수락반응」·「확인회전질문」으로 분류했다. 각 그룹마다 검토한 결과, 부연설명이 나타나는 유니트와 부연설명이 나타나지 않는 유니트가 있었다. 그리고 같은 유니

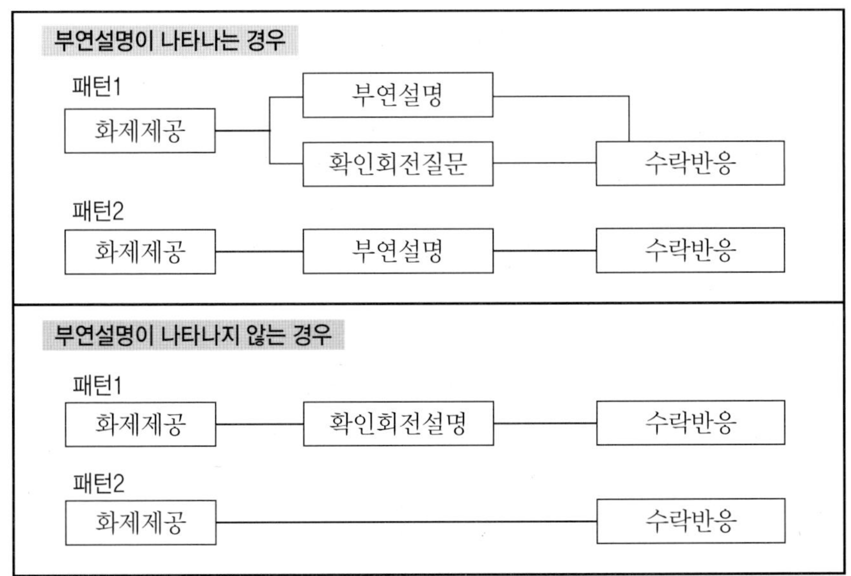

그림 5-4 공동으로 이야기하기의 참가 타입의 패턴

트 안에서 부연설명을 행하는 참가자와, 부연설명에는 참가하지 않고 수락반응이나 확인회전질문에만 참가하는 경우가 있었다. 부연설명이 있는 경우와 없는 경우의 패턴을 그림 5-4에 정리했다.

본 연구에서는 1개의 유니트 안에 부연설명이 있는 경우만을 공동성의 생성이라고 보고 검토해 갔다. 부연설명으로 수락반응에 의해서 승인되는 지금 · 여기에서 생성되는 공동성으로 간주하였다.

3-5-2 3그룹의 「화제제공-부연설명」에서 나타나는 공동성의 내용의 차이

각 그룹의 화제제공-부연설명을 내용마다 검토해서 표 5-25로 정리했다.

표 5-25 A,B,C의 3그룹에서 나타난 「화제제공-부연설명」의 공동성 레벨

<table>
<tr><th colspan="2" rowspan="2">공동성의 종류</th><th rowspan="2">공동성의내용</th><th rowspan="2">용어의표현</th><th rowspan="2">공동성 레벨</th><th colspan="3">각 그룹에서 나타난 정도</th></tr>
<tr><th>A</th><th>B</th><th>C</th></tr>
<tr><td rowspan="8">풍경적 · 사건적 · 평가적</td><td rowspan="2">공간
풍경
장소</td><td>동일마을의 같은 장소
특정의 장소 · 공간</td><td>특정의 장소, 특정 공간의 위치관계, 고유명사</td><td>고유명사</td><td>◎</td><td>○</td><td>×</td></tr>
<tr><td>다른 마을에서 비슷한 공간
일반적 경향으로서의 공간</td><td>일반명사의 공간명</td><td>일반명사</td><td>○</td><td>○</td><td>◎</td></tr>
<tr><td rowspan="2">놀이종류
놀이방법
같이노는
친구</td><td>동일 마을에서 같은 놀이
특정 인물과 에피소드</td><td>같이 노는 친구들은 특정인,
고유명사
특정의 놀이과정</td><td>고유명사</td><td>◎</td><td>◎</td><td>×</td></tr>
<tr><td>다른 마을에서 비슷한 놀이,
일반적 경향으로서의 놀이</td><td>일반적 경향으로서 일반명사,
일반인</td><td>일반명사</td><td>○</td><td>×</td><td>◎</td></tr>
<tr><td rowspan="2">학교</td><td>동일 마을의 같은 학교에서의
특정의 에피소드와 인물</td><td>특정의에피소드, 고유명사,
특정인물</td><td>고유명사</td><td>◎</td><td>×</td><td>×</td></tr>
<tr><td>다른 마을의 다른 학교에서의
비슷한 문화</td><td>일반적 경향으로서 일반명사,
일반인</td><td>일반명사</td><td>×</td><td>×</td><td>○</td></tr>
<tr><td rowspan="2">개개의 화제,
이야기전체에
대하여</td><td>공동체험을 한 우리들</td><td>우리들은-지금은</td><td>고유명사</td><td>◎</td><td>○</td><td>×</td></tr>
<tr><td>동일한 시대배경으로서 일반적 경향</td><td>그때는-지금은</td><td>일반명사</td><td>○</td><td>○</td><td>○</td></tr>
</table>

주 : ◎는 ○보다 빈도가 높은 정도이고, ×는 보이지 않는 상태를 표시한 것이다.

장소 · 공간 · 풍경에 관한 내용에서는, 그룹 A와 그룹 B는 제주시라고 하는 특정 지역에서의 화제가 많아 놀이 장소의 이름도 고유명사로 표현

되는 경우가 많고, 고유명사를 이용하여 공간에 대한 위치 관계의 설명을 빈번히 볼 수 있었다. 예를 들면, 「'사라봉'의 'U자 동굴'에 '○○군'과 '○○군'이 함께 가서, 기지를 만들고, '3인조탐험대'가 되어 놀았다」라는 고유명(여기서는, 사라봉 · U자 동굴 · ○○군)으로 발언이 되어도, 나머지 다른 사람들이 부연설명을 한다. 한편 그룹 C는, 같은 제주도에서 태어나 자란 그룹(5명)이지만 특정 공간의 고유명사보다는 일반명사로 표현되는 공간명이나 공간의 특징에 관한 부연설명이 나타났다. 예를 들면 「'돌담' 아래에서 '몇 사람의 친구'와 '공기치기(작은 돌을 이용한 놀이명)'를 자주 했다」라는 일반명(여기서는, 돌담 · 몇 사람의 친구 · 공기치기)으로 발언이 되어 나머지 다른 사람들이 부연설명을 하는 경우가 많았다.

놀이나 학교에 관해서도, 그룹 A와 그룹 B는 특정의 장소에서의 특정의 친구와 서로 주고받는 특정의 에피소드에서 부연설명을 볼 수 있지만, 그룹 C에서는, 특정의 인물이나 특정의 에피소드에 대한 화제에서는 부연설명이 나타나지 않고 수락반응이나 확인회전질문 뿐이었다.

화제를 평가하는 경우, 그룹 A에서는 「우리」라고 하는 주어가 빈번히 등장하지만 그룹 C에서는 「우리는」은 별로 나오지 않고 「예전에는」이나 「그때는」이 자주 나타났다.

그룹 A와 그룹 B는 제주지역 내에서도 특정의 지역(예를 들면, 제주시, 토평)에서의 화제에서 화제 대상이 고유명으로 표현되는 등 구체적이고 특정적이었다. 한편 그룹 C는, 화제 대상이 일반명으로 표현되어 지역을 특정하는 것이 별로 보이지 않는다. 이러한 점에서, 그룹 A와 그룹 B, 그룹 C에서 부연설명을 볼 수 있지만 그 부연설명의 수준이 다르다는 것을 알 수 있다. 그림 5-5로 부연설명의 수준차이를 설명한다.

그림 5-5에 나타낸 부연설명의 수준 차이는, 그 현장에서 생성되는 공동성의 차원에 대한 차이로서 간주할 수 있다. 즉, 고유명사를 써서 특정 지

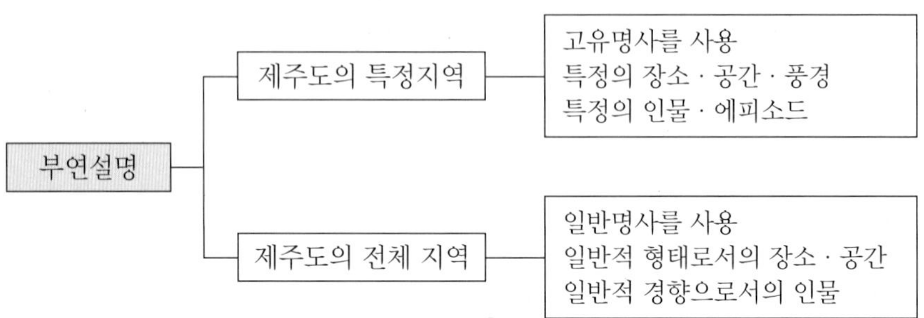

그림 5-5 부연설명의 언어표현에서 볼 수 있는 공동성의 레벨

역에 관하여 이야기되는 장소 · 공간에 신체 감각으로 하나가 되는 차원과 일반명사를 써서 지역을 특정하지 않은 채 이야기되는 개념적 이해의 차원을 비교할 수 있다.

4. 고찰

본 장에서는 제1절 · 제2절을 통틀어, 4그룹의 공동 이야기하기를 가지고 원풍경의 공동성에 대하여 무엇이 어떻게 나타나는지를 검토했다. 주요한 결과로서 이하의 것들이 밝혀졌다.

1) 공동 이야기하기는 개인 이야기하기와 같이 그 내용에 대하여 「풍경적」 · 「사건적」 · 「평가적」이라는 3종류로 정리되었다. 2) 공동 이야기하기에 참가하는 전형적인 참가타입이 있는데, 그것을 「화제제공」 · 「부연설명」 · 「수락반응」 · 「확인회전질문」이라고 명명했다. 3) 각 참가타입에는 각 각 다른 기능이 있고, 「화제제공-부연설명」에는 공동성을 생성하는 기능이나 공동성의 확인 기능이 「수락반응」과 「확인회전 질문」에는 공동성의 승인과 조절의 기능이 있다. 4) 참가타입과, 이야기하기 내용과 참가자의 배경의 관계에 원풍경의 공동성이 나타나는 구조가 있다. 5) 「화제제공

-부연설명」에서 공동 이야기하기로 생성되는 공동성의 구체적 내용 · 종류 · 기반 등이 나타난다. 6) 「화제제공-부연설명」의 어휘에 대한 검토(일반명사 · 고유명사)로부터, 생성되는 공동성의 차원(특정의 지역 고유의 신체 감각을 공유하는 공동성인가, 보다 지역 일반적인 개념적 이해의 공동성인가)을 알 수 있다.

이상의 결과를 기본으로 그룹간의 종합 비교를 하면서 원풍경을 공동으로 이야기하는 것의 심리적 기능에 대해 고찰한다.

4-1 원풍경을 공동으로 이야기하는 것의 심리적 기능

3개의 그룹에 있어서의 원풍경의 공동성을 종합적으로 나타내 보인 것이 표 5-25이다. A, B, C 3개의 그룹과 공동의 이야기하기가 이루어지지 않은 그룹 D로 나타나는 각 그룹 간의 차이로부터 무엇을 고찰할 수 있고 또 무엇이 시사되고 있는 것인가.

공동성이 나타나는 배경의 참가자 간의 관계를 보면 가족관계 · 형제관계인 혈연, 제주도내에서도 특정의 동일한 마을에서 보냈다고 하는 지연, 특정의 학교 문화를 공유할 수 있는 학연, 같은 시대 배경을 공유하는 동세대성 등이 내재되어 있다. 그룹 A의 참가자 간에는 이와 같은 모든 특성이 관련되고 있고 그룹 B는 지연, 동세대성이 관련되고 있다(그룹 B는 부부관계가 있지만 혈연으로서는 보지 않았다). 그룹 C는, 제주도에서 태어나 자랐다고 하는 것은 공통되고 있지만 어린 시절에 특정의 지역과 같은 공통배경은 없고 현재 동일한 맨션에 살고 있는 것이나 동세대성이 유일한 공통점이다.

이러한 참가자 간의 배경의 차이에 따라 공동 이야기하기 속에서 나타나는 공동성의 내용이 다른 것이 나타났다. 바꾸어 말하면 그룹의 참가자의 배경은 각각 다르지만 A, B, C모든 그룹에 있어서 부연설명이 이루어지는 데에 공동성이 나타났다. 그룹 A와 B에서는 제주도의 특정의 지역을 중심으로 고유명으로 부연설명을 하고 그룹 C에서는 지역을 특정화하지 않고 일반명으로 부연설명을 했다.

공동성의 내용은 지역 고유의 것과 일반적인 것의 차이가 있지만 공동성이 생성되는 프로세스는 같은 형태였다. 즉 그림 5-2, 그림 5-3, 그림 5-4에 나타내고 있듯이 화제제공 · 부연설명 · 수락반응 · 확인회전질문이라고 하는 참가타입과 이야기하기의 내용과 참가자의 배경과의 관계 속에서 각각 「우리」로서 공유인식하는 공동성이 생성되고 있었다.

또 지역 고유의 것과 일반적인 것이라는 내용의 차이와 공동성을 나타내는 정도의 차이는 있다. 그룹 간에 동일한 또 하나의 점은, 어린 시절을 보낸 장소 · 풍경 · 공간에 얽혀있는 사건 등 다양한 체험을 기본으로 처음에는 개인적인 「나」의 체험에서 이야기되지만 차츰 「우리」로 변화해서 우리의 이야기로서 구성되고 의미부여된다는 점이다. 그룹 C와 같이 특정 지역의 고유성은 아니지만 일반적으로 이해할 수 있는 것으로 부연설명이 이루어지면서 공동성이 생성되고 있는 점에서는 적어도 제주도에서 자랐다고 하는 미미하지만 광의의 지연이 기능했다고 생각된다.

우메노(梅野, 1998)는, 민속 사회의 공간은 지명에 의해서 세세하게 분절되어 사람들에게 인식된다고 설명하면서, 어떤 장소에 얽혀 있는 사건에 대한 기억이 개인만이 아니라 많은 사람들에게 공유되는 기억이 존재한다고 했다. 그리고 공동체의 기억이라고 하는 것은 공동체가 경험했다고 여겨지는 과거 사건의 기억이지만 공동체는 흩어져 있는 각각의 개인에 지나지 않는다. 언어에 의해 전달되지 않으면 기억을 공유할 수 없고, 기억을 보존 유지하기 위해서는 공유된 기억을 위한 계기가 필요하다고 강조한다.

이렇게 우메노(梅野)는, 발생한 사건만을 중심으로 설명하고 있기는 하지만 언어의 전달에 의한 공유에 관한 언급은 시사하는 바가 크다. 개개인이 스스로 알고 있는 정보를 이어 맞추어 하나의 이야기를 만들어내는 가운데 이미 뒤섞여 재창조되고 있다고 하는(우메노(梅野), 1998) 점은, 본 장에서 밝혀진 공동성의 생성과 변용의 과정과도 유사한 것이라 할 수 있다.

호리(堀, 1997)도, 「장소」는 「장소」의 형성에 관련된 인간의 아이덴티티이기도 하다는 것을 밝히면서 「장소」에 관련된 개인 또는 집단의 아이덴티티와 연관시켜 설명하고 있다.

제1절에서도 고찰한 것처럼 개인 이야기하기의 경우 원풍경 이야기는 개인의 아이덴티티 · 장소아이덴티티로 방향을 맞추어 나갈 수 있지만 공동으로 이야기하는 경우는 개인으로부터 공동으로의 변용이 생겨 공동의 아이덴티티 · 공동의 장소아이덴티티로서 이야기되어 공동 작업화가 이루어진다고 설명할 수 있다. 서로 이야기하기 전부터 공동성으로서 무엇인가 저장되어 있는 것이 아니라 공동으로 이야기해 나가면서 각 각의 참가자 간에 어떤 공통기반을 찾아내는 가운데 공동성을 생성하는 작업을 하고 있는 것으로 보인다. 더구나 그룹 D에서는, 참가자는 동일한 장소에 있었지만 조사 당시의 장소의 상황상 서로 주고 받는 이야기하기가 되지 못하고 한사람 한사람의 개인 이야기하기가 되어버려서 공동성이 전혀 나오지 않았다는 점 때문에 오히려 「공동으로 서로 이야기하기」에 대한 중요성을 지적할 수 있는 것이 아닌가 한다.

Low & Altman(1992)과 Hummon(1992)의 장소에의 애착에 관한 설명에 의하면 장소로서의 장소가 아니라 거기에는 인간이 개입되어 있어 경험과 의미부여가 관련되어 있다고 한다. 그러한 장소는 개인과 개인, 커뮤니티, 문화적 · 사회적 관계가 생성되는 맥락(문맥)이 있다는 것을 밝혔다.

이상과 같이 장소애착, 장소아이덴티티를 원풍경과 관련하여 보다 자세하게 검토해 갈 필요가 있다.

요약하면, 원풍경을 공동으로 이야기하는 것은 이야기하기 참가자 속에 고정적으로 존재하는 것이 아니라 이야기하는 현장에서의 상황이나 참가자의 배경, 참가자끼리의 관계성으로부터 이야기 속에서 공통의 기반을 찾아내고 그러한 속에서 공동성을 생성하고 공유인식해 나가는 것이고 지역의 특성에 근거하는 장소아이덴티티, 지역아이덴티티를 공동 작업으로 생성하는 기능을 다하고 있는 것은 아닌가 한다. 이러한 지역아이덴티티의 생성에는 적어도 동일한 지역에서의 경험이라고 하는 「지연」이 가장 기본적인 배경으로서 필요한 것으로 보인다.

제 3 절 공동이야기하기의 검토로부터 생선된 가설

본 장에서는 4그룹의 공동의 이야기하기를 이용하여, 원풍경의 공동성에 대해서 검토했다. 개략적인 결과는 아래와 같이 정리할 수 있다.

1) 공동 이야기하기는 개인 이야기하기와 동일하게 「풍경적」, 「사건적」, 「평가적」내용으로 구성된다.

2) 공동 이야기하기에 참가하는 전형적인 참가타입이 있고, 각 타입마다 특징이 있다.

「화제제공-부연설명」에는 주어의 변화, 연결, 가로채기, 제3자의 응답 같은 것들이 나타난다.

「수락반응」에는 순접수락 · 역접수락, 해석 · 의미부여 · 평가가 나타난다.

「확인회전질문」에는 확인질문 · 확장질문 · 회전질문이 있다.

3) 각 참가타입에는 각각의 기능이 있다.

「화제제공-부연설명」에의 참가자는 이야기를 시작하는 사람이 되고, 거기에는 공동성을 생성하는 기능이 나타난다.

「수락반응」, 「확인회전질문」에의 참가자는 청자가 되고, 거기에는 공동성의 승인과 조절의 기능이 나타난다.

4)「화제제공-부연설명」의 내용과 참가자의 배경의 관계에 공동성의 나타나는 구조가 있다.

5)「화제제공-부연설명」에 공동성의 종류, 그리고 공통기반이 나타난다.

·「어떤 내용 · 화제」에「누구」가「화제제공-부연설명」에 들어가 있는 것인가

·「화제제공-부연설명」에서 내용상의 주어의 표현은 어떻게 바뀌는가 (나, 우리, 과거, 지금 등)

· 공동성으로 나타나는 내용은 구체적으로 무엇인가(놀이인가, 공간인가, 평가인가 등)

6)「화제제공-부연설명」의 어휘 표현(고유명사인가, 일반명사인가)에 따라 생성되는 공동성의 수준이 특정 지역의 고유성인가 어떤가를 파악할 수 있다.

7) 생성되는 원풍경의 공동성의 수준은 지연이 가장 중요하다.

8) 원풍경을 공동으로 이야기하는 것은, 개개인이 동일한 지역에서의 체험을 기본으로 이야기하기 현장에서 공동성을 생성해 나가는 공동작업이며 더불어 이것은 참가자 공동으로 지역아이덴티티화, 장소아이덴티티화를 구현해 나가는 기능을 다하고 있다.

이상의 결과를 근거로 제5장의 결과로부터 산출된 가설로서 이하의 4가지 점을 밝혀냈다.

가설 1) 공동의 원풍경은, 이야기하기 가운데서 공동으로 작업을 하고 스토리를 구성해 나가는 공동의 이야기로 나타난다.

가설 2) 공동 이야기하기에의 참가에는 3가지 타입이 있고 (「화제제공-부연설명」·「수락반응」·「확인회전질문」), 그에 따라 각각 다른 공동성의 생성 · 확인 · 조절 · 승인기능이 있다.

가설 3) 원풍경의 공동성은 「화제제공-부연설명」에서 생성된다. 이 「화제제공-부연설명」의 검토로부터, 생성된 공동성의 내용 · 종류 · 공통기반 · 공동성의 수준을 파악할 수 있다.

가설 4) 원풍경을 공동으로 이야기한다는 것에는, 공동으로 지역아이덴티티, 장소아이덴티티를 생성하고 공유한다고 하는 심리적 기능이 있다.

제6장

이야기하기에 나타나는 원풍경의 공간성

팡(쉼터)
돌같은 것으로 넓게 펴서 단을 만든 동네의 공동휴식처

제4장, 제5장에서는 상기해서 이야기하는 것으로서 원풍경을 파악하고, 개인의 이야기하기와 공동의 이야기하기를 통하여 무엇이 어떻게 이야기되는가를 중심으로 살펴보았다. 원풍경 이야기하기는 「풍경적」·「사건적」·「평가적」 내용으로 구성되어 어린 시절에 겪는 다양한 공간 · 장소 · 풍경과 얽힌 체험이 장소아이덴티티로서 이야기되는 것을 밝혔다. 더구나 제5장에서는, 공동 이야기하기에서 원풍경의 공동성이 생성되고, 공유되어 가기 위해서는 용어의 이해 특히 고유명사로 표현되는 지명 · 장소명 등에 대한 이해와 그와 연관된 일이나 활동에 대한 이해가 중요하다는 것을 설명했다.

본 장에서는, 원풍경을 이야기할 때 풍경 · 공간 · 장소 · 물체 · 자연 등 물리적인 환경으로서 표현되는 용어를 다루고 분석하여 그것을 원풍경과 관련된 특징인 원풍경의 공간성으로 정리한다.

1. 문제와 목적

「어렸을 때는 올레[ol-le]나 골목[gol-mog]에서 자주 놀았어」. 이 이야기는 필자가 조사 중에 많이 들은 이야기의 하나이다. 「올레」는 제주도 특유의 공간개념이며, 「골목」은 한국의 일반적인 공간개념이다. 의미는 「어렸을 때에는 집의 문에서부터 바깥 길까지의 좁고 짧은 길목이나 근처의 샛길에서 놀았어」가 된다. 그러나 이 설명으로는 충분히 그 뉘앙스가 전해지지 않는다. 아니 오히려 다른 뉘앙스가 되어 버리는 것은 아닌지 모를 정도이다. 「올레」라고 하면 제주도 사람이라면 듣자마자 그 이미지뿐만 아니라, 동시에 다양한 추억이나 올레라고 하는 공간 · 풍경이 지닌 정서적 분위기까지 떠오르는데, 다른 지역의 사람들에게 그것을 이해시키기 위해서는 수 십개의 단어를 이용해 설명해야 한다. 한편 「골목」이라고 하면 한국인이라면 누구라도 그만한 공간 · 풍경 이미지가 생기지만, 서울의 골목과 제주도의 골목에 대한 이미지가 동일하다고 하기는 어렵다. 본 장에서는, 축어록으로부터 물리적 공간 · 장소 · 풍경 · 물체 등을 가리키는 용어를 추출하여 제주도의 물리적 · 공간적 특성에 초점을 맞춘 다음의 3가지 점에 대하여 검토한다.

1) 제주도 사람들이 원풍경을 이야기할 때, 물리적 환경의 측면에서 구체적으로 무엇이 이야기되는지를 그 용어가 사용된 전체 내용에 대한 고려를 하지 않고 표출된 용어가 고유명사 또는 일반명사인가, 또 제주어 혹은 일반의 한국어인가를 정리한다.

2) 이야기하는 사람들이 어린 시절을 보낸 지역의 공간적 특성을 표출된 용어로부터 찾아내어 그 용어가 사용된 배경의 맥락과 내용을 고려하고 카테고리화하여, 공간특성이나 공간구조를 객관적으로 설명한다.

3) 축어록에 있는 용어로부터 추출된 공간을 구체적으로 시각화해서 제시하는 것으로 공간특성을 정리한다.[8]

4) 이러한 분석을 통하여, 원풍경을 해석하는 용어(메타적 공간개념)를 구성하고 실제의 장소를 시각화하는 것에 따라 부각되는 제주도의 지역성 · 문화성에 대하여 고찰한다.

2. 방법

2-1 조사방법 · 분석의 소재

제4장과 제5장에서 활용한 10명의 개인 이야기하기와, 4그룹의 공동 이야기하기에 대한 축어록을 가지고 공간을 가리키는 용어를 정리한다. 그리고 실제 공간의 시각화에 관해서는 제주도를 취급한 사진집으로부터 각각의 공간 · 장소의 특성을 나타낼 수 있는 사진을 선별하거나 직접 촬영한 것을 가지고 필자의 설명을 더한다.

2-2 분석방법 및 순서

① 이야기하기의 맥락이나 배경에 관계없이 각 각의 축어록으로부터 풍경 · 공간 · 물체를 뜻하는 용어들을 골라내어 카테고리화한 다음 통칭이 일반명사인가, 고유명사인가 또 한국어 일반의 표현인가, 제주도의 독특한 표현인가를 구별했다.

② 또한 다른 작업으로서 이야기하기의 내용이나 배경을 고려하면서 축어록으로부터 용어를 추출해서 분류했다. 즉 ①이나, ②에서의 용어의 분류에 있어서는 처음부터 카테고리를 정한 것이 아니라 축어록으로부터 추출된 용어를 가지고 KJ법을 참고로 하여 분류했다.

③ 동일한 물리적 공간 · 장소를 나타내는 용어에서도 「풍경적」 · 「사건적」 · 「평가적」이라고 하는 배경의 내용에 따라 의미가 다르다는 것이 밝혀졌다. 특히 사건적 언급에 대해서는 실제로 놀았던 특정의 장소명을 자주 확인할 수 있었다. 실제의 공간구조의 분석에는 사건적인 언급을 활용하기로 했다.

④ 「사건적」언급에서 볼 수 있었던 용어(실제의 공간 · 장소명)에 대하여 보다 구체적인 설명을 가하고 사진을 이용하여 시각적 제시를 했다.

3. 결과

3-1 물리적 환경에 대한 용어로서 표현된 내용과 일반명사 고유명사의 분류

물리적인 것으로서 추출된 용어를, 분류 항목으로서 「산 · 들판 · 밭에 관한 표현」, 「수역(水域)에 관한 표현」, 「동물 · 곤충 등 생물에 관한 표현」, 「식물에 관한 표현」, 「음식물에 대한 표현」, 「재료 · 도구에 관한 표현」, 「기상에 관한 표현」, 「주택지 · 근처에 관한 표현」등으로 정리했다(표 6-1참조). 그 결과, 우선 원풍경의 이야기하기에 쓰여진 용어로서의 고유명사는 공간 · 장소 · 지역 · 건물 등에 한정하여 표현되고 있는 것으로 나타났다.

표 6-1 물리적 공간 · 장소, 식생 등의 명칭에 관한 일반명사와 고유명사의 구분

분류항목	일반명사	고유명사
산, 들판, 밭에 관한 표현	산	한라산
	(오름)	사라봉, 별도봉, 암봉, 숫봉, 알봉, 고가오름, 설오름, 갑순이오름, 딸레기, 방갓오름, 산천단
	들판 · 들녁	약촌
	동산 · 악, (빌레)동산	에덴동산, 물동산
	밭 · 과수원, (소낭)밭, 자갈밭, 대나무밭, 딸기밭, 보리밭, 콩밭, (우영팟)	복데동산, 대섶밭
수역(水域)에 관한 표현	바다, 바당, 바닷가, 해안	용수, 암수, 용두암, 버렝이깍, 삼양해수욕장, 검은여
	계곡, 저수지	약촌
	하천, 내창	돈내코, 오라내창, 산지, 주쟁기, 보미수, 소에, 장티물
동물 · 곤충 등 생물의 표현	전복, (보말), (멜), 개구리, 올챙이, 가재, (아멘보), 귀뚜라미, 매미, 지네, (지냉이), 꿩, 까마귀, 개, 소	
식물에 관한 표현	나무, (낭), 고목, 정자나무, (폭낭), (먹구슬나무), 소나무, 구상나무	
	꽃, 억새꽃, 찔레꽃, 들장미, (인동꼬장)	
	풀, 검질, 약초, 새순, (삥이), (두건노물), 삼마, (촐), (새), (마농), (다마네기)	
	열매, 나무열매, 노란열매, (볼레), 산딸기, (탈), (홍악), 고구마, 감자, 보리, 밀감	
음식물에 관한 표현	옥수수빵, (오메기떡), (빼떼기), (생기리), (적꽂이)	
재료 · 도구명의 표현	돌, 돌담, 돌집, 목조교실, 초가집, 보리짚더미, (눌), (솔똥), 고무줄, 고무신, 깡통, 빠찡(빠찌), 핀, 돌멩이, 끈, 횃불, 공기총, 새총, 딱총, 연탄재	
날씨에 관한 표현	달, 별, 이슬, 바람, 파도, 물결, 석양, 구름, 태풍, 폭풍, 비바람, 안개, 바다냄새, 파도소리	
주거지와 그 주변에 관한 표현	대문, 마당, 벽장, 학교, 운동장, 쓰레기장, 교실, 근처 · 이웃집, 골목길 · 안길, 공동수도, 공터, 공간, 넓은곳, 전봇대, 경찰서, 공회당, 향교	서문파출소, 관덕정, 남문통, 무근성, 가시리, 토평, 상효, 노형, 문화주택, 삼성혈, 자연사박물관

주. 일반명사로 쓰여진 것 중 제주어 표현은 ( )에 담아 표시했다.

그리고 일반명사에서도 한국의 전반적인 표현으로서가 아닌 제주도의 방언(제주어)으로 표현되고 있는 몇 개의 공간에 대해서는 수 많은 제주어의 고유명사가 나타났다. 예를 들어 「오름」은 제주도의 지형적인 특징으로서 거론되는 기생화산을 가리키는 제주어의 일반명사이지만, 그 오름이라는 일반명사에 포함되는 고유명사로서의 오름의 고유명사가 여러개 나타났다. 또한 제주어로 표현된 일반명사인 내창에 대해서도 고유명으로 표현된 여러 개의 내창이 나타났다.

한편 식물이나 동물 등에 관해서는 고유명사를 사용한 것은 없다. 그러나, 제주어로 표현되는 일반명사는 많다. 특히 삥이(모/띠의 순)나 보말(조개류) 등은 언급되는 경우가 많다. 또 재료로서는 돌이 들어가는 통칭이나, 모 · 보리짚단(제주어로는 새와 보리낭)을 가리키는 통칭도 보인다. 표에서 보듯이, 원풍경을 공유했다고 하는 경우 그 지역의 공간적 이미지의 공유라는 의미이지만 그러기 위해서는 공간 · 장소를 나타내는 고유명사, 일반명사를 이해하거나 표준어 또는 방언으로 표현되는 통칭에 대하여 이해하는 것이 그의 기본적인 전제가 되고 있음을 알 수 있다.

3-2 공간 풍경 개념에 대한 카테고리화

이야기하는 사람의 이야기 내용이나 줄거리를 고려하면서 분류한 결과, 크게 3가지 종류의 카테고리를 찾아냈다(그림 6-1 참조). 첫째, 공간 · 풍경 개념을 「사건적」으로 다루어 가는 경우를 들 수 있다(표 6-2 참조). 이것은 생활 · 활동이 행해지는 공간을 나타내는 경우이며, 놀이의 장소 · 일손 거들기의 장소 · 일상생활의 장소로서 기술되고 있다(예를 들면, ○○산에서 타잔놀이를 했다).

둘째, 「풍경적」으로 기술되고 있는 경우로서(표 6-3 참조) 생활의 모습이나 자연환경의 변화를 풍경으로서 인식해서 바라보거나 감상하거나 하는 대상으로 하여 언급되는 것이다(예를 들면, 멀리 보이는 ○○산의 모습이 인상 깊었다).

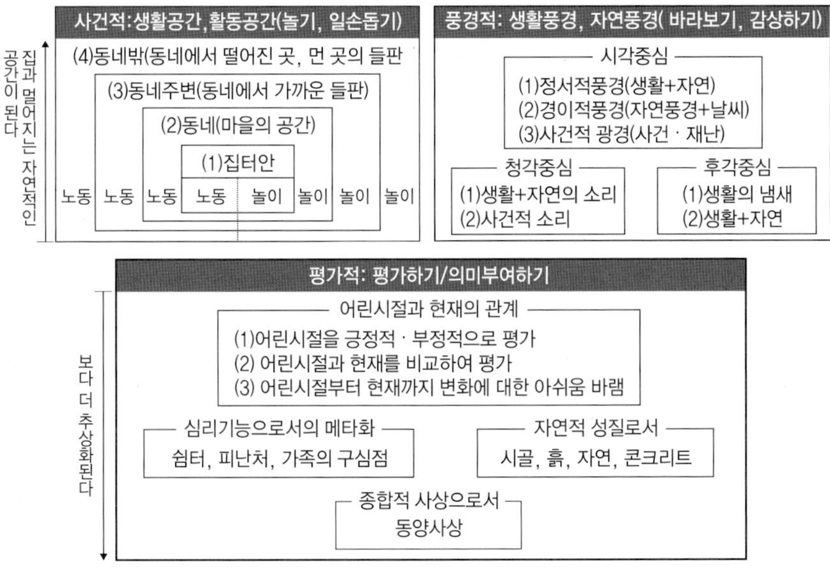

그림 6-1 공간 · 풍경개념의 카테고리

셋째, 「평가적」으로 언급되는 경우로서(표 6-4 참조) 이야기하는 사람 자신나름의 의미부여나 · 평가가 개입된 보다 메타적 표현이 된다(예를 들면, ○○산은 나의 동심의 고향인 것/시골에서의 생활은 자연과의 호흡이다).

3-3 사건적으로 언급되는 공간개념에 대한 분류

그림 6-1에서 나타내 보인 3가지의 카테고리 속에서 특히 구체적 공간 · 장소가 많이 거론되고 있는 것은 「사건적」인 부분에서이다. 본 연구에서는 「사건적」으로 언급된 공간 · 풍경 개념을 다루어 가면서 상세하게 기술해 나간다.

사건적으로 언급된 이야기의 내용을 분석한 결과, 활동의 2가지 축과 4종류의 활동범위가 분류되었다. 2가지의 축이란, 놀이 중심의 활동 장소나 공간인 것들 그리고 일 중심의 활동 장소가 되는 것들을 가리킨다. 그리고 4종류의 활동범위란, 살고 있는 자기 집의 부지내(보통은 돌담으로 둘러쌓여

표 6-2 사건적 이야기 내용에서 나타난 2가지 활동의 축과 4개의 활동범위

장소·공간의 예와 2가지축 / 활동범위	장소 · 공간의 예	2가지축	
		놀이	일
집울타리 안의 범위 (보통은 돌담으로 둘러싸여 있다)	ㅇ올레 : 집 입구부터 마당까지 ㅇ우영팥 : 집울타리 내의 작은밭 (텃밭) ㅇ눌 : 짚단 등을 쌓아 놓은것 ㅇ마당 : 가옥 앞의 넓은 공간, 정원 ㅇ외양간 : 축사 ㅇ벽장 : 방 안의 이부자리 등의 수납공간	ㅇ머리핀놀이, 구슬치기 ㅇ소꿉놀이, 흙장난 ㅇ보리짚단에 구멍 뚫어 놀기,잠자기 ㅇ소꿉놀이, 밀감상자로 집짓기 ㅇ아지트, 형과 벽장 속에서 놀기	ㅇ일상적인 가사 ㅇ검질메기 (풀뽑기) ㅇ소와 말에게 먹이주기
동네 (마을 안/주택들이 모여있는 주된 생활공간)	ㅇ대문 앞, 집 주위 ㅇ골목(집주위의 작은길) ㅇ큰나무아래, 정자나무밑, 폭낭아래 ㅇ전신주가 있는 곳 ㅇ공터나 넓은 공간 ㅇ할망당(무속신앙터) ㅇ연못주변, 공동수도 ㅇ학교 : 운동장 쓰레기장과 학교밭 철봉,미끄럼틀, 그네 교실, 복도	ㅇ머리핀치기 ㅇ공기치기 ㅇ자치기 ㅇ살림베기 ㅇ말타기 ㅇ목새치기(벽에 돌던지기) ㅇ팽이치기 ㅇ방치기, 나무오르기 ㅇ곱을락(숨바꼭질) ㅇ고무줄뛰기, 이시끼리, 공기놀이 ㅇ짤짤이(쌈치기) ㅇ철봉위 걷기, 그네뛰기 ㅇ발차기, 전쟁놀이	ㅇ물깃기 ㅇ마을 청소 ㅇ밭검질메기 (제초작업) ㅇ교실복도 닦기
동네주변 (마을의 주거밀집지 주위의 자연공간 · 가까운 들판)	ㅇ들판 ㅇ사라봉, 동굴 ㅇ오름(기생화산), 동굴 ㅇ내창(건천) ㅇ저수지 ㅇ몰고레, 달방아(소나 말로 큰 돌을 끌게 하여 곡물을 빻는 방아간)	ㅇ볼레(열매를 따서 먹는다.) ㅇ삥이, 촐레, (지곤모물), 고사리(새순, 산채, 들나물, 산딸기 따기 등) ㅇ지네잡기 ㅇ총싸움, 전쟁놀이	ㅇ약초캐기 ㅇ풀베기 ㅇ송충이잡이
동네밖 (주거밀집지와제법 떨어진 먼곳 · 들판 · 오름)	ㅇ여러 개의 오름(작은 산봉우리, 기생화산) ㅇ들판, 오름과 오름 사이의 평지 ㅇ동굴(오름이나 산에 있다.) 바당, 용수, 암수, 용두암, 검은녀, 공천포, 삼양해수욕장	ㅇ고구마 구워먹기(불조심) ㅇ동굴탐험, 박쥐잡기 ㅇ소낭밭에서 집짓기 ㅇ타잔놀이 ㅇ헤엄치며 물놀이 ㅇ보말잡기 ㅇ낚시	ㅇ땔감하기 ㅇ소나 말에게 먹이주기

있다), 동네(마을안 공간), 동네 주변(마을 주변의 자연적 공간, 가까운 들판), 동네 밖(마을에서 떨어진 먼 곳의 자연적 공간, 먼 들판 · 오름) 등을 뜻한다(표 6-2 참조).

이하에서는 각각의 공간 · 장소에 대하여, 각 활동범위마다 중요하다고 보이는 몇 개의 공간 · 장소에 관한 해설과 면접에서 추출한 코멘트 및 사진으로 얻을 수 있는 시각적 이미지를 제시한다.

3-3-1 살고 있는 자기 집의 부지내

집안의 부지내 공간 · 장소로서는, 「올레 : 집의 문에서부터 바깥 길까지의 좁고 짧은 길목」, 「우영팥 : 집의 부지내의 작은 밭」, 「눌 : 보리짚 · 모의 단을 쌓은 것」, 「마당 : 집 현관 앞의 넓은 공터, 뜰」, 「외양간 : 소나 말 등의 축사(제주어로 쇠왕)」, 「벽장 : 방안의 수납공간」등의 용어를 들 수 있었다. 대표적인 예로써 「올레」, 「눌」, 「마당」에 대하여는 아래에 소개한다(그림 6-2 참조).

① 올레(제주어)

제주도의 전통적인 집 구조에서 많이 볼 수 있는 공간이다. 집 입구에서 작은 샛길을 통하여 집안으로 들어가게 되는 공간이며, 공동의 길이 아닌 그 집안의 소유지이다. 집의 문에서부터 바깥 길까지의 좁고 짧은 길목인 이 공간이 아이들의 놀이터가 된다. 공동으로 다니는 도로에 가까운 장소인 이런 올레는 아이들이 곧 잘 모이는 안전한 장소이다.

② 눌(제주어)

집의 부지내의 귀퉁이나 집의 텃밭이나 공터의 한 귀퉁이에 수확한 후의 보리나 콩, 조 등 여러가지의 짚이나, 소나 말의 가축 먹이인 건초를 탑처럼 쌓아 놓고 지붕을 새로 덮기 위한 모(제주어로는 새) 등을 덮어 보관하는 형태의 단을 말한다. 이 짚단들은 연료나 가축의 사료, 겨울철 밭의 보온과 거름으로서 또한 모는 지붕을 바꾸거나 비나 눈 등으로부터 농작물의 보관을 위한 도구만들기로서 사용되는 등 이들을 쌓아 놓은 단인 이러한 눌은 생활상 유용한 것이었다. 매년 집집마다 이런 눌을 몇 개씩 쌓아

사진1

사진2

올레와 골목: 사진1, 2

올레는 대부분 공유지의 길이 아니라 사유지이며 집으로 들어가는 진입로이다. 골목은 보다 규모가 길고 큰 중간 진입로인데 올레와 겹쳐 말해진다.

(코멘트)

· 나는 올레에서 자주 놀았지. 핀치기나 주멩기놀이 하면서
· 대문 쪽의 올레에서 소꿉놀이, 고무줄놀이를 했었어.

사진3

눌: 사진2, 3

담장안의 마당의 구석에 짚단들을 쌓은 후 띠를 엮어만든 덮개를 씌우고 있다.

(코멘트)

· 보리짚을 쌓아올린 눌에 구멍을 만들어서…
· 밑의 짚을 꺼내서 그 속에서 눕기도 하고
· 촌의 집 연못 옆에 눌이 두개가 있어서, 거기는 아주 아늑하고 편안한 나만의 동산
· 우영팥 옆 눌이 있는 곳에 강(가서) 흙과 풀로 떡만들기를 했지.

사진5

사진4

마당: 사진4, 5

집앞의 넓은 곳 · 작업장 · 웅기종기 모이는 가족교류의 장 · 행사의 장

(코멘트)

· 미깡상자로 집을 만들기도 하고, 고무줄놀이, 소꿉놀이, 공놀이 등을 했어.

그림 6-2 집 울타리안

두고 있었다. 아이들은 눌의 아랫부분의 짚단을 빼내서 둥지같은 구멍을 만들고 안에 들어가 눕거나 장난을 치거나 숨거나 하면서 안락한 공간이 되기도 하는 그런 놀이장소이기도 했다.

③ 마당(한국어 일반)

집 현관 앞의 넓은 빈터로서 농산물의 정리 장소, 빨래 등 무언가를 건조하는 장소, 농기구의 손질 장소, 가족의 단란한 휴식의 장소가 되거나 한다. 집안의 큰 일이 있을 때는 그 행사의 장소, 교류의 장소로도 이용된다. 아이들에게 있어서는 안심하고 놀 수 있는 놀이터가 되기도 한다. 마당의 한 귀퉁이에는 화단이 있거나 수도꼭지가 있거나, 개집이 있거나 닭장 등 외양간(쇠왕)이 있기도 한다.

3-3-2 동네(한 마을) [9)]

동네는 일반적인 한국어의 공간 개념이다. 일본어로 하면 도나리긴죠(隣近所)・마치나까(町中)・쵸나이(町內)・요코쵸(横町)・슈우라크(集落) 등이 가깝다. 제주도의 농촌은 집촌 형태로서 일정 정도의 둘러리가 쳐진 주거지를 형성한 밀집된 형태로 집들과 떨어진 곳에는 밭이 있는 그런 공간 구조가 되어 있다. 행정구역으로서는 밭 등이 있는 곳도 같은 마을의 주소가 되어 있지만, 생활 감각으로서의 「동네」는 모여 살고 있는 주거공간에 가게나 공회당(마을회관), 학교 등이 있는 범위의 공간을 가리킨다. 또 같은 주소를 가지는 마을안에서 「알동네 : 마을 아래 위치한 주거지」, 「웃동네 : 마을 위에 위치한 주거지」, 「섯동네 : 서편의 주거지」, 「동동네 : 동편의 주거지」라고 하는 지리적 표현이나 「우리동네 : 우리 마을」, 「너네동네 : 당신들의 마을」이라고 하는 주택의 집합체로부터 오는 소유 개념도 사용된다. 원풍경 이야기하기에서 추출되는 동네라는 용어는, 사람들이 모여 사는 주택공간・생활공간을 의미한다. 동네안의 공간・장소로서 「골목 : 샛길」, 「폭낭아래 : (에노키, 榎木)나무 아래」, 「전봇대」, 「공터 : 빈터」,

사진6

사진7

동네와 골목: 사진6, 7

동네, 한 마을이라는 의미의 집합거주공간 모습니다.동네안 중간의 길에서 집집마다 연결되는 길, 좁은 길에서 놀고 있는 어린이들

(코멘트)

· 집앞이나 골목에서 자주 놀았어
· 골목은 굉장히 중요한 장소야. 그 당시의 친구들이라 하면 다 골목친구로 시작되지. 그 후에 학교가서 학교친구가 되지.
· 낭 아래서 말타기 하든가 살림베기나 넓은 곳에서 칼싸움 등.

사진8

팡, 폭낭아래: 사진8

동네의 교차로 등에 있는 커다란 폭나무가 있는 곳. 그 곳은 사람들에게 팡(쉼터)과 놀이터를 제공한다.

(코멘트)

· 전봇대나 큰 폭낭이 있는 곳, 큰 나무가 있는 곳에서 놀았어.
· 폭낭의 노란 열매를 따서 먹기도 하고, 나무에 올라가다 떨어지기도 하고, 올라가서 나무 위에서 올라가 놀기도 하고…..

사진9

할망당: 사진9

동네를 지켜주는 혼이 있는 곳. 낮에는 놀이의 교류공간이지만 방에는 무서운 공간

(코멘트)

· 염탐하러 가서 돈을 발견하기도 하고 거기는 꼭 큰 나무가 있어서 나무에 올라가 열매 따먹기도 하고. 거기엔 꼭 바위, 나무, 고목들이 있었어.
· 밤에는 무서우니까 안가

그림 6-3 동네(마을의 주거공간범위)

「할망당 : 마을의 수호신을 모시고 제사지내는 곳(당)」, 「못가 : 연못의 주변」, 「공동수도」, 「공회당」, 「학교」를 들 수 있다. 동네의 범위에 속한 여러 가지 장소 · 공간에서는 아이들의 다양한 놀이가 있다. 특히 무리지어서 하는 게임과 같은 놀이나 2~3명이 도구를 이용해서 하는 놀이 등이 많다. 동네에 속한 예로써 여기에서는 「골목」, 「폭낭(에노키, 榎木) 아래」, 「할망당(또는 서낭당)」에 대하여 설명한다(그림 6-3 참조).

① 골목(일반의 한국어)

골목은 길에 관한 공간개념이다. 자동차가 통과하는 큰 길이 아니라, 큰 길에서 옆으로 들어온 샛길이다. 통상 버스 등이 통과하는 큰 길과 연결된 중간의 큰 길(실제 이름이 없다)도 있지만 주택의 집합을 잇고 있는 몇 개의 작은 길이 골목이다. 골목은 아이들의 놀이터가 되는 것은 물론, 어른이나 노인들도 모여 이야기하거나 어떤 작업을 하거나 하는 집 근처의 일상적 교류 공간이다. 일본의 로지(路地)의 이미지에 가깝다. 큰 길과 중간 길에는 막다른 곳이 없지만 골목은 맨 끝의 누군가의 집이나 밭의 입구가 되어 막다른 곳이 많다.

② 폭낭 아래(제주어:일본어로는 에노키)

제주도의 각 마을에는 교차로 혹은 조금 넓은 길가에 큰 나무가 심어져 있다. 나무 아래에는 사람이 앉을 수 있도록 주위에 커다란 돌이나 시멘트 등으로 단(제주어로는 팡)이 만들어져 있는 곳이 많다. 이러한 폭낭(에노키)은 큰 길에도 중간 대로에도 있다. 또, 밭이나 과수원을 하는 농가에는 돌담 주위에 방풍을 위해서 다른 큰 나무가 있는 경우도 많다. 특히 골목에 그 큰 나무가 있는 곳은 응달이 만들어져서 바로 거기가 아이들의 놀이터가 되고 교류공간이 된다. 아이들만이 아니라 어른들도 길을 가다가 잠시 쉬거나 무료한 시간을 달래는 휴식과 장기 등 오락을 같이 하는 교류와 만남의 공간, 비오는 날이면 우산을 가지고 버스를 타고 오는 아이를 기다리거나 하는 곳이다. 아이들은 나무에 오르거나 그 열매를 따 먹거나 나무 아래에서 다양한 놀이를 하거나 한다.

③ 할망당(제주어)

마을 사람들의 모두를 지켜주는 신이 있는 곳인 동시에 그 신을 위한 제사를 지내는 곳이다. 이 제사 장소를 「당」이라고 한다. 제주도 각지에는 다양한 이름의 「당」이 있는데 마을 외곽의 큰 나무가 있는 곳, 바닷가, 산 속 등 다양한 곳에 있고, 여러가지 종류와 형태가 있다. 이곳은 제사를 지내는 장소이므로 어른들이 드나드는 곳이지만 가끔 낮에는 아이들의 특별한 놀이터가 되기도 한다. 특히 밤에는 무섭게 느끼는 곳이기도 하는 영적 교류공간과 공포공간[10]으로서 존재한다. 일본의 진자(神社)와 비슷하지만 현재 당은 진자만큼 일상적으로 제도화되어 있지 않고 보다 원시적 형태인 신화 · 샤머니즘적이다.

3-3-3 동네 주변(마을 근처, 가까운 들판)

제주도의 지형은 화산에 의해서 형성되어 있어 기생화산과 그 주변에 초원지대가 많다. 주택공간 밖에는 밭이나 과수원 등이 있고, 그 주변에는 초원이나 오름이라고 하는 기생화산인 악 · 봉이 있다. 이 초원 · 구릉 지대는 예전에는 초가지붕을 잇기 위한 모(새)나, 말 · 소 등의 사육에 필요한 목초의 수확지대이다. 동네 주변이라고 하면, 본격적으로 모(새)를 수확하는 장소까지 가지 않는 곳이면서 경작지 이외의 토지에서 목초나 들의 열매 등을 딸 수 있는 정도의 들(초원)이며 각종 땔감을 획득하는 불모지인 수덕, 빌레 지대 등 잡목림지대도 포함된다. 경작하는 밭과 아직 자연 상태인 초원이 섞여 있는 장소이다. 이 범위는 밭과 가깝기 때문에 어른이 다니거나 생활공간인 마을에서는 좀 떨어져 있기는 하지만 멀리 집들이 보이거나 하는 곳이다. 아이들은 집단으로 이러한 조금 거친 초원, 아직 밭으로 개간되어 있지 않은 들에서 놀았다. 이러한 장소에서 자주 놀았다고

사진10

사진11

들판: 사진10, 11, 12
전답지대에 가까우면서 전답으로는 개간되지 않은 풀밭이나 공터, 조금 더 멀리 가면 초원이 있다. 여기가 아이들의 놀이장소 이다. 소를 돌보는 아이와 아이들이 놀고 있는 곳이 들판의 전형

(코멘트)
· 들판에 가서 삥이 뽑기 하거나, 양파의 줄기로 피리를 불기도 하고, 꽃을 따기도 하며 들판이나 산을 싸돌아 다녔지. 고사리 캐기, 볼레나 산딸기 타먹기, 산야채를 뜯거나 지냉이 잡기도 했어.
· 나무를 꺾어서 총을 만들어 총싸움을 하기도 하고

사진12

사진13

내창: 사진13
밭이나 들에 가는 도중 아니면 들판의 일부로서 내창이 있다. 여름에는 아이들의 물놀이의 장소이지만 위험할 때도 있다. 사진의 내창은 계곡에 있는 것으로 넓은 편의 내창이다.

(코멘트)
· 여름엔 내창은 위험하니까 가지말라고 하는데도 자주 갔지.
· 내창은 마을 주변에 많아서 그렇게 멀지 않아. 재미있는 내창이름들이 많았어.
주쟁기, 보미수, 소애, 장띠물 등의 이름들이지.
· 개구리 잡아서 구워먹기도 하고, 물놀이도 하고 그랬어

그림 6-4 동네주변(마을주변, 가까운 들판)

이야기 속에서 나타난 용어는 「들판 : 노하라(野原), 하라노(原野)」, 「내창(제주어:乾川)」, 「저수지」, 「몰고레(제주어:고유지명)」등이다. 여기서는 「가까운 들판」과, 「내창」을 소개한다(그림 6-4 참조).

① 가까운 들판(일반의 한국어)

일본어로 전체적인 「들판」은 「노하라(野原)/하라노(原野)」이다. 위에서 설명한 것처럼 가까운 들판은 밭의 근처인 장소이다. 아직 밭으로 되어 있지 않은 초원지대로 밭으로 해서 도중에 끊어지기도 한 곳, 밭과 불모지인 수덕과 잡목림, 초원이 한 데 섞인 지대에 가깝다. 마을의 주택가로부터 멀리 떨어진 보다 자연적인 공간이다. 거기서 부드러운 들잎을 채취하거나 열매를 따 먹거나 지네같은 곤충이나 꿩같은 새를 잡거나 그 알을 줍거나 토끼를 잡거나 하는 채집 · 초보적 수렵의 활동을 한다. 그리고 무리지어 전쟁놀이를 하거나 숨바꼭질이나 축구같은 운동을 하거나 한다. 혼자서 들판에 가는 것은 별로 없고 집단으로 모여서 가는 장소이다. 가벼운 수렵 · 채집 · 교류의 공간이다.

② 내창(제주도어)

내창은 들판에 있는 하천(小川:오가와)이다. 제주도의 내창(乾川)은 연중 물이 흐르지 않는 시기가 많다. 화산으로 인한 현무암 지층이어서 보통은 물이 땅 속으로 빨려 들여가버린 마른 하천이다. 내창의 의미는 물(川)이 말라서 창(지면에 해당하는 제주어)이 보인다는 의미이다. 여름에는 강수량이 많기 때문에 이 내창의 곳곳에 물이 고인다. 큰 비가 내릴 때에는 가로 놓인 다리 위까지 범람하여 급속히 흐르기 때문에 매년 사고가 일어나는 등 매우 위험한 장소가 되기도 한다. 비가 갠 후에는 아이들의 물장난하는 장소가 된다. 들판의 일부에 위치해 있어서 다양한 식물이나 곤충이 서식하고 있다. 교류 · 탐험 · 수렵 · 채집의 공간이다.

3-3-4 동네 밖(마을에서 멀리 떨어진 곳, 먼 들판)

이 영역은 2가지의 방향으로 생각할 수 있다. 하나는 산의 방향이며, 위에서 설명한 가까운 들판의 연장인 지대에서 보다 더 넓은 초원이나 오름이라고 하는 기생화산인 봉 · 악이 있는 장소이다. 오름이라고 하는 작은 봉우리(코야마:小山)는 조성림이 없는 들풀만이 있는 곳이 많다. 오름과 그 주위는 목장밭이라고 하는 촐밭(목초지대)나 모(새:제주어)의 수확이 중심이 되는 새밭(모의 밭)도 많다. 그리고 자연스럽게 자라난 잡목림과 억새 등이 섞여 있는 곳이기도 하다. 제주도 전역에 이러한 오름이나 들판이 있는데 또 거기에는 동굴이 있는 경우도 많다. 일본에 점령되었던 시대에 전쟁준비를 위해서 인공적으로 만들어진 동굴들도 있고 화산지형으로 인한 크고 작은 용암동굴 · 괘들이 있다. 그 일부는 특별한 아이들의 놀이터가 되어 있다. 또 다른 하나는 멀리 떨어진 장소라고 하는 의미에서는 산의 반대 방향인 바당(제주어:바다) 쪽이다. 이런 범위에서 놀이터로서 자주 등장하는 용어는 「오름」, 「동굴」, 「들판」 등이 있고, 다른 방향으로서 「바당(제주어 : 바다)」을 들 수 있다. 여기서는 「오름」, 「동굴」, 「바당」에 대해 자세하게 소개한다(표 6-5 참조).

① 오름(제주어)

화산활동에 의해서 형성된 기생화산으로 제주도 전역에 370여개의 오름이 있다. 아이들에게는 집에서부터 가까운 오름, 먼 오름 등 오름에서의 다양한 체험이 있게 된다. 이 영역은 마을에서 아주 멀리 떨어져 있으므로 일상적이지 않은 시기에 가끔 집단으로 가는 곳이다. 놀이 · 활동 자체는 마을 주변의 들판에서와 같이 비슷하지만, 오름은 꽤 먼 곳이라고 하는 인상이 있어서 사내 아이 중심인 경우가 많다. 탐험 · 교류 · 수렵 · 채집의 공간이다.

사진14

오름: 사진14

멀리 보이는 여러 개의 봉우리. 기생화산인 오름이 보인다. 아이들의 탐험놀의의 장소였다.

(코멘트)

· 우리 마을은 오름이 엄청많아서 거기서 잘 놀았지.
· 소나무숲에 집을 만들어 놀기도 하고, 오름에서 고구마구워 먹기도 하고, 불나서 급하게 불을 끄기도 하고.
· 갑순이오름, 술오름, 설오름, 다래기, 방갓오름, 고가오름 등이 있었어.

동굴 : 사진15

사진 15와 같은 오름에 다양한 동굴이 있다. 인공물이나 아이들이 흥미 진진해지는 곳이다.

(코멘트)

· 오름에 있는 동굴 탐사, 동굴 안에 있는 족제비를 잡기도 하고.
· 동굴은 탐험과 미지의 세계이지. 깜깜하고 도둑이나 해적을 떠올려.
· ㄱ자 동굴, ㄴ자 동굴, U자 동굴 등 여러 형태였어.

사진15

사진16

사진17

바당: 사진16, 17

제주도의 해안은 돌이 많다. 평평한 해수욕장이 아닌 대부분 돌의 바다에서 아이들은 즐겁게 놀았다.

(코멘트)

· 바당에서 헤엄치면서 놀거나 보말잡기도 하고
· 용수는 매일의 수영놀이의 장소, 거의 매일 갔어. 용수, 암수, 용두암 등에.
· 1~2시간 걸어서 바당에 갔지. 보말 잡기도 하고 헤엄치기도 하고.
· 검은녀, 공천포는 멀어서 아버지랑 같이 갔어.

그림 6-5 동네밖(마을에서 멀리 떨어진 들판 등)

② 동굴

제주도의 오름이나 바닷가 절벽아래에는 여러 개의 동굴이 있다. 하나의 오름에도 몇 개의 동굴이 있는데 그 동굴의 일부가 아이들의 탐험 공간이 된다. 현재는 자연보호 및 함몰이나 범죄가 일어나는 등의 관리 지역이 되어 출입금지인 곳도 있다. 탐험 · 수렵 · 교류의 공간이다.

③ 바당(제주어:바다)

산(오름)의 방향과 반대인 바다가 놀이터가 된다. 해변 마을에 살고 있는 아이들에게는 가까운 곳이지만, 「중산간 지역(웃뜨르)」에 살고 있는 아이들에게는 꽤나 먼 곳이다. 아이들의 놀이터가 되는 제주바당은 해수욕장 같은 곳도 있기는 하지만 돌 · 자갈 · 여가 많은 마을바당이다. 집에서 제일 가까운 바다에서 논다. 이 바당이라는 곳은 제주도에서는 들판의 밭의 개념과 동일할 정도로 마을공동의 소유지로 획정되어 있다. 제주도는 산과 들판이나 바다에도 돌이 많다. 해안의 대부분은 검은 돌이나 바위로 둘러 쌓여 있다. 돌 투성이의 바다에서 헤엄치거나 물고기, 게(깅이/겡이) 등을 잡으며 놀거나 미역 등 해초를 뜯거나 소라(구젱이)나 전복, 성게(구살), 보말(조개류)을 채취해서 먹거나 한다. 또, 해안의 곳곳에서는 차가운 샘물(용천수)이 솟아 나오기 때문에 거기서 몸을 씻는 샤워의 장소가 되기도 한다. 이 바당은 제주도 사람들의 중요한 경제적인 일터이며, 제주의 어부들은 고기잡이를 나갈 때 우럭밭 · 자리밭 · 어랭이밭 · 미역밭 등 바다를 밭으로 불렀다. 그리고 세계적으로도 유명한 제주해녀(좀녀)를 있게 하는 등 어린 시절부터 교류 · 탐험 · 채집의 공간이다.

3-4 풍경적으로 언급된 공간개념의 분류

풍경적 언급이란, 사건적 언급과 동일하게 공간 · 장소에 대한 이야기일지라도 그 곳에서의 놀이나 일과 같은 활동의 장소로서 보다는 일정 부분 어떠한 종류의 경관적 성질이 언급되는 경우이다. 풍경적 언급 중에서 가

표 6-3 풍경적인 언급에서 나타난 용어의 분류

감각모드 / 풍경의 성질		언급된 풍경의 구체적인 예
시각중심	정서적 풍경(생활과 자연) · 차분한 분위기를 느끼게 한다. · 강렬한 인상 · 고향을 연상하게 한다.	○가을철 고구마밭의 풍경, 고구마 썰어서 말리는 풍경 ○꿩알이 있는 광경, 보리밭 풍경,무우말랭이 만드는 풍경 ○돌담 위에 피어있는 들꽃의 풍경, 버스를 타고가며 보는 바다풍경 ○산의 풍경, 돌밭의 풍경, 해안가 풍경, 잔잔한 바다 ○들판에 홀로 서있는 큰 나무, 바다, 바위, 산 ○노을 풍경(강렬한 색), 저녁식사 무렵 아이들의 노는 모습 ○오름이 이어져 있는 풍경 ○울창한 소나무숲의 풍경
	경이적 풍경(자연과 날씨)	○태풍이 불어 닥칠 때의 바다의 파도, 여름 호우에 내창이 범람할 때 ○들판에서의 폭풍과 태풍
	사건적 풍경(정치나 재해)	○4 · 3사건(정치적 요인에 의한 집단 학살)때의 화재 ○군대의 행진 광경
청각중심	생활과 자연속의 소리들 자연의 소리	○자랑자랑, 자장자장(자장가) ○멜 들었져!(멸치떼가 바닷가로 밀려오는 걸 알릴 때의 소리, 멜이다! 하는 외침과 금속성의 물건들을 두드리는 소리) ○개짓는 소리 ○매미, 개구리, 귀뚜라미 우는 소리
	사건적인 소리	○4 · 3사건때의 총성, 6 · 25때 사격장의 총소리
후각중심	생활의 냄새	○어머니의 젖냄새,보리 파종할 때 거름 냄새 ○제사때의 음식냄새, 적꽂이 굽는 냄새
	생활과 자연의 냄새	○바다 냄새, 풀냄새, 보리밭 냄새, 구상나무 냄새, 향나무 냄새 ○보리짚 냄새, 촐(꼴)냄새

장 많았던 것은 시각 중심의 언급이었고 천연의 자연 경관과 생활 감각이 포함된 채 전체적으로 풍경으로서 언급되는 경우도 많았다. 청각이나 후각 등에 관련된 언급도 자연물 자체만인 것 보다는 생활을 해나가는 가운데 생기는 것이 많았다. 풍경이 중심적으로 나타나는 이러한 풍경적 언급에 있어서 원풍경으로서는 반드시 그러한 바와 같이 생활 감각이나 생활에서 발생되는 시각적 · 청각적 · 후각적 현상을 포함한 풍경으로서 깊이 기억되어 상기되는 경향이 있다는 것이 밝혀졌다.

3-5 평가적으로 언급된 용어의 분류

평가적 언급은, 사건적 언급이나 풍경적 언급을 기본으로 자기나름의 의미부여나 평가를 하면서 언급되는 경우이며, 활동 그 자체나 풍경 그 자체

표 6-4 평가적인 언급에서 나타난 용어의 분류

의미부여의 정도		언급된 평가의 구체적인 예
직접평가	어린시절을 긍정적 또는 부정적으로 평가	○거듭되는 전쟁놀이는 좋지 않다. ○놀이라고 하는 문화는 없었다. ○그때는 학교에서 일(노동)을 했다.
	그 당시와 현재를 비교평가	○가난했지만 나쁜 기억이 아니고 좋았다. ○그립다. ○현재의 사람들은 멀리 걸어가지 않는다. 차도 많다. ○그 당시는 하나하나 간섭을 하지 않았어도 위험하지 않았다. ○현재는 일부러 아이들을 밭에 데려 가고 있다. ○여기는 언제나 보는곳, 언제나 좋은 느낌이다.
	현재의 변화에 대한 바램이나 애착	○동심의 고향인데 파손되어 버리는 건 슬프다. ○동심을 서로 나누어 가질 수 있도록 그대로 남아 있었으면 좋겠다. 제주도의 상징이다. ○변화하는 모양이 너무 심하다. 자연적인 흐름이 아니다. ○음식물들의 맛까지도 소위 과학적으로 전부 분석되어 버린다. ○누군가에 의해 조종되는 변화는 싫다. ○제주사투리(제주어)는 보존되었으면 하고 바란다.
보다 메타적인 의미부여	원풍경 · 시골을 심리적 기능으로서 의미부여	○쉴 수 있는 곳(새소리, 파도소리, 뭉게구름, 꽃, 어린시절 자체 등이 쉼터이다.) ○피난처(도피가 아닌 평화에 가까운 것) ○가족의 구심점
	원풍경 · 시골을 자연으로서 의미부여	○전원생활, 시골(다행히 우리들은 시골에 살고 있으니까) ○흙(흙, 땅과 함께 호흡한다.) ○자연(자연과 함께 하는 기회, 살아 숨쉬는 자연과 벗하면서) ○콘크리트 벽과 같이 살고 있는 사람들과는 다르다. ○자연과 생활하는 것이 무엇보다도 좋았다.
종합적	사상 · 철학으로서 표현	○동양사상 ○인류의 지향점

에 대한 것이 아니라 다양한 활동을 행하거나 풍경을 보아 온 것에 대한 평가로 나타났다.

평가적 언급은 크게 3가지의 차원에서 분류되었다. 첫째, 과거의 활동이나 풍경 그 자체를 좋았다/나빴다고 하는 등과 같은 「직접평가」를 하는 경우이고 둘째, 보다 「메타적 의미부여」를 해서 쉼터 · 피난처 · 동심의 고향 등 심리적 기능으로서 언급되는 경우와 흙/콘크리트 등 자연성으로서 언급되는 경우이다. 셋째, 어린 시절을 보낸 환경과 활동 등 전체를 포함해가면서 동양사상 등 그들의 인생관 자체를 관통하는 「종합적 사상」으로서 언급되는 경우이다(표 6-4 참조).

4. 고찰

본 장에서는, 원풍경 이야기하기에서 표현된 용어를 정리하여 제주도의 공간 특성을 시각화해 보이면서 설명했다. 원풍경을 이야기할 때의 공간 · 풍경에 관한 용어를 검토한 결과는 이하와 같다.

1) 제주도의 지질 · 지형적 특징과 관련된 용어(예를 들면, 오름, 내창, 바당, 들판 등)들을 많이 볼 수 있고, 특히 놀이터 · 일터 등에 대한 장소명은 고유명사를 사용하여 구체적으로 표현되는 경우가 많았다.

2) 공간 · 장소 · 풍경 등 물리적 환경을 나타내는 용어를 써서 이야기하는 흐름이나 내용을 고려한 분류에서는 ① 놀이나 일 등의 생활공간에서의 사건으로 이야기되는 경우, ② 바라보거나 감상하는 풍경으로서 이야기되는 경우, ③ 어린 시절의 마음의 고향, 피난처, 자연과의 생활과 같은 어떤 의미부여나 평가로서 이야기되는 경우가 있었다. 이 가운데서도 특히 실제의 물리적 공간특성이 잘 나타난 사건적으로 이야기된 사례의 이야기 내용을 가지고 공간특성을 2가지의 축(놀이와 일)과 4가지의 범위(집의 부지내, 동네, 동네 주변, 동네 밖)로 분류할 수 있었음을 밝혀냈다.

3) 공간특성에 관련된 2가지의 축과 4가지의 범위에 대한 분류에 관하여 구체적 이미지를 나타내는 사진을 제시하고 이야기하기에서 확인할 수 있었던 코멘트를 기입해서, 사진에서 보이는 장소 · 공간에 관한 설명을 가미했다.

이러한 결과에 근거하여, 원풍경 이야기하기로부터 확인할 수 있는 제주도의 지역적 공간특성으로서 무엇이 나타나는가에 관하여 계속하여 고찰한다.

원풍경을 뜻하는 용어에는, 일반의 한국어로 이름이 붙여지는 공간(마당, 골목, 들판, 동굴 등)이나 제주어로 지칭되는 공간(올레, 빌레, 우영팟, 폭낭 아래, 할망당, 눌, 바당, 내창 등)이 있다. 공간 · 장소에 관한 용어 중에서 가장 자주 거론된 일반명의 표현은 오름(기생화산), 들판, 바당(바다), 내창(乾川), 동네(마을 · 근처)이다. 이들 일반명사가 포괄하는 구체적 장소로서의 고유명사의 표현도 많이 보였다. 이 용어 중 동네(마을 · 주거지 근처) 이외에는 전부 제주도의 방언(제주어)으로 표현되고 있고, 제주어로 표현된 용어의 의미 속에는 화산에 의해서 형성된 섬으로서의 제주도의 지질 · 지형적 특징(제3장 참조)이 포함되어 있다.

4가지의 공간범위 중에서 특히 비교적 집으로부터 떨어진 동네 주변(마을의 주변)과 동네 밖(마을로부터 멀리 떨어진 곳)의 범위에서의 체험이 강조되면서 이야기되는 경우가 많았다. 이 공간 · 장소에서의 활동은, 게임적 · 놀이적(전쟁놀이, 축구 등)인 것도 있지만 놀이라고 하기 보다는 일에 가까운 활동(풀베기, 땔감하기, 소 · 말에게 풀을 먹이는 일 등), 놀이감각은 있지만 생계와 관계된 수렵 · 채취적 활동(개구리잡이, 삼마캐기, 지네잡기 등), 그리고 목적의식적으로 이동해 가서 하는 탐험적 놀이(동굴탐험 등) 같은 것들이 압도적으로 많이 이야기되었다. 그러나, 협력자 중 여러 사람이 어린 시절을 통틀어 그렇게 먼 곳까지 자주 간 것은 사실이지만 그것은 주말이나 여름방학 등 비일상적으로 이루어졌고 일상적으로는 집 주변 등의 동네(마을 근처)에서 보내는 시간 · 빈도가 높았다고 진술하고 있다. 결국, 자신이 머물러 있었던 공간 · 장소에서 보낸 시간이 길어서 그 빈도가 높아야만 원풍경이 되는 것은 아닌 것으로 보인다.

또한 살고 있는 자기 집의 부지내와 집 주변의 동네(마을 · 근처)에 있어서, 건물 내부는 잘 이야기되지 않는 가운데 구체적 장소로 집 밖의 장소가 강조되고 있다. 일본어로 하면 로치, 아끼치, 히로바(예를 들면, 골목안 폭낭 아래, 전봇대가 서 있는 곳 등)과 같은 곳이 자주 거론되었다. 이러한 공간 · 장소에 있어도 게임적 놀이(〈숨바꼭질〉, 〈이시키리〉)도 많이 나타났지만, 수렵 · 채집적 활동(폭낭의 열매를 따 먹는 등)도 많이 볼 수 있었다.

그러나 현대의 아이들의 놀이상황으로부터 연상되는 게임센터, 아파트 단지, 공원, 텔레비전, 시가지 등은 어느 이야기에서도 나오지 않았다. 그리고 그림지도 조사에서 자주 등장한다고 하는 「구멍가게(상점)」도 보이지 않았다. 이것은 1960년대부터 1970년대쯤의 제주도의 물리적, 경제적 환경의 특징 · 상황과 관계가 있다. 아직 토지의 개발, 도시화가 전혀 진행되지 않았고 현재와 비교하면 보다 전통적인 취락구조를 보이는 상황과 용돈이라는 개념마저 희박하던 생활 속에서 아이들만 갈 수 있는 수렵 · 채집의 활동이 가능한 공간 · 장소가 많았다고도 할 수 있다.

특히 마을 주변이나, 마을로부터 떨어진 좀더 먼 장소에 있어서도 「들판」이라고 하는 공간 · 장소가 표현되어 나오는 경우가 많았다. 제주도의 지질적 특징이라고 할 수 있는 오름(기생화산)이나 내창(건천)도 들판에 포함해서 표현되었다.

들판은 사전의 해설에 의하면 「들판 · 들녁」이 되지만, 제주도의 원풍경 이야기하기에서 표현된 들판은 일본어의 「공터/들녁(하라빠)」보다는 「野原(노하라)」가 더 가까운 것같다. 마을의 공간으로부터 조금 떨어진 매우 넓은 초원과 지평선에 걸려 있는 작은 산봉우리(오름)들, 그리고 여기저기 조금씩 잡목림이나 바위가 있는 풍경이 제주도에서 볼 수 있는 들판의 풍경이라고 정의해서 표현하는 사람도 있었다. 들판이 있는 목적지까지 가는 도중은 넓고 넓은 들판의 풍경을 보면서 체험할 수 있는 어떤 느낌이 있게 되고 거기에 특정의 활동 · 사건이 가미되면 또 다른 느낌의 들판 체험을 하게 된다.

한편, 살고 있는 집에서 비교적 가까운 마을 공간에 걸친 빈터 · 골목 · 공터 · 큰 나무 아래 등의 장소 · 공간은 모두 일본어의 「공터/하라빠」에 가깝다고 할 수 있다. 오쿠노(奧野, 1972)가 말하는 「공터/하라빠」의 의미와도 서로 통하는 점이 있는데, 오쿠노(奧野, 1972)는 「문학에 있어서의 원풍경」에서 작가의 문학작품이나 본인의 체험을 예로 들면서, 도시에 있어서의 공터(하라빠)는 아이들의 자기형성 공간으로서 매우 중요한 것임을 지적하고 어느 공간의 한 구석(귀퉁이)으로서의 광의의 공터적인 성질을 강조해서 공터적 성질로서 「도시에 남겨진 자연」, 「한 귀퉁이(구석진 곳)」, 「미개척지」, 「수렵 · 채취의 장소」, 「동굴」, 「로지(路地)/골목)」, 「비공인적 · 주류로부터의 빗겨난 것」 등과 같은 키워드를 제시하고 있다.

이러한 오쿠노(奥野, 1972)에 의해 지적된 「광의의 공터(하라빠)」와 본 연구에서 제시된 용어인 「들판(오름, 내창, 바당 등을 포함한 의미로서)」에는 아마 동일한 요소가 들어 있을 것이다. 일본에서나 한국에서도 원풍경 형성에 있어서 「들판 · 노하라(野原)와 하라빠(공터) · 올레 · 골목 등과 같은 요소」가 중요한 공통의 것임이 엿보이는 대목이다. 각 각의 지역이 가지는 지리적 · 공간적 특징은 다를지도 모르지만 원풍경을 검토하고 파악할 때 「들판 · 노하라(野原) · 하라빠(공터) · 올레 · 골목」이라고 하는 공통의 성질이 중요한 실마리가 될 것으로 보인다.

제 7 장

자연관과 자연체험이 환경가치관에 미치는 영향

동네 밖(마을어귀)
밭이나 들로 나가는 마을의 바깥 쪽 길목

본 서의 제4장에서 제6장까지, 개인과 공동의 이야기하기에 있어서 원풍경으로서 무엇이 어떻게 나타나는가에 관하여 탐색적으로 검토해 왔다. 이의 「이야기하기」라고 하는 방법을 이용한 이유는, 「지금 · 여기서의 상기활동」으로서 원풍경을 파악하려고 시도했기 때문이다. 즉 과거의 체험을 기초로 한 이야기하는 시점에서의 이야기 구성과 의미부여되는 것으로서 원풍경을 다루어 온 것이다.

본 장에서는 원체험, 소위 과거의 체험 그 자체가 가지는 기능에 초점을 맞추어 다변량적으로 검토한다.

원풍경에 대한 이야기하기 가운데 「평가적」 내용에서는, 다양한 내용이 평가되거나 의미부여 되거나 하고 있다. 예를 들면 자신은 시골에서 다양한 자연과 접촉한 결과 현재 바람직한 인간이 되어 있는 나(L), 자신이 흙과 더불어 호흡할 수 있는 곳에 살고 있는 것은 다행인 것(옥), 과거 자신은 「천연 무공해」의 생활을 함(그룹 D) 등과 같이 원풍경과 관련된 체험을 「자연」과 연관시켜 설명하고 있었다. 그리고 아이가 있는 부모의 입장에서는 예전에 자신이 자연 속에서 여러가지를 체험한 것처럼 자신의 아이들에게도 체험하게 하고 싶다고 하는 경우를 많이 볼 수 있었다. 예를 들면 시골의 밭에 일하러 갈 때 자신의 아이를 유치원에 보내지 않고 일부러 데려 가는 것(옥)이라든지 현재는 도시화가 진행되어 아이들이 자신들만으로는 너무 멀리 갈 수 없기 때문에 부모가 일부러 산 같은 곳에 데려 가는 것(B그룹) 등이다. 이상과 같이 조사 협력자들의 원풍경에 대한 이야기로부터, 원풍경 형성의 특징이며 기본 조건인 「어린 시절의 원체험」이 「자연체험」으로서 이야기되는 경우가 많았다(예를 들면, 인공적 공간인 도시 속에서의 체험에서도 나무에 오르는 것은 자연과의 관계라고 이야기되었다). 이러한 점들로부터, 원풍경 형성의 기본 조건인 어린 시절의 체험(원체험)은 자연관, 자연에 대한 태도, 가치관 등에 관계있는 것으로 예상된다.

그러나 또 한편 어린 시절의 체험 자체는 이야기하면서도 현재에 있어서의 의미부여나 평가를 하지 않거나 체험 자체를 별로 생각해 낼 수 없다고 하는 경우도 있고 과거의 체험은 개개인이 그것을 파악하는 방법에 따라 그 의미 · 기능이 다를 가능성도 있다는 것이 파악되었다.

본 장에서는, 어린 시절의 자연체험이 성장한 후의 자연관이나 자연과 관계하는 태도 · 환경가치관 등과 관계가 있는지, 또는 어떻게 관계하고 있는지에 대하여 질문지조사를 이용해서 검토한다. 다만 본 장에서의 조사 및 분석은, 직접적으로 원풍경이라고 하는 용어를 쓰지 않았다. 그런데 원풍경과 관계하는 점으로서, 어린 시절의 체험과 현재의 사고방식이나 행동을 고찰하는 것으로 가능하다고 보았다. 우선 결과까지는 어린 시절의 체험과 자연관 · 환경가치관에 관한 검토를 통하여 파악하고, 고찰로서 다시 원풍경과 연관시켜서 검토한다.

1. 문제와 목적

환경교육의 중요성에 대한 관심이 높아짐에 따라 환경문제에의 관심이나 지식, 환경보호 · 개선에 관련된 태도 · 행동에 관한 연구가 늘어나고 있지만 그 행동의 배후에 있는 환경가치관의 연구는 거의 볼 수 없다. 「환경을 보다 좋은 방향으로」라고 하는 경우 이 「좋은 방향(좋다)」라는 것은 바로 가치관을 포함한 개념이며, 이것이 유효하게 기능하려면 무엇이 좋다고 하는가에 대한 그 근저의 가치관이 문제가 된다(에노모토(榎本), 1994).

또, 사회적으로 환경보전에의 소리가 높아지는 것과 함께 1991년 문부성이 「환경교육지도 자료」를 명확히 해서(환경백서, 1994) 환경교육이 널리 교육계에서도 다루어지도록 하였기 때문에 「환경보전」, 「지구에 유익한 것」, 「자연과의 친근감」 등의 어휘가 자주 등장하게 되었다. 그러나 환경교육을 함에 있어서 무엇을 자연으로 하고, 또 무엇을 자연파괴로 하는가에 대한 것은 중요한 문제임에도 불구하고 현재의 상황은 이런 문제에 대하여 전문가 사이에서도, 전문가와 일반인의 사이에서도 반드시 일치하고 있지는 않다(타케우치(竹内), 1994, 타니구치(谷口), 1992, 구사카(日下), 1991, 누마타(沼田), 1985). 예를 들면 일반인은 목초지를 자연이라고 할지 모르지만, 식물군락의 분류에서는 「인공」이라고 본다. 그렇지만 일반적인 사람들이 자연을 어떻게 파악하고 있는가에 대하여 실증적으로 분명히 밝힌 연구는 아직 찾아 볼 수 없다. 일반인들의 자연을 파악하는 방법을 고찰하고 밝혀내는 일은 환경교육을 하는 데 있어서 당연히 행해져야만 하는 기초적인 작업일 것이다.

이상과 같은 점들을 기반으로 하여, 본 장에서는 한국과 일본에서의 대학생을 대상으로 질문지 조사를 실시해 검토했다. 한국과 일본은 거리도 가깝고 동아시아에 위치한 동일 문화권이라고도 말할 수 있지만, 지리적인 특징의 차이나 사회 · 문화 · 역사적 측면 등의 차이점도 있다. 이와 같이 동양문화권으로서의 공통성과 나라의 독특성을 가지고 있는 가운데 자연관이나 환경가치관의 형성에 대한 프로세스가 같은가, 아니면 다른가를 검토한다.

구체적으로는 다음의 4가지 점을 목적으로 하여 검토할 것이다. 첫째, 일반적인 사람들은 어떠한 것에 대하여 어느 정도의 자연스럽다/자연답다고 느끼고 있는가라는 자연관을 분명히 한다. 그때, '○○마을의 ○○산'과 같이, 대상을 고유명사의 지명 · 장소명으로 특정하지 않는다. 여기서는, 사람들이 어떤 대상에게서 자연스러움을 느낄 때 암묵적으로 적용하게 되는 기준, 이른바 소박(素朴)개념(마루노(丸野), 1994)으로서 「자연스러움」의 기준을 명확히 하고, 또 그 기준에서 느끼게 되는 자연스러움은 어느 정도인지를 밝히는 것으로 한다.

본 장에서 말하는 「자연관」이란, 무엇이 자연스러운가라고 하는 것이 아니라 어떠한 것에서 어느 정도의 자연스러움을 느끼는가 하는 감성적 측면을 가리킨다. 여기에서는, 일상생활 속에서 사람들이 만나는 인공적 환경까지 넓게 대상으로 하여 자연관을 파악하고자 한다. 왜냐하면, 일반인이 자연환경보호를 문제삼을 때 그들 자신이 어떤 자연을 어떻게 떠올리고 있는지를 잘 알고 있을 것이기 때문이다.

둘째, 환경가치관(환경에 관한 가치관 : 에노모토榎本, 1994 참조)의 검토를 행한다. 여기서 환경가치관이란, 환경의 보호나 향상에 대하여 환경의 어떠한 면을 보호해야 할 것인가를 좌우하는 태도 · 가치관인데 에노모토(榎本, 1994)는, 환경가치관과 관련된 요인으로서 환경을 배려하는 행동, 환경문제에의 의식, 환경문제에의 지식을 채택해서 검토하고 있다. 에노모토(榎本)의 연구를 기본으로 하여, 한층 더 본 연구에서는 환경가치관 형성에 대한 보다 근본적인 요인으로서 자연관과 어린 시절의 자연체험을 도입해서 각 각의 요인이 어느 정도로 환경가치관 형성에 영향을 주고 있는가를 밝히는 것으로 한다.

본 연구에서는 이 환경가치관을, 인공우선적 태도를 취하는 가치관과 자연우선적 태도를 취하는 가치관으로 나누어 고찰한다. 인공우선적 태도란, 자연을 상실해도 편리하고 쾌적한 생활을 할 수 있다면 인공환경이라도 상관없는 또는 환경문제에 대해서는 과학기술에 의한 해결을 신뢰한다고 하는 태도를 가리킨다. 자연우선적 태도란, 다소 불편해도 자연적인 환경을 선호하고 환경문제에 대해서는 과학기술만이 아닌 라이프 스타일의 변화도 필요한 것이라고 보는 태도를 가리킨다(에노모토(榎本), 1994).

셋째, 위의 2가지 점에 대하여, 한국과 일본에 있어서의 어린 시절의 자연체험과 자연관 및 환경가치관과의 관계, 환경가치관 형성에 있어서의 같은 요소들과 다른 것들을 검토하여 고찰한다.

넷째, 이상의 결과를 원풍경과 연관시켜 가면서 고찰한다. 본 장의 연구에 있어서의 구도는 그림 7-1에 나타낸다.

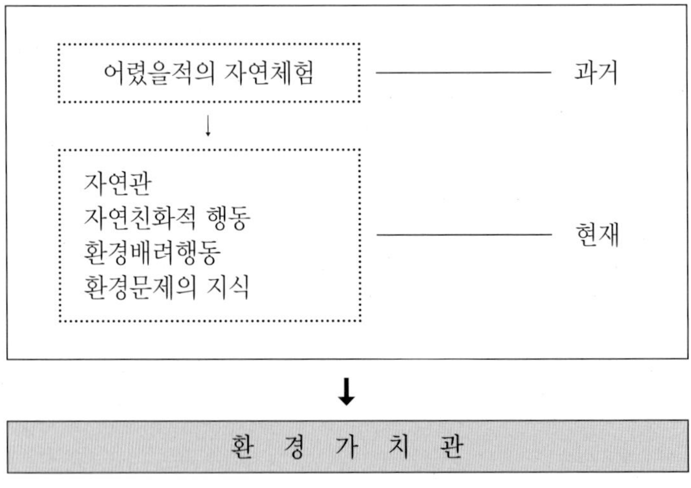

그림 7-1 본 장 연구의 전체적 구도

2. 분석방법

본 연구에서는, 5개의 카테고리로부터 이루어진 질문지를 가지고 조사를 했다. 질문지는 동일한 내용의 것을 한국어와 일본어로 작성했다. 분석에서는 먼저 각 카테고리별로 인자분석을 실시해서 내적 구조를 검토한다. 그 다음 인자분석으로부터 얻어낸 각 인자들을 이용해서 합성변수를 만든다. 최종적으로는 첫째, 목적의 자연관에 대하여는, 자연관에 대한 인자분석을 이용하여 자연관을 검토한다. 둘째, 목적의 환경가치관 형성에 있어서의 다양한 요인에 대한 검토는 합성변수를 척도로 사용해서 중회귀분석법으로 검토한다.

2-1 조사대상자 조사의 순서

일본에서의 조사는 1994년 11월 25일부터 12월 8일에 걸쳐, 도오쿄와 카나자와(金沢)의 4년제 대학, 단기 대학, 전문학교의 학생을 대상으로 질문지 조사를 실시했다. 조사는 정규 수업시간의 후반 20분을 사용했고, 질문지에는 각자 자신의 입장에서 기입하도록 하여 회수했다.

한국에서의 조사는 1995년 4월 15일부터 5월 30일까지, 한국의 서울과 제주도의 4년제 대학, 전문대학(일본의 단기대학에 해당)에서 일본에서의 조사와 동일하게 실시했다.

여기서, 대학생을 조사대상자로 한 것은 두 가지의 이유 때문이다. 어른과 아이의 자연에 대한 기호가 다르고, 아이에게 있어서도 발달단계에 의해서 자연에 대한 기호 · 태도가 다르다(Balling and Falk,1982). 본 연구에서는 환경가치관의 형성에 있어서의 일련의 메카니즘을 밝히는 것이 목적이며, 그러기 위해서는 어느 정도 지식을 가지고 있고 자연에 대한 기호 등이 안정된 상태에서 파악될 필요가 있으므로 대학생을 조사의 대상으로 한 것이 그 이유의 하나이다. 또 다른 이유는, 자연관의 조사 때 자연물이 한 지역의 것으로만 고정되지 않게끔 국가 전반의 이미지를 도출해내기 위해서 전국 각지로부터 집합된 구성원인 대학생 집단을 조사의 대상으로 한 것이다.

2-2 질문 항목

질문 항목은, 사토(佐藤, 1992), 타지리(田尻, 1994), 후카야(深谷, 1991), 시모노(下野, 1992), 에노모토(榎本, 1994)의 연구를 기초로 하여 작성했고, 예비조사(면접조사 20명, 질문지조사 50명)의 결과를 근거로 최종 질문 항목을 채택했다. 질문의 내용은 아래와 같다(표 7-1 참조).

Ⅰ. 인적사항 : 지역, 학교, 학년, 성별, 연령, 전공, 태어나 자란 곳

Ⅱ. 자연관(40항목) : 각 항목에 관하여, 얼마나 자연스러움을 느끼는가에 대한 4점 평가척도 (1점「전혀 느끼지 않는다」- 4점「많이 느낀다」)

Ⅲ. 자연 및 환경에 대한 행동(23항목) : 각 항목에 관하여, 얼마나 해당되

표 7-1 질문지의 개요

Ⅱ. 아래항목에 관하여, 어느 정도 자연다움을 느낍니까? 가장 가까운 항목에 ○표를 표시해주십시요.

①전혀 느끼지 않는다. ②거의 느끼지 않는다. ③조금 느낀다. ④많이 느낀다.

Q1.산 Q4.사찰 Q8.공원 Q12.양식장 Q16.정원(마당) Q20.바퀴벌레

Ⅲ. 다음의 설명에 관하여, 당신은 어느 정도인지 가장 가까운 항목에 ○표를 해주십시요.

Q1.풀, 꽃이나 작은 동물을 보면 계절감을 느끼거나 마음이 안정된다.

Q4.언제나 길을 걸으면서도 가로수나 화단 등을 보거나 한다.

Q8.공원 또는 자연적인 것이 조금이라도 남아 있는 장소로 산책하거나 한다.

Q12.장보기를 할 때 가격 보다는 안전성을 중시한다.

Q16.편리함 보다 안전성이나 환경에 대한 배려를 중시한다.

Q20.광고지 뒷면을 메모지로 활용한다.

Ⅳ. 어린시절(초, 중학교) 다음과 같은 것을 해본 적이 있습니까?

①전혀없다 ②1-2회 있다 ③3-4회 있다 ④많다

Q1.뱀을 직접 만져보았다. Q4.잠자리를 직접 만져보았다.

Q8.토끼 등을 길러보았다. Q12.논이나 밭 가운데로 들어가 건너보았다.

Q16.꽃술을 빨아 먹어 보았다. Q19.고드름을 꺽어 보았다.

Ⅴ. 다음의 항목에 관하여 어느 정도 알고 있습니까?

①들어본 적도 없다. ②이름만 알고 있다. ③내용을 조금 알고 있다. ④자세하게 알고 있다.

Q1.오존층 파괴 Q4.산성비 Q8.질소산화물 Q12.환경평가

Ⅵ. 다음의 항목에 관하여 어떻게 생각하십니까?

①아주 그렇다고 생각한다 ②조금 그렇다고 생각한다 ③별로 그렇다고 생각하지 않는다 ④전연 그렇다고 생각하지 않는다

Q1.현대 생활에서 꼭 필요하지 않은 자연체험도 많은데, 특별하게 자연체험을 해봐야 한다고 생각지 않는다.

Q3.달리 인공적 환경에 불만이 없고, 자연으로 돌아가야 한다는 방식의 논조에는 진부하다는 생각이 든다.

Q6.편리하고 쾌적한 도시생활이 자신에게는 맞는다고 본다.

Q8.쓰레기가 대량 배출되는 것은 풍부한 생활을 하고 있다는 증거이기 때문에 쓰레기를 줄이는 쪽이 아니라, 쓰레기를 잘 처리하는 기술개발에 역점을 두는 방향으로 나가야만 한다고 생각한다.

는가에 대한 4점평가 척도(1점 「해당지 않는다」 - 4점 「해당된다」)

Ⅳ. 어린 시절의 자연체험(19항목) : 각 항목에 관하여, 어린 시절 얼마나 체험한 적이 있는가에 대한 4점평가 척도(1점 「전혀 없다」 - 4점 「여러 차례나 있다」)

Ⅴ. 환경문제에 관한 지식(12항목) : 각 항목에 관하여, 얼마나 그 내용을 알고 있는가에 대한 4점평가 척도(1점 「들은 적도 없다」 - 4점 「자세히 알고 있다」)

Ⅵ. 환경가치관(8항목) : 각 항목에 관하여, 어떻게 생각하고 있는가에 대한 4점평가척도 (1점 「매우 그렇게 생각한다」 - 4점 「전혀 그렇게 생각하지 않는다」)

다만, 자연관에 대한 질문항목 중 다음의 3항목에 관해서는 한국과 일본의 사정에 맞추어 각각 작성했음을 부기한다.

일본사슴(일본)-노루(한국), 신칸센(일본)-고속전철(한국), 도오쿄타워(일본)-스카이라운지(한국) 등이다.

3. 결과와 고찰

3-1 회수결과 및 회답자의 특성

질문지는 일본에서 1,438부를 회수했다. 그 중에 결손치가 있는 것을 제외하고 1,357부를 분석의 대상으로 했다(유효율 94.3%). 회답자의 성별은 남성 666명, 여성 691명이다. 연령 범위는, 18세부터 29세까지이다. 지역은, 수도권으로서 도오쿄가 915명, 지방으로서 카나자와가 442명이다. 태어나 자란 곳은 도심지가 380명, 교외가 792명, 시골이 185명이다.

한국에서는 1,425부를 회수했다. 그 중 결손치가 있는 것은 입력에서 제외하여, 1,326부의 데이타를 얻을 수 있었다(유효율 93%). 회답자의 성별은 남성 720명, 여성 606명이다. 연령은, 17세부터 29세까지 분포하고 있다. 지역은 수도권으로서 서울이 815명, 지방으로서 제주도가 511명이다. 태어나 자란 곳은 도심지시가 663명, 교외가 314명, 시골이 349명이다.

3-2 질문지 항목 분석

위에서 구분한 질문Ⅱ, Ⅲ, Ⅳ, Ⅴ, Ⅵ 등 5개 측면의 질문항목에 관하여 내적 일관성을 검토해서, 분석 때의 척도로서 사용하는 합성변수를 만들기 위하여 인자분석을 실시하고 그 내용을 검토했다. 덧붙여 질문Ⅱ의 자연관에 있어서는, 항목 분석만이 아니라 위의 첫째 목적의 자연관 분석도 행한다. 이에 따라 자연관에 대한 인자분석표를 작성하지만, 그 이외의 4개의 인자분석표는 생략한다.

3-2-1 자연관에 대한 항목 분석

일본에 있어서 질문지Ⅱ의 40항목의 평가결과에 대하여 인자분석을 실시했다(표 7-2 참조). 그 결과, 주인자해(主因子解)에서 고유치 1이상의 인자가 5인자 있었지만(제1인자 6.83, 제2인자 3.84, 제3인자 2.16, 제4인자 1.21, 제5인자 1.04, 제6인자 0.70), 해석 가능성을 고려하여 제4인자까지(누적기여율 35.13%)로 해서, Varimax 회전을 실시했다. 분석에 있어서, 인자부하량이 낮은 항목(사찰/오테라)은 분석에서 제외했다.

분석 결과, 제1인자로서 「화단 · 가로수 · 분재 · 정원 · 밭」 등 13항목에서 높은 부하량이 있는 인자가 추출되었다. 이들 인자는 사람의 손길이 가해지고 있지만, 어느 정도 자연적인 요소(소재)를 가지고 있는 점을 나타내고 있다고 판단되어 「인공의 자연」이라고 명명했다.

제2인자로서 「지진 · 동굴 · 번개 · 일본사슴 · 호수 · 사막」 등 13항목에서 높은 부하량이 있는 인자가 추출되었다. 이들 인자는, 천연 현상과 사람의 손길이 조금 가해졌다고 해도 원래대로 존재하고 있던 것으로 판단하여 「천연의 자연」이라고 명명했다.

제3인자로서 「고양이 · 개 · 바퀴벌레 · 닭」 등 4항목에서 높은 부하량이 있는 인자가 추출되었다. 이들 인자는 동물이며, 더구나 제2인자의 일본사

승과는 구별되고 있는 이유에서 인간사회 가운데서 사람 주위에 있는 동물을 뜻하는 것으로 보인다. 그 점에서 「마을 동물」이라고 명명했다.

제4인자로서 「도오쿄타워 · 수영장 · 댐 · 골프장 · 운동장」 등 9항목에서 높은 부하량이 있는 인자가 추출되었다. 이들 인자는 사람의 손길이 가해져 만들어진 것이지만, 제1인자의 인공과는 다른 것으로 보인다. 제1인자는 제4인자와 비교해서 크기의 비율이 작은 소규모의 것이며 생태계에의 영향도 적지만, 제4인자는 그 대부분이 큰 규모의 물체이며 생태계에의 영향도 크다고 판단되기 때문이다. 그와 같은 점에서 제4인자는 「인공의 시설」이라고 명명했다.

한국에 있어서도 일본과 동일하게 40개 항목의 평가결과를 가지고 인자분석을 실시했다(표 7-3 참조). 그 결과 주인자해에서 고유치 1이상의 인자가 4인자이고(제1인자 5.74, 제2인자 4.62, 제3인자 2.83, 제4인자 1.26, 제5인자 0.95), 명확한 해석이 가능한 것으로부터, 제4인자까지(누적기여율 36.17)로서 Varimax회전을 실시했다.

분석 결과, 제1인자로서 「초가집 · 호수 · 노루 · 토기 · 산」 등 12항목에서 높은 부하량이 주어지는 인자가 추출되었다. 이들 인자는, 사람 손에 의하지 않고 스스로 존재하고 있는 것과 사람 손이 가해져도 시간적으로 아주 먼 옛날 만들어진 것이어서, 자연적인 재료가 많고, 천연에 가까운 것이라고 판단되었다. 그와 같은 점에서 「천연 자연」의 인자로 명명했다.

제2의 인자로서 「고양이 · 바퀴벌레 · 닭 · 태풍 · 천둥벼락」 등 9항목에서 높게 부하되고 있는 인자가 추출되었다. 이들 인자는 제멋대로 움직이는 것들로 사람 손으로 조작할 수 없는 것으로 보여서 「제멋대로 자연」의 인자로 했다.

표 7-2 일본에 있어서의 자연관에 대한 인자분석(주인자법, 4인자 Varimax회전)

		인자1	인자2	인자3	인자4	공통성	평균치(표준편차)
인자1	화단	.67	.02	-.17	-.05	.49	1.80 (.77)
	가로수	.64	.11	-.00	-.07	.43	2.81 (.74)
	화분	.64	.02	-.22	-.06	.46	2.18 (.71)
	정원	.59	.02	-.16	-.03	.38	2.63 (.70)
	분재	.59	.03	-.20	-.07	.39	3.27 (.93)
	식물원	.51	.10	-.10	-.10	.30	2.51 (.73)
	밭	.51	.17	-.00	-.05	.30	3.13 (.76)
	공원	.50	.08	.01	-.18	.30	2.54 (.73)
	양식장	.44	.09	.00	-.22	.25	1.82 (.70)
	조성림	.42	.17	.18	-.12	.25	2.69 (.73)
	꽃꽂이	.41	.0	-.29	-.19	.29	1.95 (.71)
	저수지	.36	.26	-.12	-.16	.24	2.42 (.63)
	공터	.33	.13	-.25	-.17	.23	1.38 (.57)
인자2	지진	-.09	.63	-.48	.04	.65	3.16 (.98)
	동굴	.08	.62	-.08	.06	.41	3.39 (.74)
	벼락	-.08	.61	-.51	.04	.65	3.23 (.87)
	태풍	-.02	.59	-.48	.06	.59	3.27 (.93)
	일본사슴	.10	.55	-.05	.14	.34	3.35 (.83)
	호수	.28	.53	.09	.17	.40	3.52 (.68)
	별	.07	.48	-.30	.08	.33	3.64 (.65)
	사막	.02	.48	-.05	.07	.25	2.98 (.97)
	토기	.31	.41	-.18	-.05	.31	2.57 (.79)
	바다	.16	.41	-.02	.07	.20	3.59 (.67)
	초가집	.34	.36	-.03	-.07	.25	3.07 (.80)
	산	.23	.32	.11	.05	.32	3.83 (.43)
	목초지	.30	.32	.19	-.00	.23	3.59 (.63)
인자3	고양이	.22	.07	-.66	-.07	.50	2.15 (.70)
	개	.28	.03	-.65	-.11	.52	2.18 (.81)
	바퀴벌레	.04	.19	-.57	-.02	.37	1.91 (.90)
	닭	.29	.22	-.43	-.06	.32	2.23 (.86)
인자4	도쿄타워	.05	-.12	-.11	-.62	.41	1.15 (.39)
	수영장	.17	-.10	-.26	-.55	.41	1.38 (.57)
	시가지	.09	-.17	-.22	-.53	.37	1.25 (.49)
	신간센	.06	.13	-.03	-.58	.36	1.22 (.49)
	댐	.20	.08	.16	-.49	.31	1.80 (.77)
	운동장	.32	-.06	-.19	-.48	.38	1.68 (.71)
	고속도로	-.02	-.12	.03	-.46	.23	1.31 (.55)
	항만	.30	.15	.05	-.40	.28	2.11 (.79)
	골프장	.21	-.04	.18	-.35	.20	1.64 (.71)
인자부하량(x^2)		4.72	3.73	2.93	2.66		
기여율(%)		11.82	9.33	7.33	6.65		
누적기여율(%)		11.82	21.15	28.48	35.13		

제3인자로서 「시가지 · 수영장 · 스카이라운지 · 고속전철 · 댐」 등 9항목에서 높게 부하되는 인자가 추출되었다. 이들 인자는, 사람 손으로 만들어진 것이고, 한 사람이 만들거나 관리하거나 할 수 없는 큰 규모의 것이라 판단되어 「인공 시설」의 인자로 명명했다.

제4인자로서 「화단 · 화분 · 정원 · 가로수 · 분재」 등 10항목에서 높게 부하되는 인자가 추출되었다. 이들 인자는 사람 손이 가해지고 있지만 자연물이 재료(소재)로서 빠지지 않는 것으로 판단되어 「인공 자연」의 인자로 명명했다.

3-2-2 자연 · 환경에 대한 행동의 항목 분석

일본의 경우, 일상생활 속에서의 자연 환경에 대한 행동과 환경문제를 의식한 행동에 관한 23개 항목의 평가결과를 가지고 인자분석(주인자치)을 실시했다. 그 결과 고유치 1이상의 인자가 2인자 있었고(제1인자 4.81, 제2인자 1.49, 제3인자 0.81), 2인자까지의 해석이 타당한 것이라 할 수 있으므로 제2인자까지를 확정해서(누적기여율 27.39%) Varimax회전을 실시했다(회전 후, 제1인자 3.28, 제2인자 3.01, 누적기여율 27.39).

분석의 결과 제1인자로서 「보통 '나는 자연이 너무나 좋아' 라고 하는 의식이 강하다」, 「휴일이나 쉬는 시간에는 자연을 즐기기 위해서 그 시간을 쓴다」 등 7항목에서 높은 부하량이 있는 인자가 추출되었다. 이들 인자는 자연 환경에 대한 감수성, 혹은 친밀감을 나타내는 행동이라고 보여 「자연 친화적 행동」이라고 명명했다. 제2인자로서 「편리함보다 안전성이나 환경에 대한 배려를 중시한다」, 「우유팩, 빈 깡통의 회수를 실행하고 있다」 등 14항목에서 높은 부하량이 있는 인자가 추출되었다. 이들 인자는, 일상생활에 있어서 환경문제를 의식해서 표출된 행동이라고 판단되어 「환경 배려 행동」이라고 명명했다.

표 7-3 한국에 있어서의 자연관에 대한 인자분석(주인자법, 4인자Varimax회전)

		인자1	인자2	인자3	인자4	공통성	평균치(표준편차)
인자1	초가집	.64	-.10	-.03	-.00	.42	3.16 (.81)
	호수	.61	.06	.02	-.24	.44	2.72 (.77)
	노루	.56	-.19	.12	-.10	.37	3.27 (.87)
	토기	.54	-.20	-.08	-.02	.34	2.84 (.88)
	동굴	.54	-.34	.00	.01	.41	3.03 (.90)
	산	.52	.01	.18	-.08	.31	3.52 (.74)
	별	.51	-.15	-.08	.05	.29	3.51 (.74)
	목초지	.49	-.02	.11	-.11	.27	3.28 (.76)
	바다	.49	.06	.05	-.06	.25	3.58 (.71)
	연못	.49	-.11	-.18	-.19	.32	2.93 (.82)
	밭	.37	-.30	.12	-.17	.27	3.00 (.85)
	사찰(절)	.32	-.09	.05	-.04	.12	2.84 (.85)
인자2	고양이	.00	-.65	-.08	-.14	.46	2.18 (.95)
	바퀴벌레	-.14	-.65	-.06	-.03	.46	1.78 (.98)
	닭	.14	-.65	-.02	-.09	.45	2.24 (.98)
	태풍	.29	-.63	.06	.13	.51	2.78 (1.06)
	벼락	.38	-.57	-.08	.13	.50	2.84 (1.02)
	지진	.37	-.56	.02	.15	.48	2.54 (1.13)
	개	.05	-.50	-.14	-.13	.29	2.46 (.92)
	공터	.03	-.40	-.38	-.02	.31	2.09 (.89)
	사막	.25	-.36	.02	.02	.19	2.84 (.85)
인자3	시가지	-.21	-.05	-.67	-.20	.54	1.84 (.91)
	수영장	-.24	-.10	-.64	-.23	.54	1.79 (.85)
	스카이라운지	.00	.13	- .63	- .20	.46	2.23 (.95)
	고속열차	-.12	-.04	-.63	-.14	.44	1.76 (.83)
	운동장	-.19	-.26	-.57	-.15	.45	1.88 (.80)
	댐	.13	-.05	-.53	-.10	.32	1.85 (.77)
	항만	.23	.04	-.48	-.08	.29	2.39 (.89)
	꽃꽂이	.00	-.09	-.41	-.36	.31	2.20 (.84)
	고속도로	-.13	-.02	-.34	-.12	.15	1.92 (.80)
인자4	화단	.12	-.02	-.12	-.70	.52	2.65 (.77)
	화분	-.05	-.12	-.12	-.67	.49	2.41 (.75)
	정원	.25	.10	-.19	-.55	.42	2.87 (.75)
	가로수	.14	.07	-.21	-.53	.35	2.80 (.85)
	분재	.06	-.07	-.12	-.49	.26	2.38 (.79)
	공원	.21	.11	-.14	-.47	.30	2.68 (.74)
	조성림	.31	.04	-.01	-.41	.26	2.78 (.80)
	양식장	-.02	-.18	-.18	-.40	.22	2.02 (.80)
	식물원	.22	.01	-.30	-.38	.29	2.72 (.77)
	골프장	-.19	-.08	-.18	-.33	.18	1.69 (.82)
인자부하량(x^2)		4.30	3.47	3.45	3.23		
기여율(%)		10.76	8.69	8.62	8.08		
누적기여율(%)		10.76	19.46	28.08	26.17		

한국의 경우에 있어도 일본과 동일하게 23개 항목의 평가결과에 대하여 인자분석을 실시했다. 그 결과 고유치 1이상의 2인자가 추출되었고(제1인자 4.84, 제2인자 1.17, 제3인자 0.76), 명확한 해석이 가능한 것으로부터 제2인자까지(누적기여율 26.17)로서 Varimax회전을 실시했다(회전 후, 제1인자 3.16, 제2인자 2.85, 누적기여율 26.17).

분석 결과, 제1인자로서「편리함보다 안전성이나 환경 배려를 중시하는 합성세제를 사용하지 않고 비누를 사용하고 있다」등, 15항목에서 인자부하량이 높은 인자가 추출되었다. 이들 인자는 일상생활에서 환경문제를 의식하여 나타내는 행동이라고 할 수 있어「환경배려 행동」의 인자로 했다.

제2인자로서「공원이라든지 자연적인 것이 조금이라도 있는 곳으로 산책하러 나가거나 하는 보통 '나는 자연이 너무 좋아' 라고 하는 의식이 강하다」등 7항목에서 높은 인자부하량이 주어지는 인자가 추출되었다. 이들 인자는, 자연 환경에 대한 감수성 혹은 친밀감을 나타내는 행동으로 보여「자연친화적 행동」의 인자로 명명했다.

3-2-3 어린 시절의 자연체험에 대한 항목 분석

일본인 경우, 어린 시절의 자연체험에 관한 19개 항목의 평가결과에 대하여 인자분석(주인자해)을 실시했다. 고유치 1이상인 인자가 1인자만 추출되어(제1인자 5.04, 제2인자 0.98) 그 제1인자만을 채택했다(기여율 26.57%).

분석 결과「가재나 개구리를 잡는 것」,「하루종일 밭일을 도운 것」등 18항목에서 높은 부하량이 나타난 인자가 추출되었고「자연체험」이라고 명명했다.

한국에 있어도 일본과 같이 19개 항목의 평가결과를 가지고 인자분석을 실시했다. 고유치 1이상의 2인자가 추출되었지만(제1인자 7.07, 제2인자 1.06, 제3인자 0.64), 제1인자만이 명확한 해석이 가능한 것으로서 제1인자만(누적기여율 37.21)을 채택했다.

분석의 결과 「가재나 개구리를 잡는 것」, 「큰 나무에 오르는 것」, 「밭이나 논에서 열심히 일하는 것」 등 19개 항목에서 높은 부하량이 주어지는 인자가 추출되어 「자연체험」의 인자로 했다.

3-2-4 환경 문제에 대한 지식의 항목 분석

일본에 있어서, 환경문제에 관한 12개 항목의 평가결과에 대하여 인자분석을 실시했다. 그 결과, 고유치 1이상의 2인자가 추출되었지만(제1인자 5.01, 제2인자 1.03), 해석 가능성을 고려하여 제1인자만(기여율 41.80%)을 취했다.

분석의 결과 「질소산화물」, 「온실 효과」 등 12항목에서 높게 부하된 인자가 추출되어 「환경문제 지식」이라고 명명했다.

한국에서도 일본에서와 같이, 12개 항목의 평가결과에 대하여 인자분석을 실시했다. 그 결과, 고유치 1이상의 2인자가 추출되었지만(제1인자 4.16, 제2인자 1.60, 제3인자 0.63), 제1인자만이 명확한 해석이 가능한 것으로부터 제1인자(기여율 34.74)를 채택했다.

분석의 결과 「온실 효과, 열대림의 파괴, 사막화」 등 12개 항목에서 부하량이 높은 인자가 추출되어 「환경문제 지식」의 인자로 했다.

3-2-5 환경가치관에 대한 항목 분석

일본에 있어서, 자연 환경을 지키기 위한 환경문제를 심각하게 받아들이는지 자연 환경을 대체할 수 있는 인공 환경의 조성까지 과학기술이 해결해 줄 것으로 해석하는 환경문제인지 등과 연관된 환경가치관에 관한 8개 항목의 평가결과에 대하여 인자분석(주인자해)을 실시했다. 그 결과, 고유치 1이상의 인자가 1인자 추출되어 제1인자만(기여율 24.8%)을 취했다.

분석 결과 「특별히 인공 환경에 불만은 없고, 자연으로 돌아가자는 식인 논조는 따분한 일이다」, 「천연 자연이 부족해져도, 과학기술의 진보에 의해서 새로운 대체 자원이나 인공적 자원을 쓸 수 있게 되기 때문에 심각해할 필요가 없다」 등 8개 항목에서 높은 부하량이 있는 인자가 추출되어 「환경가치관」이라고 명명했다.

한국의 경우에서도 일본과 같이 8개 항목에 대한 평가결과를 가지고 인자분석했다. 그 결과, 고유치 1이상의 인자가 1인자 추출되어(제1인자 1.90, 제2인자 0.24), 제1인자까지(기여율 23.86)를 채택했다.

분석 결과 「특별히 인공적 환경이라도 불만은 없고, 자연으로 돌아가자는 식인 논조는 따분한 일이다」 등 8개 항목에서 부하량이 높은 인자가 추출되어 「환경가치관」의 인자로 했다.

3-3 합성 변수

최종 분석의 척도로서 사용하기 위하여, 위에서 설명한 질문항목에 대한 5개의 카테고리(자연관 · 자연 환경에 대한행동 · 어린 시절의 자연체험 · 환경문제 지식 · 환경가치관)에 속한 각 인자(9개)를 이용하여, 각 인자에서 높은 부하량을 가지는 항목의 득점을 합계한 합성변수를 만들고 Cronbach의 α 계수를 산출했다. 그 결과, α = .70- .91사이에 분포하고 있어, 각 인자의 신뢰도가 확인되었다(표 7-4, 표 7-5 참조).

3-4 목적별 분석

3-4-1 자연관에 관하여 : 사람들은 어떤 것에서 자연스러움을 느끼는가, 그리고 그러한 때 암묵적으로 기능하며 적용하고 있는 기준은 무엇인가

여기에서는, 「3-2-1의 자연관에 대한 항목 분석」에서 밝혀진 자연관의 인자분석 결과를 이용해 검토한다(표 7-2, 표 7-3 참조).

우선 일본의 경우, 자연관의 4개의 인자를 검토해 본다. 자연스러움을 느

표 7-4 인자분석으로부터 산출된 합성변수(일본)

질문항목의 카테고리	카테고리별 인자수	인자명	득점의 합계 (항목수)	Cronbach α 계수
자연관	인자1	자연관1 (인공의자연)	→합성변수1 (13항목)	α = .84
	인자2	자연관2 (천연의자연)	→합성변수2 (13항목)	α = .83
	인자3	자연관3 (마을동물)	→합성변수3 (4항목)	α = .79
	인자4	자연관4 (인공시설)	→합성변수4 (9항목)	α = .75
자연 · 환경에 대한 행동	인자1	자연친화적 행동	→합성변수5 (7항목)	α = .83
	인자2	환경배려 행동	→합성변수6 (14항목)	α = .78
어린시절의 자연체험	인자1	어린시절의자연체험	→합성변수7 (19항목)	α = .88
환경문제 지식	인자1	환경문제지식	→합성변수8 (12항목)	α = .88
환경가치관	인자1	환경가치관	→합성변수9 (8항목)	α = .72

표 7-5 인자분석으로부터 산출된 합성변수(한국)

질문항목의 카테고리	카테고리별 인자수	인자명	득점의 합계 (항목수)	Cronbach α 계수
자연관	인자1	자연관1 (천연의자연)	→합성변수1 (12항목)	α = .82
	인자2	자연관2 (제멋대로자연)	→합성변수2 (9항목)	α = .81
	인자3	자연관3 (인공시설)	→합성변수3 (9항목)	α = .81
	인자4	자연관4 (인공자연)	→합성변수4 (10항목)	α = .79
자연 · 환경에 대한 행동	인자1	환경배려 행동	→ 합성변수5 (15항목)	α = .79
	인자2	자연친화적 행동	→ 합성변수6 (7항목)	α = .81
어린시절의 자연체험	인자1	어린시절의 자연체험	→합성변수7 (19항목)	α = .91
환경문제 지식	인자1	환경문제지식	→합성변수8 (12항목)	α = .84
환경가치관	인자1	환경가치관	→합성변수9 (8항목)	α = .70

끼는 정도를 평균치로 보면 자연관 2(천연 자연 M=3.32), 자연관 1(인공 자연 M=2.43), 자연관 3(마을 동물 M=2.12), 자연관 4(인공 시설 M=1.50)의 순서로 점차 낮아지고 있다. 이와 같이 분류할 수 있는 기준을 고찰해 본다.

제일 먼저, 스스로 존재하는 것인가 또는 사람 손이 가해진 것인가 하는 기준으로 분류할 수 있다. 즉 자연관 2(천연 자연)와 자연관 1(인공 자연), 자연관 3(마을 동물), 자연관 4(인공 시설)가 구별된다. 자연관 2에서는, 자연현상이나 산 · 바다 등 스스로 존재하는 것이 많다. 그 다음으로, 자연의 요소

(재료 · 소재)가 들어간 정도로 구분되는 기준이다. 즉, 자연관 1(인공 자연)과 자연관 4(인공 시설)의 항목은 전부 사람에 의해서 만들어진 것이지만 자연관 1에서는 비교적 자연의 재료 · 소재가 차지하는 비율의 높은 항목이 많고, 자연관 4에는 인공 물질의 재료 · 소재의 비율의 높은 항목이 많다. 또 자연관 4에는, 자연적 요소도 포함되어 있는 항목도 있기는 하지만 대부분이 큰 시설이며, 그 시설을 만드는 것으로 인한 주변에의 생태적 영향이 비교적 크다고 하는 생태적 인식의 기준이 영향을 미치고 있다. 자연관 3은, 다른 3개의 자연관과 생물(동물) 또는 비생물인가라는 기준으로 차이가 있다. 다만, 일본사슴이 자연관 2에 포함되어 있는 것으로 사람의 손길이 얼마나 가해지고 있는가 하는 기준도 관련되어 있는 것으로 판단된다.

한국에 있어서도 일본과 동일하게 이들 4개의 인자를 가지고 검토한다. 자연스러움을 느끼는 정도의 평균치는 자연관 1(천연 자연 M=3.19), 자연관 4(인공 자연 M=2.50), 자연관 2(제멋대로 자연 M=2.37), 자연관 3(인공 시설 M=1.99)의 순서로 낮아지고 있다.

이와 같이 자연관을 나눌 수 있는 기준에 대하여 고찰해 보면 다음과 같이 판단된다. 우선 스스로 존재하는 것인가, 사람의 손길이 가해지고 있는가의 기준으로 분류할 수 있는 것으로 보인다. 이에 따라 자연관 1(천연 자연), 자연관 2(제멋대로 자연)와, 자연관 3(인공 시설), 자연관 4(인공 자연)가 구별되는 것으로 나타났다.

다음으로 자연의 요소(재료 · 소재)가 어느 정도인가, 그렇게 만들어졌지만 규모나 생태적 영향의 정도에 대한 기준에 의해서 자연관 3(인공 시설)과 자연관 4(인공 자연)도 구별이 되는 것으로 보인다. 이 두 개의 자연관에서 나타나는 항목은 사람에 의해 만들어진 것이지만 자연관 4(인공 자연)에서는 자연의 요소(재료 · 소재)가 비교적 많은 항목이 있는데 자연관 3(인공 시설)에서는 자연 그대로의 재료라고는 말하기 어렵고 또 규모가 크다.

그리고 자연관 1(천연 자연)과 자연관 2(제멋대로 자연)에서는 위치 · 움직임 등을 바꾸지 않는 정적인 것인가와, 움직임의 조작을 많이 볼 수 있는 동적인 것인가의 기준이 포함되어 있는 것으로 판단된다.

나아가, 자연관 1(천연 자연)에서는 초가집이나 토기 등 인간에 의해서 만들어진 것이 포함되어 있는 것은 사람의 손길이 가해진 정도와 재료의 요소 이외에 다른 기준이 겹치고 있음을 시사하고 있다. 이 두 가지의 공통성을 추론해 보면 시간적으로 아주 먼 옛날이라고 하는 그런 시간의 기준이 부가되고 있는 것으로 보인다.

이상에서, 한국과 일본에 있어서 각 인자에 포함되는 항목은 조금 다르지만 사람들이 자연스러움을 느낄 때 다음과 같은 5개의 기준을 암묵적으로 적용하고 있는 것으로 보인다.

· 스스로 존재하는 것인가, 스스로 동작하는 것인가.
· 사람의 손길이 얼마나 가해지고 있는가.
· 자연의 요소(재료 · 소재)가 얼마나 포함되어 있는가.
· 생물인가, 비생물인가
· 주변에 미치는 생태적 영향은 어느 정도인가

위에서 설명한 바와 같이 스스로 존재하는 것인 만큼, 사람의 손길이 가해진 정도가 미미한 만큼, 자연의 요소(재료 · 소재)가 들어간 정도가 많은 만큼, 생물인 만큼, 주변에의 생태적 영향이 작은 만큼, 만들어지고 나서 긴 시간이 경과한 것인 만큼 자연스러움을 보다 많이 느끼고 있음을 나타내고 있다.

3-4-2 환경가치관에 영향을 미치는 요인에 관하여:

일본에 있어서, 표 7-4에 나타낸, 9개의 합성변수 중 환경가치관을 기준변수로 하고, 그 외 8개의 합성변수를 설명변수로 하여 환경가치관[11)]을 예측하는 중회귀분석을 실시했다(스텝와이즈법). 분석의 결과(표 7-6 참조), 중상관계수(重相關係數)R= .45, 결정계수R^2= .20이고 또 무상관검정의 결과, 유의한 상관으로 판정되었다. 즉, F(3,1353)=108.26, P〈.0001이 산출되었다. 5개 요인의 변수가20%의 설명력으로 환경가치관에 영향을 미치고 있다는 것이 나타난 것이다. 각 요인마다의 영향은 자연친화적 행동, 환경배려 행동, 자연관 4(인공 시설)의 순서로 점차 영향력이 낮아지고 있는 것이 나타났다. 결국, 자연친화적 행동과 환경배려 행동을 많이하는 사람은 그 만큼 자연 우선적 태도를 취하는 가치관을 가지고 있다는 것, 또 인공의 시설에서도 자연스러움을 느끼는 사람은 그 만큼 인공 우선적 태도를 취하는 가치관을 가지고 있다는 것을 나타낸다. 또 어린 시절의 자연체험, 환경문제 지식[12], 자연관 2라는 순서로 영향력이 낮아지고 있다. 그 수치는 크다고는 할 수 없고 영향력도 많이 떨어질지 모른다.

여기서 제일 영향이 큰 것으로 나타난 자연친화적 행동을 기준변수로 하여 중회귀분석을 실시한 결과(표 7-7 참조), 어린 시절의 자연체험, 자연관 2(천연 자연), 환경문제 지식, 자연관 1(인공 자연), 자연관 3(마을 동물)의 순서로 자연친화적 행동에 영향을 미치고 있는 것으로 나타났다. 이러한 결과는 어린 시절의 자연체험과 자연관 1, 자연관 3, 환경문제 지식은 주로 자연친화적 행동을 통해 간접적으로 환경가치관에 영향을 끼치고 있다. 즉 어린 시절의 자연체험이 많은 만큼, 자연물에서 자연스러움을 잘 느끼는 만큼 자연친화적 행동이 있게 되고, 자연친화적 행동이 많은 만큼 자연 우선적 태도를 취하는 가치관을 가진다고 판단된다. 이러한 결과는 환경교육에 있어서 자연체험을 통한 교육의 중요성이 크다는 것을 시사하고 있다.

한국인 경우에 있어서도 일본에서와 같이 분석을 실시했다. 분석 결과(표7-8참조), 중상관계수R= .40, 결정계수 R^2= .16으로, 유의한 상관으로 판명되었다. 즉표계F(5,1320)=50.22, P〈.0001이다. 5개의 변수인 자연관 1(천연자연), 어린 시절의 자연체험, 자연관 3(인공 시설), 환경배려 행동, 자연친화적 행동 등이 환경가치관을 16%의 설명력을 가지고 예측되는 것으로 나

표 7-6 일본에 있어서의 환경가치관을 기준으로 산출한 중회귀분석 결과(스텝와이즈1-6)

기준변수(환경가치관)

	자연친화적 행동	자연관 4 (인공시설)	환경배려 행동	어린시절의 자연체험	환경문제 지식	자연관 2 (천연자원)	중상관R^2 ΔR^2 계수(R)		
계 표 Ⅰ	.36***						.36	.12	
수 준 Ⅱ	.36***	−.18***					.40	.16	.04
편 Ⅲ	.28***	−.18***	.19***				.43	.19	.03
β 회 Ⅳ	.26***	−.18***	.19***	.06+			.44	.19	.00
귀 Ⅴ	.27***	−.18***	.20***	.08**	−.06+		.44	.20	.01
Ⅵ	.26***	−.18***	.19***	.08**	−.06	.04	.45	.20	.00

주 : ***는 $p<.001$, **는 $p<.005$, *는 $p<.01$, +는 $p<.05$ 이다.
R^2는 상관계수, ΔR^2는 스텝간의 결정계수의 증가를 나타낸다.

표 7-7 일본에 있어서의 자연친화적 행동을 기준으로 산출한 중회귀분석 결과(스텝와이즈1-5)

기준변수(자연친화적행동)

	어린시절의 자연체험	자연관 2 (천연자연)	환경문제 지식	자연관 1 (인공자연)	자연관 3 (마을동물)	중상관R^2 ΔR^2 계수(R)		
계 표 Ⅰ	.25***					.25	.06	
수 준 Ⅱ	.25***	.24***				.35	.12	.06
편 Ⅲ	.20***	.23***	.16***			.38	.14	.02
β 회 Ⅳ	.21***	.17***	.18***	.16***		.41	.17	.03
귀 Ⅴ	.21***	.15***	.17***	.14***	.07*	.42	.17	.01

주 : ***는 $p<.001$, **는 $p<.005$, *는 $p<.01$, +는 $p<.05$ 이다.
R^2는 상관계수, ΔR^2는 스텝간의 결정계수의 증가를 나타낸다.

타났다. 이것은 천연 자연에서 자연스러움을 잘 느끼는 만큼, 어린 시절의 자연체험이 많은 만큼, 인공 시설에서는 자연스러움을 느끼지 않는 만큼, 환경배려 행동과 자연친화적 행동이 많은 만큼 자연 우선적 가치관을 가지기 쉽다는 것을 의미한다.

그리고 일본에서와 같이, 자연친화적 행동을 기준변수로 하여 분석했다(표 7-9 참조). 그 결과 자연관 1(천연 자연), 어린 시절의 자연체험, 자연관 4(인공 자연), 자연관 3(인공 시설), 환경문제 지식, 자연관 2(제멋대로 자연)가 20%의 설명력을 가지고 자연친화적 행동을 예측하고 있는 것으로 나타났다. 이것은 천연 자연에서 자연스러움을 느끼는 만큼, 어린 시절의 자연체

표 7-8 한국에 있어서의 환경가치관을 기준으로 산출한 중회귀분석 결과(스텝와이즈1-6)

기준변수(환경가치관)

	자연관 2 (천연자연)	어린시절의 자연체험	자연관 3 (인공시설)	환경배려 행동	자연친화적 행동	자연관 2 (제멋자연)	중상관R^2	ΔR^2	계수(R)
계 표 Ⅰ	.27***						.27	.07	
수 준 Ⅱ	.24***	.18***					.32	.10	.03
편 Ⅲ	.23***	.19***	-.13***				.35	.12	.02
β 회 Ⅳ	.20***	.15***	-.16***	.16***			.38	.15	.03
귀 Ⅴ	.17***	.14***	-.17***	.11***	.11***		.39	.15	.00
Ⅵ	.15***	.13***	-.18***	.11**	.11***	.04	.40	.16	.01

주 : ***는 $p < .001$, **는 $p < .005$, *는 $p < .01$, +는 $p < .05$ 이다.
R^2는 상관계수, ΔR^2는 스텝간의 결정계수의 증가를 나타낸다.

표 7-9 한국에 있어서의 자연친화적 행동을 기준으로 산출한 중회귀분석 결과(스텝와이즈1-5)

기준변수(자연친화적행동)

	자연관 2 (천연자연)	어린시절의 자연체험	자연관 4 (인공자연)	자연관 3 (인공시설)	환경문제 지식	자연관 2 (제멋자연)	중상관R^2	ΔR^2	계수(R)
계 표 Ⅰ	.32***						.27	.07	
수 준 Ⅱ	.29***	.19***					.32	.10	.03
편 Ⅲ	.24***	.20***	.19***				.35	.12	.02
β 회 Ⅳ	.26***	.19***	.14***	.11***			.38	.15	.03
귀 Ⅴ	.26***	.18***	.13***	.11***	.08**		.39	.15	.00
Ⅵ	.22***	.17***	.14***	.09***	.07**	.07**	.40	.16	.01

주 : ***는 $p < .001$, **는 $p < .005$, *는 $p < .01$, +는 $p < .05$ 이다.
R^2는 상관계수, ΔR^2는 스텝간의 결정계수의 증가를 나타낸다.

험이 많은 만큼, 인공 자연에서 자연스러움을 많이 느끼는 만큼, 자연친화적 행동이 많은 만큼, 자연친화적 행동이 많은 만큼 환경가치관에 영향을 미치고 있다는 것을 나타내고 있다. 특히 자연관 4(인공 자연)는 직접 환경가치관에 영향을 끼치는 것이 전혀 없지만, 자연친화적 행동을 통하여 간접적으로 영향을 끼치고 있는 것이 나타났다.

4. 전체적 고찰

이상으로 한국과 일본에서 질문지 조사를 실시해서, 사람들이 자연스러움을 느낄 때의 기준이나 환경가치관에 영향을 끼치는 요인에 대하여 검토했다. 이 결과에 근거하여 다음의 2가지 점에 대해서 고찰한다. 첫째, 한국과 일본에 있어서 공통점 및 유사점과 차이점을 고찰하고, 그것들로부터 어떤 점이 시사되고 있는가를 밝혀낸다. 둘째, 본 연구의 결과로부터 원풍경과 관련된 여러가지 고찰에 대하여 검토한다.

4-1 한국과 일본의 유사점 차이점

우선 첫째로, 사람들이 자연스러움을 느낀다고 할 경우 그 속에서 암묵적으로 몇 가지의 기준을 적용하고 있는 하나의 대상물에 대하여 어떤 기준을 어느 정도 연관시키고 있는가에 따라서 느끼는 자연스러움의 정도가 차이가 나는 것으로 나타났다. 각 인자의 항목은 조금 달랐지만 천연 자연, 인공 자연의 순서로 자연스러움을 느끼는 것은 한국 · 일본이 동일했다. 자연스러움을 느낄 때의 기준으로서는, ① 스스로 존재하는 것인가 ② 사람의 손길이 어느 정도 가해져 있는가 ③ 자연의 요소(재료 · 소재)가 어느 정도 들어가 있는가 ④ 생물인가, 비생물인가 ⑤ 주변에의 생태적 영향은 어느 정도인가 등을 들 수 있었다. 그리고, 천연 자연에서 초가집이나 토기가 포함되어 있는 것으로부터, 사람의 손길이 가해진 정도와 자연의 요소(소재)가 들어간 정도의 기준 이외에, 「옛날」이라고 하는 시간적 차원이 이들 인자의 구성에 기여하고 있는 가능성을 확인하였다. 이 점에 대해서는, 향후 보다 상세한 검토가 필요할 것이다.

그 두번째로, 환경가치관에 영향을 미치는 요인으로서 간접적으로나 직접적으로나 자연친화적 행동, 환경배려 행동, 자연관, 자연체험, 환경문제 지식이라고 하는 요인이 환경가치관에 영향을 미치고 있는 것은 한국과 일본에 있어서 공통으로 나타났다. 그러나, 어떤 요인이 보다 더 많이 관계하고 있는가 하는 점은 한국과 일본에 있어서 조금 다른 점이 있었다.

즉, 일본에 있어서는 어린 시절의 자연체험과 자연관(천연 자연), 환경문제 지식이 직접적으로 환경가치관에 미치는 영향이 작은 것으로 나타났고, 자연친화적 행동을 통한 간접적 영향이 보다 큰 것으로 나타났다. 한편 한국에 있어서는 자연관(천연 자연)이나 어린 시절의 자연체험도 직접 환경가치관에 미치는 영향이 큰 것으로 나타났고, 자연친화적 행동을 통한 간접적 영향도 크게 나타났다. 일본에 있어서 간접적 영향을 나타낸 환경문제 지식은, 한국에서는 직접적으로나 간접적으로도 그 영향이 작았다. 또 자연관 가운데 사람의 손길이 가해졌지만 비교적 자연적 요소(재료 · 소재)를 많이 포함하고 있는 인공 자연은, 일본에 있어서도 한국에 있어서도 간접적으로 환경가치관에 영향을 미치고 있는 것으로 나타났다. 이러한 점들에 대한 한국과 일본의 차이를 그림 7-2, 그림 7-3으로 설명한다.

한국과 일본에 있어서, 환경가치관에 영향을 미치는 요인은 동일하지만, 그 영향력의 정도와 간접적 · 직접적 영향의 차이가 나타난 것은 무엇 때문인가. 먼저 양국의 경제적 상황이나 도시화의 정도에 의해서, 자연과 접촉하는 스타일이 다를 가능성(예를 들면, 일본 사람들이 한국 보다는 경제적 여유가 있어서, 일상생활 가운데 사람의 손길에 의해 조절되고 있는 인공 자연과의 접촉이 많아 보통으로 즐길 수 있는 형편)이나 같은 세대의 대학생이어도 양국의 도시개발 정도의 차이로부터, 어린 시절의 자연체험에 대한 질이 실제로 다를 가능성(예를 들면, 어린 시절의 체험은, 한국인이 미처 도시화가 진행되어 있지 않은 환경이었기 때문에, 어린 시절 자연과의 접촉이 많아 보다 직접적인 영향을 나타내고 있는 것은 아닌가 등)을 들 수 있다.

에노모토(榎本, 1994)는 환경가치관과 환경문제 지식, 환경문제 배려 의식, 및 환경배려 행동과의 관련성을 분명히 하고 있다. 본 연구의 결과도 에노모토(榎本, 1994)의 결과를 지지하고 있고 환경배려 행동이 많은 만큼, 환경문제 지식을 잘 아는 만큼, 자연 우선적 태도를 취하는 가치관을 가지

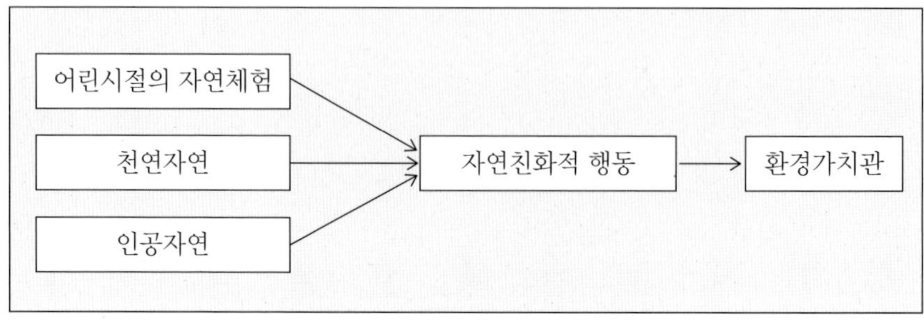

그림 7-2 일본에서의 자연관, 환경가치관

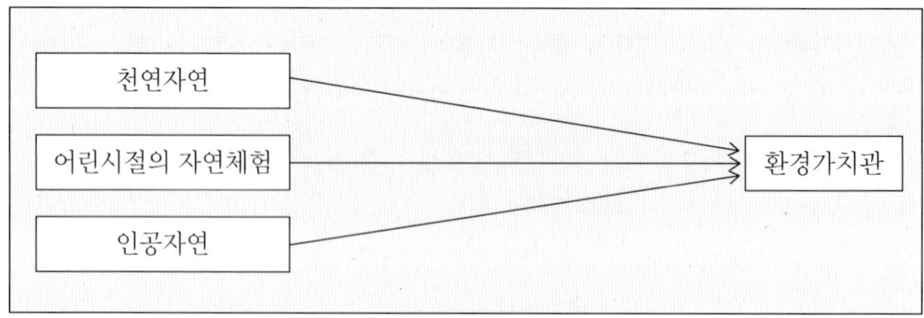

그림 7-3 한국에서의 자연관, 환경가치관

기 쉬운 사람으로 밝혀졌다.

또 한국과 일본 양쪽 모두의 결과로부터 자연친화적 행동이 많은 만큼, 천연 자연 · 인공 자연에서 자연스러움을 잘 느끼는 만큼, 어린 시절의 자연체험이 많은 만큼 자연 우선적 태도를 취하는 가치관을 가지기 쉬운 사람인 것으로 나타났다.

일본의 결과에서는 감성적으로 느끼는 것과, 지식에 의해서 이해하고 있는 것 양쪽 모두가 환경가치관에 영향을 미치는 것으로 나타났지만, 지식에 의해 이해를 하고 있는 것이 감성적인 느낌과 결부될 때야말로 그것들은 환경가치관에 가장 영향을 많이 끼친다고 할 수 있을 것이다. 그러나, 한국의 결과에서는 감성적으로 느끼는 것이 보다 더 환경가치관에 큰 영향을 끼치고 있다는 것이 나타났다. 이 점으로부터 환경교육에 대한 향후의 방향성과 관련, 지식에 의해 이해될 수 있는 부분에 체험교육을 첨가하여 실시할 필요가 있다는 것 등이 매우 중요한 시사점이 된다.

4-2 본 연구의 결과로부터 원풍경과 관련된 여러가지 고찰

본 연구로부터 얻을 수 있었던 어린 시절의 체험과 현재의 자연관, 자연친화적 행동, 환경가치관과의 관계를, 원풍경과 관련지어 고찰한다.

본 장의 연구로 활용한 「어린 시절의 자연체험」이라고 하는 카테고리에 들어가 있는 19개의 질문 항목(자료 참조)은 전항목이 집 밖에서의 놀이나 밭일 등에서 경험되는 내용이며 본 서의 제4장, 제5장, 제6장에서 분석된 내용 가운데 사건적 내용에 나타난 체험과 같은 것을 많이 볼 수 있었다(제6장, 표 6-2 참조). 이 때의 축어록에서 나타난 체험의 내용 가운데, 「개구리 · 지네잡기, 보말(조개류)잡기, 낚시질, 풀베기, 삼마캐기 · 산채 · 산딸기 채취, 삥이(모의 순)뽑기, 오름(기생화산 · 봉우리)에 가서 동굴탐험, 나무에 오르고, 열매를 따 먹는, 먼 곳으로 걸어서 가는, 내창(하천)에서 물장난, 곤충채집」 등이 본 장의 연구로 사용한 「어린 시절의 자연체험」에 대한 질문항목의 내용과 가깝다.

본 장의 검토에서는 저 이러한 체험이 자연관이나 자연친화적 행동, 환경가치관과 관련되어 있다는 것이 밝혀졌다. 그리고 이러한 체험들에 관하여, 앞의 장에서 분석한 바 있는 원풍경 이야기하기를 통하여 구체적으로 어떻게 이야기되었는지를 놓고 다시 한번 이들 체험과 관련된 자연관, 자연친화적 행동, 환경가치관과 더불어 원풍경을 포함하여 고찰한다.

원풍경을 이야기할 때, 조사대상자인 협력자들은 어린 시절에 보낸 생활 공간이나 놀이 · 일 등의 활동에 대해 이야기하지만, 대부분의 조사협력자는 어떤 종류의 이야기하기에서도 평가를 하거나 의미부여를 하거나 했다. 예를 들면 다음과 같은 몇 가지의 평가 · 의미부여가 나타났다.

1) 어린 시절의 체험 결과로서의 자기자신의 평가를 볼 수 있었다. 나는

어린 시절에 ○○이었기(○○을 하였기) 때문에 지금은 ○○이 되어 있다(○○을 할 수 있다)고 하는 내용에서의 자기자신에 대한 평가 · 의미부여이다. 예를 들면「그때는 아직 텔레비전이 없어서, 자연과 함께 할 기회가 많았다. 그것이 좋았다고 생각한다. 훨씬 인간적이 된다」,「자연과 생활할 수 있어서 좋았다. 그 속에서 상당한 가능성이나 창조성이 개발되었어」라고 하는 내용에서 자기자신이「인간적」이 되었고,「창조성」이 있는 인간이 되었다고 설명하고 있다.

2) 과거와 현재의 공간에 대한 비교를 볼 수 있었다. 옛 공간은 ○○인데, 지금의 공간은 ○○이다, 혹은 공간이 변화의 결과 ○○이 되었다고 하는 내용의 이야기하기이다. 예를 들면「과거 놀았던 오름(기생화산)은 동심의 고향이니까 보존되기를 원하고, 지금 오름이 손상되는 것은 속상한 일이다」와 같은 내용이다.

3) 자연 · 풍경이 주는 의미가 기술되었다. 자연과의 접촉이라고 하는 의미로서의 어린 시절의 체험의 중요성을 나타내는 경우인데, 자연은 ○○의 의미가 있는, 자연은 ○○을 주었다고 하는 내용의 이야기하기이다. 예를 들면「자연의 모습이 식물이나 바위는 고정된 것이 아니라 왜 이렇게 다른지를 생각하게 된다」,「숲이 있고, 새 소리가 들리고, 바다의 소리가 있는 그런 나자신이 친숙하게 지낸 소년시절… 적어도 거기 살고 있는 사람들에게는 너무나 귀중한 휴식처」라고 강조하면서, 자연은 여가 · 휴식 · 생존의 의미가 있고, 또 자연은 풍성함 · 여유를 주며, 자연은 평화 · 건강의 의미를 가져다 준다고 이야기되었다. 그리고 생활환경으로서「좋은 환경」이라고 하는 견해로서 시골을 평가하고 있었다.

4) 육아라고 하는 시점에서의 생각이 이야기되었다. 어른들이 겪은 생활 · 놀이 체험은 아이의 정신적 · 신체적 건강에도 좋았다. 그러나 지금은 사회적으로 그때와는 사정이 다르므로 어머니들이 여러가지를 고려할 필요가 있다고 하는 식으로 이야기되었다.

이상과 같이, 원풍경 이야기하기에서 과거의 체험을 실마리로 현재를 평가하거나 의미부여하거나 하는 것을 확인할 수 있었다. 이러한 내용은 반드시 「자연관」, 「환경가치관」과 연관되어 이야기된 때문이 아니지만 그때 체험했던 것이 지금보다 자연적이다라고 이야기하는 의미가 되는 경우를 볼 수 있었다. 사람들이 일상생활 가운데서 「자연」이라고 하는 용어를 채택할 때, 체험에 근거한 원풍경이 하나의 실마리 또는 단서나 은유로서도 기능하고 있다고 판단된다. 향후의 검토가 요구되는 대목이다.

자료 / 질문지

자연(自然)에 관한 의식조사

본 설문지의 내용은, 우리가 평상시에 자연 또는 자연적인 것이라고 말해지는 여러 형태의 의식에 관한 조사를 위한 것입니다.

그리고, 이 조사에서 얻어진 정보나 결과는 통계적으로 처리되어 수치로서만 기재될 것입니다. 따라서 개인의 이름이나 정보가 유출되는 일이 없을 것이오니, 안심하시고 답하여 주시면 감사하겠습니다. 번거로우시겠지만 부디 귀중한 협력을 부탁드립니다.

학교 (　　　　　　　)
학년 (　　　　　　년)
성별 (　남　　여　)
나이 (　　　　　　세)
전공 (문과계　이과계)

태어나고 자란 곳을 아래 가운데서 골라 ○표를 해주십시요.

1. 도시 : 시, 구의 중심지, 시가지, 번화가 등 인구밀집지역
2. 교외 : 시, 구의 지역이지만 중심지에서 벗어난 곳
3. 시골 : 농촌, 어촌, 산촌 등
4. 기타 지역(　　　　　　)

〈A〉 아래의 항목에 관하여, 얼마나 자연다움을 느끼십니까? 가장 가깝다고 생각되는 번호에 ○표를 해주십시오.

	전혀 느끼지 않는다	거의 느끼지 않는다	조금 느낀다	아주 많이 느낀다
1. 산	1	2	3	4
2. 고속도로	1	2	3	4
3. 목초지	1	2	3	4
4. 사찰	1	2	3	4
5. 사막	1	2	3	4
6. 바다	1	2	3	4
7. 골프장	1	2	3	4
8. 공원	1	2	3	4
9. 삼나무 조성림	1	2	3	4
10. 밭	1	2	3	4
11. 분재	1	2	3	4
12. 방어 양식장	1	2	3	4
13. 화분	1	2	3	4
14. 화단	1	2	3	4
15. 가로수	1	2	3	4
16. 정원	1	2	3	4
17. 호수	1	2	3	4
18. 노루	1	2	3	4
19. 태풍	1	2	3	4
20. 바퀴벌레	1	2	3	4
21. 닭	1	2	3	4

	전혀 느끼지 않는다	거의 느끼지 않는다	조금 느낀다	아주 많이 느낀다
22. 댐	1	2	3	4
23. 항만	1	2	3	4
24. 개	1	2	3	4
25. 식물원	1	2	3	4
26. 고속전철	1	2	3	4
27. 운동장	1	2	3	4
28. 공터	1	2	3	4
29. 동굴	1	2	3	4
30. 지진	1	2	3	4
31. 초가집	1	2	3	4
32. 토기	1	2	3	4
33. 연못	1	2	3	4
34. 스카이라운지	1	2	3	4
35. 시가지	1	2	3	4
36. 수영장	1	2	3	4
37. 꽃꽂이	1	2	3	4
38. 천둥벼락	1	2	3	4
39. 별	1	2	3	4
40. 고양이	1	2	3	4

〈B〉 아래의 설명에 관하여, 자신의 경우에 해당하는 것은 어느 정도인지 가장 가깝다고 여겨지는 번호에 ○표를 해주십시요.

	전혀 그렇지 않다	거의 그렇지 않다	조금 그렇다	아주 그렇다
1. 풀이나 꽃, 작은 동물들을 보면 계절감을 느끼거나 마음이 온화해진다	1	2	3	4
2. 식물을 기르거나 풀을 뽑는 등 흙과 접촉하는 것이 좋다	1	2	3	4
3. 곤충, 지렁이, 애벌레 등을 들여다 보거나 만지거나 하는 것은 아무렇지도 않다	1	2	3	4
4. 길을 걸으면서도 언제나 가로수나 화단 등을 쳐다본다	1	2	3	4
5. 휴일이나 쉴 때는 자연을 즐기기 위해 시간을 쓴다	1	2	3	4
6. 자연풍경 그림이나 자연풍경이 많이 나오는 영화 등을 자주 본다	1	2	3	4
7. 평상시에 “나는 자연이 너무나 좋다” 라는 의식이 강한 편이다	1	2	3	4
8. 공원이나 자연적인 것이 조금이나마 남아 있는 곳으로 산책을 나가거나 한다	1	2	3	4
9. 슈퍼마켓의 비닐봉지, 과잉포장을 거절한다	1	2	3	4
10. 합성세재를 사용하지 않고 비누를 쓴다	1	2	3	4
11. 우유팩 또는 빈 깡통의 회수를 실행하고 있다	1	2	3	4
12. 시장 볼 때 가격 보다는 안전성을 중시한다	1	2	3	4
13. 자가용 이용을 가능한 한 억제하고 있다	1	2	3	4
14. 제철이 아닌 야채 등을 사지 않도록 노력한다	1	2	3	4
15. 집에 사들고 가는 햄버거 등을 될 수 있으면 사지 않으려고 한다	1	2	3	4
16. 편리함 보다 안전성이나 환경배려를 중시한다	1	2	3	4
17. 사회구성원의 일원으로서 역할을 다하고자 한다	1	2	3	4
18. 지역, 학교, 학과의 행사에 적극적으로 참가하고 있다	1	2	3	4
19. 정치문제에 관심이 있다	1	2	3	4
20. 광고용지의 뒷면을 메모지로 사용한다	1	2	3	4
21. 몽당연필을 쓰고 있다	1	2	3	4
22. 텔레비젼이나 신문에 나오는 환경관련 뉴스를 자주 본다	1	2	3	4
23. 환경에 관한 책을 사서 읽는다	1	2	3	4

〈C〉 어린 시절(초등학교, 중학교 무렵) 아래와 같은 행위를 해본 적이 있습니까?

	전혀 없다	일이회 정도	삼사회 정도	많이 있다
1. 뱀을 직접 만져본 일	1	2	3	4
2. 개구리를 직접 만져 본 일	1	2	3	4
3. 거머리를 직접 만져 본 일	1	2	3	4
4. 잠자리를 직접 만져 본 일	1	2	3	4
5. 벼베기나 밭일 등 온종일 일손돕기를 해본 일	1	2	3	4
6. 닭이나 가축을 돌보는 일	1	2	3	4
7. 강이나 바다에서 잠수해서 고기를 잡아 본 일	1	2	3	4
8. 토끼 등을 사와서 길러 본 일	1	2	3	4
9. 산이나 숲속에서 하루종일 지내 본 일	1	2	3	4
10. 가재나 개구리를 잡아 본 일	1	2	3	4
11. 큰 나무에 올라 본 일	1	2	3	4
12. 밭이나 논에 맨발로 들어가 본 일	1	2	3	4
13. 낚시를 해본 일	1	2	3	4
14. 삼마 등 산채를 캐어 본 일	1	2	3	4
15. 산 정상까지 올라가본 일	1	2	3	4
16. 꽃술을 따서 빨아먹어 본 일	1	2	3	4
17. 동굴에 들어가 본 일	1	2	3	4
18. 제팜나무 열매나 도토리를 먹어 본 일	1	2	3	4
19. 고드름을 따 본 일	1	2	3	4

〈D〉아래의 항목에 관하여, 어느 정도 알고 있습니까?

	들어본 적도 없다	명칭은 알고 있다	내용을 조금 알고 있다	상세하게 알고 있다
1. 오존층 파괴	1	2	3	4
2. 온실효과	1	2	3	4
3. 열대우림 훼손	1	2	3	4
4. 산성비	1	2	3	4
5. 사막화	1	2	3	4
6. 산업화와 토양침식	1	2	3	4
7. 부영양화	1	2	3	4
8. 질소산화물	1	2	3	4
9. 유황산화물	1	2	3	4
10. 옥시던트	1	2	3	4
11. 에코마크	1	2	3	4
12. 환경영향평가	1	2	3	4

〈E〉 아래의 항목에 관하여, 어떻게 생각하십니까?

	전혀 없다	일이회 정도	삼사회 정도	많이 있다
1. 현대 생활에서는 그다지 필요하지 않은 자연체험도 많기 때문에 특별히 별도로 자연체험을 해봐야 한다고 생각하지 않는다	1	2	3	4
2. 쾌적한 생활의 추구가 현재까지의 인류문명을 발전시켜왔기 때문에 쾌적함으로 얻어지는 문화적 생활 때문에 어느 정도 자연이 파괴되는 것은 어쩔 수 없다고 생각한다	1	2	3	4
3. 인공적인 환경에 대한 불만은 별로 없고, 자연으로 돌아가자는 식의 논조에는 좀 허황된 면이 있다	1	2	3	4
4. 자연 속에서는 벌레나 동물 등에 익숙하지 못해서 피하게 되는 경우가 있지만 오히려 인공적인 환경에서는 마음을 놓게 되는 수가 많다	1	2	3	4
5. 자연삼림공원 보다 화단이나 잔디, 연못과 나무들이 잘 정비된 도시공원과 같은 것을 더 충실히 할 필요가 있다	1	2	3	4
6. 편리하고 쾌적한 도시생활이 자자신에게는 맞는 것같다	1	2	3	4
7. 천연자원이 바닥난다고 해도 과학기술의 진보에 의해 새로운 대체자원이나 인공자원이 만들어질 것이기 때문에 심각하게 여겨지지 않는다	1	2	3	4
8. 쓰레기가 대량으로 배출되는 것은 풍족한 생활이 실현되었다는 증거이기 때문에 쓰레기를 잘 처리할 수 있는 기술개발에 더 힘써야하는 방향으로 나가야만 한다	1	2	3	4

이상으로, 종료합니다. 귀중한 협력에 감사드립니다.

원풍경 연구의 가능성과 전망

올레
집 입구의 작은 길, 큰 길가에서 집으로 들어서는 입구

본 장에서는, 본 연구의 결과로부터 도출된 새로운 논리와 사실들을 총괄하여 살펴봄으로서 그 시사점이나 의의에 관하여 고찰하고, 원풍경 연구의 가능성과 전망을 위한 정리를 해본다.

1. 연구결과에 대한 총괄과 종합가설

제2장에서 밝힌 것처럼 본 연구에서는, 종래의 연구에서 보여지는 것과 같은 고정적인 기억으로서 원풍경을 파악하는 입장이 아니라 생활 속에서 있는 동적인 상기(想起)로서 해석하는 입장을 취했다. 이 동적인 상기로서 파악하기 위한 조사방법으로서 자연스러운 현장 또는 장면에 가까운 면접방법(알고 있는 사람들과의 서로 이야기하기 방법)을 동원했으며, 분석에 있어서는「어디서-무엇을 하고-무엇을 느끼며-지금, 여기서-어떻게 생각하는가」에 대하여 단층적으로 구분하여 보지 않고 하나의 묶음인 세트를 분석의 단위로서 파악해 가는 방식을 그 중요한 전제로 삼았고, 방법론적으로는 가설이론생성형의 연구로서의 위치를 견지했다.

이와 같이 원풍경을 상기(想起)로서 파악하면서 이야기하기를 가지고 검토했을 때, 1) 원풍경으로서 무엇이 어떻게 나타나는지, 2) 나타난 것 들의 그 관계로서의 구조는 어떤 것인지, 3) 원풍경을 이야기하는 것의 심리적 기능은 무엇인지 등에 대하여 새로운 개념과 분석에의 틀을 만들고 검토하면서 명확히 밝히는 것을 본 연구의 목적으로 하였다.

본 서는 전8장으로 구성되었다. 제1장에서는 원풍경을 키워드로 언급한 인류학, 지리학, 심리학, 농학, 건축학 등의 연구를 리뷰하여, 원풍경을 설명하는 가운데서의 관련 연구자들이 해석한 원풍경의 특징들을 정리했다. 제2장에서는, 제1장의 리뷰로부터 종래 연구의 입장에서는 고정적인 기억으로서 원풍경을 보고 있는 한계를 지적했고, 본 연구에서는 이를 동적인 상기로서 해석하는 입장임을 표명하면서 원풍경 연구의 도달과제와 그 관점 및 구체적인 방법론에 관하여 설명했다. 제3장에서는, 조사대상 지역인 제주도의 지리적 · 사회적 · 문화적 배경에 관하여 설명했다. 제4장과 제5장은 본 논문의 가장 중요한 장이며, 「이야기하기로부터 들여다 본 원풍경의 구조와 심리적 기능」이라고 하는 본 서의 서브타이틀이 붙여진 내용의 장이다.

이 제4장과 제5장에 대해서는, 원풍경 이야기하기를 가지고 분석단위를 단층적으로 잘라내지 않는 방법을 탐색했고, 개념 만들기로부터 분석에 대한 틀 · 접근방법을 찾아내서 그 결과를 기반으로 생성된 가설을 제시했다. 제6장과 제7장은, 제4장과 제5장을 이해해 나가기 위한 보조적인 장이다. 제6장에서는, 이야기하기를 분석하고 있는데, 특히 공간적 특성에 초점을 맞추어 검토했다. 제7장에서는 이야기하기에 대한 검토가 아니라 질문지를 이용해서 자연관, 환경가치관에 대한 분석을 실시해서 원풍경과의 관련성을 고찰했다.

본서의 제8장에서는, 특히 제4장과 제5장을 중심으로 밝혀낸 논점과 사실들을 정리하여 그 총괄적인 가설을 제시한다.

1-1 상기(想起) 작을 하나의 세트로서 분석하는 설명개념

종래의 연구에서 흔히 볼 수 있는 결과로서, 원풍경 질문에서 많이 등장하는 응답인 「평지의 자연 · 집주변 · 논과 밭 · 학교 · 통학로」를 제시하면서 감정체험으로서 「회구감(추억) · 안식감(안정) · 온난감(휴식)」을 그 예로 들고 있다(호시노 · 하세가와(星野 · 長谷川), 1985). 이 결과는 공간 · 장소를 가리키는 요소만을, 그리고 감정을 뜻하는 요소만을 각 각 추출하고 있다. 즉 실제 원풍경을 상기하는 장면으로서의 체험과는 다르게, 각 요소를 분할해서 처리하고 있으므로, 어느 공간 · 장소의 상기에서 어떤 감정을 체험하는지 그 연결이 분명하지 않다.

본 연구에서는 각 요소들을 단층적으로 잘라내서 추출하는 방법이 아니라, 이야기된 시계열에 따라, 하나의 의미로 묶을 수 있는 문장 전체(하나의 이야기하기에 대한 묶음)를 하나의 단위(유니트)로 취하는 방법을 선택했다(제4장 제1절과, 제5장 제1절 참조). 즉「어디서-무엇을 하고-무엇을 느끼며-지금 · 여기서 어떻게 생각하는가」라고 하는 일련의 묶음을 1개의 분석단위인 유니트로 하고, 그 각 유니트마다의 분석뿐만 아니라 복수 묶음의 유니트에 대한 분석을 실시했고, 또 유니트를 병렬적으로 분류하지 않고 각 개인마다의 이야기하기 전체에 대한 내용의 연결을 검토하는 것으로 했다.

10명의 개인 이야기하기의 검토(제4장)에서 원풍경을 설명해 나가기 위한 새로운 분석개념을 만들어 낸 바가 있다. 그 하나는, 무엇에 대해 이야기 하고 있는가 하는 서술 내용를 나타내는「풍경적」·「사건적」·「평가적」이라고 하는 개념이다(pp.71-78 참조). 예를 들면「나는 탑동(탑바래/제주시의 장소명) 바닷가에서 안개가 자욱하게 낀 바다를 자주 바라보고 있었다. 거기에 앉아 안개를 알리는 쇠울음 소리와도 같은 무적을 들을 때면 어쩐지 쓸쓸한 느낌이 들었다」라고 이야기되었을 경우,「○○에서 ○○을 본다 · 쳐다본다」는 맥락의 이야기하기라서「풍경적」내용이 된다. 또「나는 매일 용수(제주시 바닷가의 한 장소명)에서 헤엄쳤다. 왼쪽 바위에서부터 오른 쪽 바위까지 친구와 경주하면서 헤엄치거나 잠수하면서 조개(보말 등)를 잡거나 했다」라고 하는 내용이 이야기되었을 경우,「○○에서 ○○을 한다 · 실행한다 · 논다」라고 하는 맥락이기 때문에「사건적」내용이 된다. 나아가「지금은 매립해 버려서 헤엄칠 수도 없고, 문화가 없어져 버렸다. 개발은 심사숙고해야만 한다」라는 내용이 이야기되었을 경우,「○○은, ○○해야만 한다 · 하는 편이 좋다」라는 맥락이 되므로「평가적」내용이 된다. 즉, 예를 들면, 같은「바다」가 이야기하기에 등장했다고 해도 그 바다가 어떠한 맥락 속에서 관계하고 이야기하여 졌는냐에 따라서 풍경적 내용이 되든지, 또는 사건적 내용, 평가적 내용이 되든지 하며 달라지는 것이다.

또 다른 하나는, 어떻게 이야기되고 있는가 하는 서술양식(타입)으로서의 「풍경회상 타입」·「행위서술 타입」·「주장연설 타입」·「사실설명 타입」·「평가의미부여 타입」이라고 하는 개념이다(pp.80-82 참조). 예를 들면 같은 동굴탐험에 대한 「사건적」내용에서도 과거에 체험한 것을 지금 · 이야기하고 있는 그 자리에서, 생생하게 동굴탐험을 행하고 있는 것같이, 매우 흥분된 소리로 제스쳐까지 해보이면서 「너, 여기 들어간 적 있어? 없지!」, 「난 예전에 들어갔어, 너도 들어가 봐!」, 「싫어!」 등의 직접화법을 써가며 여러 사람의 역을 연기하면서 이야기하는 그 사람에게서 현장감이 표출되어, 청자에게까지 그 현장감이 리얼하게 전해져 오는 경우는 「행위서술 타입」이 된다. 또 똑같은 동굴탐험의 이야기하기에도 평범한 설명조로 「그때는 어디어디에 동굴이 몇 개인가 있다고 하는 소문을 들으면 4~5인이 모여 함께 탐험하러 가거나 했다」와 같이 갔던 사실로서의 동굴탐험의 경험 그 자체의 정보를 간접화법으로 전달하는 경우는 「사실설명 타입」이 된다. 그리고 같은 동굴탐험의 이야기하기이지만 「동굴탐험은 소영웅의 탄생을 즐기는 놀이이다. 나는 모험심이 커서 혼자서 동굴에 들어갔다. 그리고 나는 영웅이 되었다. 이런 생활을 한 덕분에 나는 창조성이 개발되었다」라고 하는 것과 같은 경우는 자기 나름대로 평가를 하고 의미부여를 행하고 있으므로 「평가의미부여 타입」이 된다. 이렇게 각 각의 이야기하기 타입은, 주로 축어록에 나타나는 용어의 조작으로 구별했지만 이야기하는 현장에 함께 하고 있는 청자에게는 이야기하는 사람의 자세 · 신체의 움직임에 대한 변화, 음성의 색 · 높낮이 · 톤 · 스피드의 변화, 얼굴표정의 변화가 관찰되는 이러한 비언어적인 정보도 분류를 할 때에는 참고로 했다.

4그룹의 공동 이야기하기에 대한 검토를 행한 제5장에서 새롭게 산출된 개념은, 어떠한 입장에서 이야기하기에 참가하고 있는가 하는 것으로서 「화제제공」·「부연설명」·「수락반응」·「확인회전질문」 등의 참가 타입이다(pp.122-127 참조). 어떤 하나의 화제에서 새로운 화제를 제시했을 경우를 「화제제공」, 제공된 화제를 받아서 보다 넓혀 설명하거나 덧붙이거나 하는 경우를 「부연설명」, 화제에 대하여 넓히거나 덧붙이는 것이 아니라 「응, 그렇구나」 혹은 「어, 그런 거야」 등 일종의 반응을 나타내는 경우를 「수락반응」, 내용을 모르거나 보다 자세하게 알고 싶어서 질문하는 경우를 「확인회전질문」으로 했다. 이러한 개념 가운데, 「화제제공-부연설명」이 한 세트를 이루고 있는 데에서 공동성이 생성되는 기능이 있고, 「수락반응」과 「확인회전질문」은 그렇게 생성되는 공동성을 승인하고 공유인식화를 하며 움직이는 기능이 있음을 밝혀냈다. 이상과 같이 개인 이야기하기와 공동 이야기하기에 대한 검토에서 새롭게 만들어진 개념에 관하여는 이미 기술한 바 있는 제2장의 본 연구의 입장을 나타낸 그림 2-1에, 새로운 분석을 더하여 설명한 것이 그림 8-1이다.

1-2 개인 이야기하기에 있어서의 개념간 관계로서의 구조와 심리적 기능

제4장의 개인 이야기하기의 검토에 의하여, 무엇이 이야기되었는가에 대한 서술내용을 나타내는 「풍경적」·「사건적」·「평가적」이라고 하는 개념과 어떻게 이야기되었는가에 대한 서술양식을 나타내는 「풍경회상 타입」·「행위서술 타입」·「설명연설 타입」·「사실설명 타입」·「평가의 미부여 타입」 등의 개념간의 관계, 즉 어떤 내용에 어느 이야기하기 타입이 쓰이고 있었는가가 개인 이야기하기에서 확인해 볼 수 있는 원풍경 이야기하기의 구조인 것을 밝혀냈다. 개인 이야기하기에 있어서의 구조란, 이야기하는 「지금 · 바로 여기서」 이야기하는 사람이 체험하는 리얼리티 현상의 구조이다. 그림 8-2에 나타낸 한 모델로서의 그림은, 10명의 이야기하기의 검토로부터 고찰되는 원풍경의 구조이다. 즉 풍경적, 사건적, 평가적 내용 등 모든 서술내용의 종류에 사실설명 타입과 평가의미부여

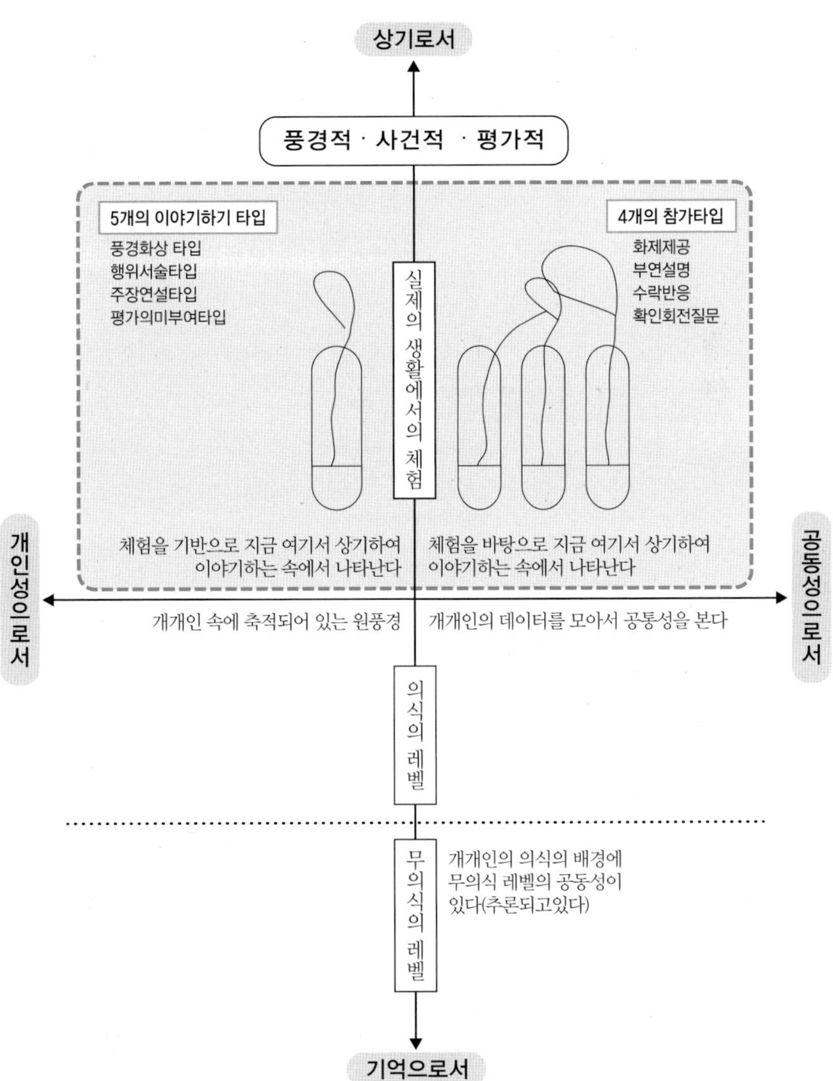

그림 8-1 상기로 검토했을때의 결과(점선 안)

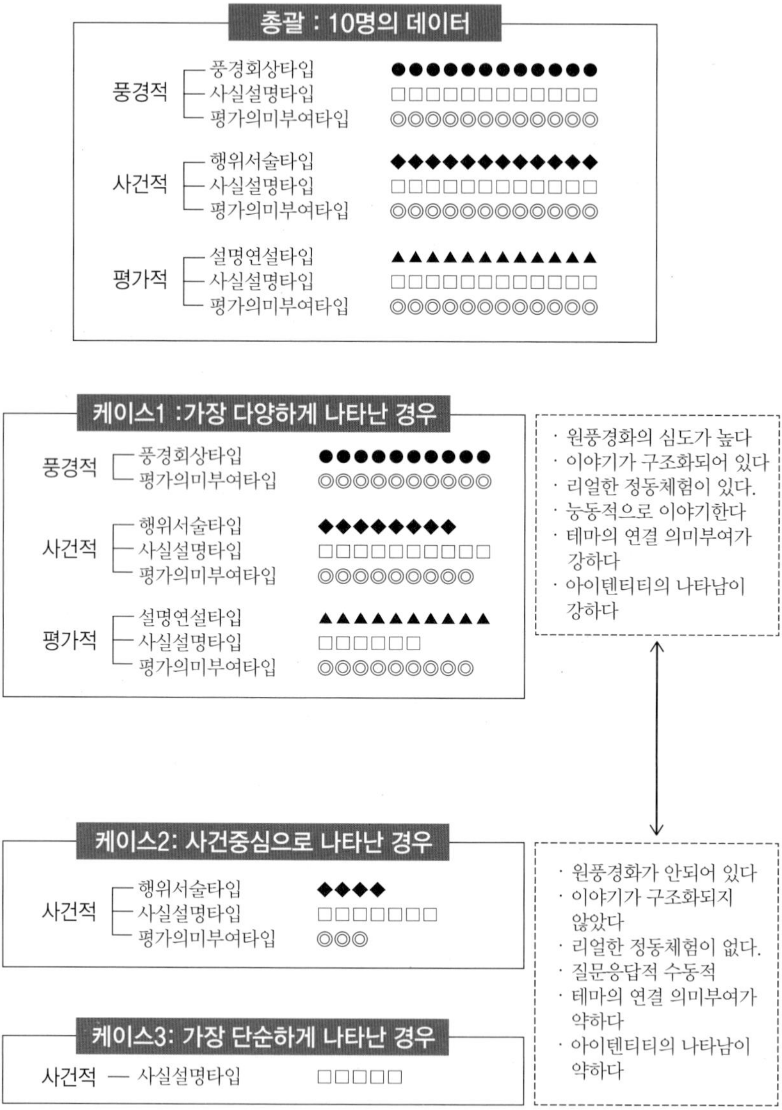

총괄 : 10명의 데이터

풍경적
- 풍경회상타입 ●●●●●●●●●●●●
- 사실설명타입 □□□□□□□□□□□□
- 평가의미부여타입 ◎◎◎◎◎◎◎◎◎◎◎◎

사건적
- 행위서술타입 ◆◆◆◆◆◆◆◆◆◆◆◆
- 사실설명타입 □□□□□□□□□□□□
- 평가의미부여타입 ◎◎◎◎◎◎◎◎◎◎◎◎

평가적
- 설명연설타입 ▲▲▲▲▲▲▲▲▲▲▲▲
- 사실설명타입 □□□□□□□□□□□□
- 평가의미부여타입 ◎◎◎◎◎◎◎◎◎◎◎◎

케이스1 :가장 다양하게 나타난 경우

풍경적
- 풍경회상타입 ●●●●●●●●●●
- 평가의미부여타입 ◎◎◎◎◎◎◎◎◎◎

사건적
- 행위서술타입 ◆◆◆◆◆◆◆◆
- 사실설명타입 □□□□□□□□□□
- 평가의미부여타입 ◎◎◎◎◎◎◎◎◎

평가적
- 설명연설타입 ▲▲▲▲▲▲▲▲▲▲
- 사실설명타입 □□□□□□
- 평가의미부여타입 ◎◎◎◎◎◎◎◎◎

· 원풍경화의 심도가 높다
· 이야기가 구조화되어 있다
· 리얼한 정동체험이 있다.
· 능동적으로 이야기한다
· 테마의 연결 의미부여가 강하다
· 아이텐티티의 나타남이 강하다

↕

케이스2: 사건중심으로 나타난 경우

사건적
- 행위서술타입 ◆◆◆◆
- 사실설명타입 □□□□□□□
- 평가의미부여타입 ◎◎◎

케이스3: 가장 단순하게 나타난 경우

사건적 — 사실설명타입 □□□□□

· 원풍경화가 안되어 있다
· 이야기가 구조화되지 않았다
· 리얼한 정동체험이 없다.
· 질문응답적 수동적
· 테마의 연결 의미부여가 약하다
· 아이텐티티의 나타남이 약하다

그림 8-2 개인의 이야기에 보이는 구조와 심리적 기능의 차이

타입이 적용되고 있는 것과, 그리고 또 풍경회상 타입은 풍경적 내용인 그것과, 행위서술 타입은 사건적 내용인 것과, 주장연설 타입은 평가적 내용인 것과 관계있다는 것을 확인했다. 이러한 이야기하기에 대한 서술 내용과 서술양식(타입)과의 관계인 구조는 무엇을 의미하고 있는가(그림 8-1, 그림 8-2).

이야기된 전체의 내용을 읽지 않고 앞의 구조도만을 보아도 대략적으로 어떠한 내용을 이야기한 것인가, 그리고 이야기하는 현장에서 어떤 정동체험을 하는가, 현장의 분위기가 어떻게 이루어졌는가 등을 고찰할 수 있다. 개개인의 이야기하기에서 나타나는 구조는 각각 다른데, 예를 들면 그림 8-2에서 설명한 케이스 1에서는 풍경적 · 사건적 · 평가적 내용이 여러가지 이야기하기 타입으로 이야기된 것을 확인할 수 있다. 케이스 1의 그림으로부터, 이야기하는 사람의 다양한 정동체험이나 현장의 분위기가 실감 있게 표출되고 있었던 것이 나타난다. 한편 케이스 3에서는, 단순하게 과거에 체험한 사실을 조금 이야기했을 뿐이며, 이야기하는 사람의 정동체험이 평범하여 현장 분위기의 변화가 그다지 없었던 것을 나타내고 있다.

이상과 같이 개개인에게서 나타난 구조(도)로부터 원풍경으로서 이야기된 내용이 풍경인가, 공간인가, 사건인가를 구별할 수 있고 이야기 현장에서의 이야기하는 사람과 청자가 체험하고 있는 분위기 · 정동체험을 예상할 수 있다. 즉 다양한 형태의 구조인 만큼 내용의 풍부함이나 이야기하는 사람에게 있어서의 의미부여나 상기에 의한 정동체험이 다양하고 그의 리얼리티가 있고 원풍경으로서의 심리적 기능이 강한 과거의 체험이 원풍경화하고 있다고 할 수 있다.

한편 케이스 3과 같이 단순한 구조가 나타났을 경우는, 내용도 빈약하고 상기에 의한 정동체험도 별로 없는 상태로 생각할 수 있다. 과거 옛 경험을 기억해서 이야기했지만 이야기하는 사람에게 있어서의 의미부여도 정동체험의 변화도 별로 볼 수 없고 원풍경으로서의 심리적 기능이 강하지 않은 과거의 체험이 원풍경화 되어 있지 않다고 할 수 있다.

또 앞에서 제시한 형태의 구조도가 아니라 이야기하기의 구체적인 내용의 검토로부터 개개인의 이야기하기를 중심으로 한 개인 특유의 테마나, 의미부여를 하게 하는 메타개념이 있음을 설명했다(pp.78-79, pp.93-97 참조). 이들 테마나 메타개념의 현상도 개개인에 따라서 다르고 분명하게 표현되는 경우와 거의 표현되지 않는 경우가 있었다. 이야기하는 사람에게 있어서의 의미부여를 하게 한 메타개념이 명확하게 표현되고 줄곧 연결된 사람은 그 만큼 보다 다양한 모양의 이야기하기의 구조를 나타냈다. 반면, 개인에 있어서의 독특한 테마의 연결도 없고, 메타개념도 사용되지 않은 경우는 역시 그 만큼 단조로운 이야기하기의 구조를 나타냈다.

이야기하기 내용의 테마의 연결이나 메타개념의 사용 방식으로부터, 과거의 체험을 단순한 과거의 사실로서 이야기하는 경우(예를 들면, 「나는 들판에서 놀았다」), 과거의 그리운 추억으로서 이야기하는 경우(예를 들면, 「나는 들판에서 놀았다. 생각할 때마다 너무나 그립다」), 과거의 체험을 기초로 한 자연관 · 환경가치관으로서 이야기하는 경우(예를 들면, 「나는 들판에서 놀았다. 그것은 흙과의 호흡이다. 흙과 생활하는 사람과 콘크리트와 생활하는 사람은 다를 것이다」), 한층 더 자기자신을 표출하는 아이덴티티 · 장소아이덴티티로서 이야기하는 경우(예를 들면 「나는 들판에서 다양한 체험을 했다. 그래서 나는 창조력이 있게 되었고, 바람직한 인간이 되었다. 들판은 평화의 상징이며, 나의 쉼터이다」) 등이 있는 것이 밝혀졌다.

이상으로 개인 이야기하기에 있어서 그 이야기하기의 내용과 이야기하기 타입과의 관계인 구조와, 이야기하기 내용 속의 테마의 연결 또는 메타개념의 사용방법에 대한 검토로부터 명확하게 밝혀진 것들을 설명했다. 그러면, 이 결과로부터 고찰할 수 있는 원풍경을 이야기하는 것의 심리적 기능은 무엇인가.

우선, 어떤 내용의 이야기하기(풍경적 · 사건적 · 평가적)가 어떤 이야기하기 타입(풍경회상 · 행위서술 · 주장연설 · 사실설명 · 평가의미부여)으로 이야기되고 있는가 하는 것과 관련된, 이야기하는 현장에서의 정동체험으로서의 심리적 기능이 있다고 판단된다. 특히 풍경적 내용과만 관계하는 풍경회상 타입, 사건적 내용과만 관계하는 행위서술 타입, 평가적 내용과만 관계하는 주장연설 타입에서 이야기되는 경우에는, 평탄한 설명조로 정보전달에 머무르는 사실설명 타입과 평가의미부여 타입에서 보다 더 정동체험의 리얼리티 · 현장감이 나타난다.

즉, 풍경회상 타입에서는 이야기하는 그 현장에서 마치 그 풍경을 보고 있는 듯이 현재화한 풍경이 보이고(차분한 음성으로, 이야기의 스피드가 빠르지 않고, 멀리 쳐다 보는 것같은 정적인 자세가 관찰되는, 완만한 분위기가 전해져온다), 행위서술 타입에서는 이야기하는 현장이 마치 현재 행위하고 있는 실제의 장소인 것처럼 현실감이 있고(매우 높낮이가 큰 흥분한 음성으로, 이야기의 스피드가 빠르고, 신체의 움직임이나 얼굴 표정의 변화가 뚜렷하며, 웃음소리가 자주 관찰되는, 두근거리는 가슴의 감각이 전해져온다), 주장연설 타입에서는 군중 앞에서 주장하면서 연설하고 있는 것 같은(강약이 분명한 음성으로 긴장감이나 비판적인 분위기가 전해져온다) 모습이 보인다. 이들 풍경회상 타입, 행위서술 타입, 주장연설 타입은 사실설명 타입과 평가의미부여 타입에 비하여 보다 더 실제 체험에 가까운 정동의 리얼리티가 현재화 · 현실화해서 나타나 재현되고 있다고 파악된다. 그리고 이들 3개의 이야기하기 타입은 각각 리얼리티의 모드가 다르다. 실제 풍경을 보고 있는 모드의 리얼리티는, 풍경회상 타입에 나타나고 직접 사건이 벌어지고 있는 모드의 리얼리티는 행위서술 타입에 나타나며, 자기자신의 이야기에 머무르지 않고 사회나 행정 등을 향하여 주장하는 모드의 리얼리티는 주장연설 타입에 나타난다. 이러한 다른 모드로 다른 현장감 · 리얼리티가 이야기하는 현장에서 체험된다. 바로 이 3개의 이야기하기 타입을 잘 활용하는 그 만큼 평가의미부여로서 한결 심층적으로 언어화된 메타개념으로 표현되는 경향이 높고, 단순한 체험의 전달이 아닌 자신에게 있어서의 장소의 의미 · 체험의 의미가 이야기하기의 테마 속에서 일관되게 표현되고 있는, 그 개인의 아이덴티티로서 나타남이 관찰되었던 것이다.

이미 앞에서 밝힌 것처럼, 원풍경을 이야기하는 것은, 어린 시절에 체험한 공간 · 풍경 · 장소와 얽힌 자신의 이야기, 특히 장소아이덴티티의 출현으로 볼 수 있으며 나아가 원풍경을 이야기하는 그 현장에서 한번 더 새롭게 리얼한 정동체험을 겪을 수 있게끔 한다. 즉 원풍경을 이야기하는 것으로 인하여 원풍경을 풍경으로서 체험하거나 사건으로서 체험하거나 하면서 언어화에 의한 의식화가 진행되고 한층 더 평가의미부여를 덧붙이는 아이덴티티로서 표출되는 심리적 기능이 있다고 파악된다.

이상과 같이, 개인 이야기하기의 총괄적 검토로부터 생성된 가설을 다음에 정리한다.

종합 가설 1-1)

원풍경 이야기하기에 있어서 이야기하기 내용(풍경적 · 사건적 · 평가적)과 이야기하기 타입(풍경회상 타입 · 행위서술 타입 · 주장연설 타입 · 사실설명 타입 · 평가의미부여 타입)의 관계인 구조가 다양하게 나타난 사람은 그만큼 과거의 장소 체험이 이야기하고 있는 자신에게 강하게 의미부여가 되고 아이덴티티에 영향을 끼치고 있으며, 이야기하는 그 현장에서의 정동체험도 다양하고 리얼하다. 즉, 이야기하기에 대한 구조화가 다양하게 나타나는 사람일수록 원풍경의 심리적 기능(현재화 · 현실화 · 리얼리티의 생성 · 의미부여)이 다면적이며, 강하고 깊게 과거의 체험을 원풍경화하고 있다는 것이다.

종합 가설 1-2)

원풍경의 어떤 내용에 어떤 타입을 적용하고 있는가라고 하는 구조의 검토를 통하여, 원풍경 이야기하기로서의 심리적 기능의 정도를 파악할 수 있다.

1-3 공동 이야기하기에 있어서의 개념간 관계의 구조와 심리적 기능

4그룹의 공동 이야기하기를 가지고 검토한 제5장에서는, 무엇이 이야기 되었는가에 대한 이야기하기의 내용으로서 「풍경적」·「사건적」·「평가적」이라고 하는 3가지의 개념이 추출되었고, 또 공동 이야기하기의 현장에서 어떠한 입장에서 이야기하고 있는가를 나타내는 참가 타입으로서 「화제제공」·「부연설명」·「수락반응」·「확인회전질문」 등의 4개 패턴이 분류되었다. 그리고 양자의 관계로부터 이루어진 공동으로 이야기를 하고 있는 지금, 여기서에서의 공동성의 생성과 변화의 구조가 분석되었다.

그림 8-3의 상부에 설명되어 있는 것처럼 「나의 원풍경」이 서로 섞여 「우리의 원풍경」에 변용하고, 그 「우리의 원풍경」과의 비교 대상으로서 「지금 아이들」에 대한 평가가 보였다. 이러한 「나」에서부터 「우리」로의 주어의 변용은, 화제제공-부연설명에서 나타났고 수락반응과 확인회전질문에서 「우리」가 조절되면서 공유인식을 보다 심화해 나가는 것이 밝혀졌다.

그러나, 공동성을 의미하는 언어인 「우리」가 나타나도 그 공동성의 내용과 레벨(차원)은 그룹 구성원의 배경에 따라 다른 것을 알수 있었다. 즉, 「화제제공-부연설명」에 참가하는 사람의 배경(동일 지역 출신인가, 같은 학교 출신인가, 동세대인가, 동일한 놀이경험이 있는가 등)이나 이야기하기 내용(풍경 · 공간 · 장소 중 어느 것인가, 놀이 · 일 · 특정의 에피소드 등에 대한 사건인가, 평가인가, 시대적 특징인가 등)의 검토로부터 그러한 공동성의 기반은 바로 지역성 · 세대성 · 동일한 놀이동무 · 가족성 등이라는 것이 확인되었다. 특히 이 공동성의 기반 가운데, 동일 지역의 풍경 · 공간 · 장소에 관련된 지연이 원풍경의 공동성 생성에는 가장 중요했다. 또, 동일 지역의 사람끼리라 해도, 장소 · 공간의 명칭을 일반명사로 표현했을 경우 부연설명이 나타났는가, 아니면 그것을 고유명사로 표현했을 때 부연설명이 나타났는가 하는 것에 따라 생성되고 공유인식화하는 그 공동성의 차원이 다르다는 것을 밝혔다.

즉 그림 8-3의 상부는, 공동성의 생성과 변화가 나타나는 현장에 대한 구조를 밝히고 있고, 하부는 그 구조의 내용으로서 용어의 표현이 고유명사인가 아니면 일반명사인가에 의한 공동성의 심화 차원에 대한 차이를 나타내고 있어 이것은 공동의 원풍경 이야기하기에 있어서 그룹마다 보이는 심리적 기능의 차원이 서로 다르다는 것을 의미한다.

원풍경을 공동으로 이야기하는 것을 중심으로 한 심리적 기능은, 공동으로 이야기하는 것에 따라 이야기하는 그 현장에서 공동성을 확인하고 서로 공유인식하여 「우리」의 원풍경으로 삼아 나가는 것인데 이런 현상을 가리켜 공동원풍경화해 가는 것이라고 말할 수 있다. 처음부터 「우리」의 공동원풍경이 아니라, 각각의 「나」의 원풍경이 한 데 부딪히고 섞이면서 공동의 원풍경이 되어 간다. 이것은 바로 동일 지역에서 공간 · 풍경 · 장소와 더불어 이루어지는 체험을 근거로 지역의 땅위에 기반을 둔 「우리」라고 하는 공동의 아이덴티티의 생성과 공유인 것이다.

이상과 같이, 공동 이야기하기에 대한 총괄적 검토로부터 생성된 가설을 다음에 정리한다.

종합 가설 2-1)

「나」에서 「우리」로 변화하는 부연설명을 자주 내보이는 그룹일수록 공동성의 생성이 보다 많이 나타나고, 특히 공동성을 뜻하는 용어 표현을 고유명사로 쓰는 그룹은 그만큼 생성되고 공유되는 공동성의 심도가 높다.

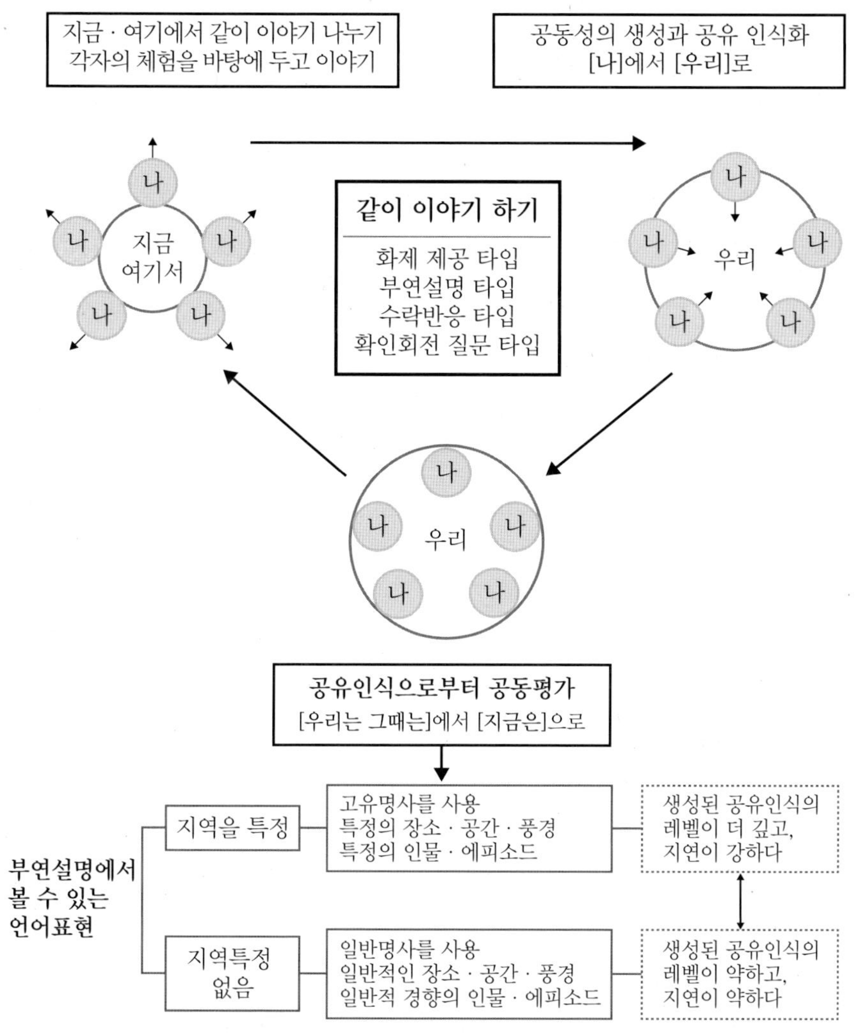

그림 8-3 원풍경을 공동으로 이야기하는것의 공동성의 생성과 공동성의 레벨

원풍경의 공동 이야기하기는, 공간 · 장소 · 풍경에 얽힌 「우리」라고 하는 공동의 아이덴티티의 현상이며, 공동성의 심도가 높을수록 공동아이덴티티에 대한 공유도가 높다고 할 수 있다.

종합 가설 2-2)

공동 이야기하기에 있어서의 화제제공-부연설명을 가지고, 이야기하기 참가자의 배경과 이야기하기 내용과 용어 표현의 관계를 검토하는 것을 통하여, 공동 이야기하기에서 생성되고 공유인식되는 공동성의 심도의 차이를 파악할 수 있다.

2. 본 연구의 방법론과 결과로부터 도출된 시사점

본 연구결과로부터 새롭게 어떤 점들이 시사되는지, 또 그 의미는 무엇인가에 관하여 설명하고자 한다.

본 연구에서는 방법론으로서 제주도라고 하는 하나의 지역, 그리고 그 동일 지역에 살고 있는 서로 아는 조사협력자와, 자연장면에 가까운 현장에서 서로 자유롭게 이야기하기라는 것을 활용하여 원풍경의 구조와 심리적 기능에 대하여 검토했다. 지금까지 설명해 온 본 연구의 결과는, 이러한 방법론을 적용했기 때문에 얻어진 바로 그런 결과라고 할 수 있다. 그리고 조사자이며 연구, 분석자인 필자도 제주도에서 태어나 자랐기 때문에 제주도의 지리적 · 역사적 배경을 공유할 수 있었던 점과 제주도의 고유명사, 일반명사를 표준어와 방언으로 구별을 할 수 있었던 점 등은 분석에 있어서 매우 큰 이점이었다.

본 서의 제2장에서는, 상기(想起)해서 이야기하는 것부터 원풍경을 파악하는 것의 의의로서 어떤 사람을 이해하기 위한, 또는 존재하는 공동체를 이해하기 위한 실마리를 얻을 수 있음을 보여주었다.

임상심리학의 시모야마(下山, 2000)는, 이야기하기 생성의 근저에는 타자와의 사이에서의 공동 생성이 항상 존재하는데 서로 이야기하는 현장에 참가한 사람들이 그 자리에서 서로 이야기를 주고 받아 공유하는 것으로서 개개인이 간직해 있던 이야기와 그 현장에서의 이야기가 같이 연동하여 개인의 이야기하기가 사회적 이야기하기로 전개해 간다고 설명하고 있다. 자기와 사회의 이야기하기에 대한 공동 생성의 과정이 있어야 비로소 개인의 이야기하기가 현실성을 띠게 되지만, 반면 조직 관리가 가미되고 있는 현대 사회에서는 과거 어느 지역에서나 볼 수 있었던 촌락공동체와 같은 개인과 사회의 이야기하기에 대한 공동 생성의 장소가 급격히 무너져 사라지고 있어서 개인을 뛰어넘는 경우와 같은 자체 조직화하는 사회 안에서 개인의 인생 이야기가 관리되는 시대가 되어 가는 것으로 언급하면서 임상심리학이 일상생활에 있어서의 이야기하기의 생성을 테마로 삼고 있다는 점에서 현대 사회에서의 독자적인 역할을 다하고 있는 것을 역설하고 있다.

본 연구에서 다루어진 이야기하기 방법은 시모야마(下山, 2000)가 설명한 것처럼 이야기하는 사람에 대한 타자, 즉 청자(듣는 사람)와의 관계에서 생성된다고 하는 의미에서는, 개인 이야기하기도 공동 이야기하기도 모두 공동 생성이라고 판단된다. 무엇이, 어떻게라고 하는 것을 이야기하기 전에 이제는 공동 생성의 현장이나 그 장소가 급격히 사라져 버리고 있다는 점을 염두에 두지 않으면 안된다. 제5장의 그룹 이야기하기에서 볼 수 있었던 것처럼 동일한 현장이라 하여도 공동으로 서로 이야기하기가 이루어지지 않은 그룹 D에서는, 원풍경의 공동성의 생성이 나타나지 않았던 점은 그 시사하는 바가 크다. 지역 공동체의 주민의식을 이해하려고 하거나 지역성을 나타내는 무엇인가를 만들어 내려고 해도 그렇게 하기 위해서는 먼저 이야기하기의 공동 생성의 현장(장소)을 마련하는 것을 중요하게 다루지 않으면 안된다.

환경사회학의 카타(嘉田, 1997)는, 태고시대부터의 인간과 환경과의 관계에서 비롯되는 문제, 즉 어떻게 주변환경에 적응하며 더불어 살아오고 있는가 하는 과제를 광의의 「환경」 또는 그 문제, 그리고 근대 공업문명의 진전으로 인하여 발생되는 오염 등이 사회문제화되고 현재 인류 생존의 위기를 초래하고 있다고 인식되는 문제를 협의의 「환경문제」라고 구별해서 설명하고 있다. 이 「환경」에 대한 여러가지 과제로부터 정작 문제가 되는 「환경문제」를 추출할 수 있는 프로세스를 모색하는 것과 동시에 이러한 「환경문제」를 「환경」에 대한 과제 가운데로 되돌리는 접근방법의 필요성이 있는데, 아직 「환경」에 대한 과제와 「환경문제」는 별개의 것으로 다루어지고 있으며 그 양면의 관계성에 대하여 연구한 것은 거의 없다고 언급하고 있다. 그리고, 그는 오늘날 국가나 사회가 앞장서는 거시적인 「커다란 이야기(거대 담론)」가 지배하고 있는 시대가 되어 있다고 한다. 즉 「생태계」를 주목하고 생물의 다양성을 중시하며, 「인류 · 지구 · 생명계」라고 하는 바와 같은 「커다란 이야기(거대 담론)」가 지역에서의 생활을 압도하여 세세한 것들을 덮어 버리는 한편, 정작 자신의 생활과 관련된 것들 속에서는 「왜, 생태계인가」, 「왜, 다양성인가」하는 문제는 완전히 잊어버린다고 지적했다. 나아가 「생활하고 있는 현장」과 합치된 정신이나 개체적 사실(미시적 접근)과 같은 「작은 이야기」의 발견으로부터 비롯되는 실천과 그 속에서 나오는 시사점을 주목할 필요가 있다고 주장했다. 이야기하기의 공동생성의 현장(장소)을 마련하는 것, 예를 들면 원풍경 이야기하기와 같은 구체적인 사실의 중요성과 합치되는 것이다.

과거와 같은 촌락공동체가 사라져 도시화하고 있는 가운데 동일 지역에 살고 있다고 해도 공동성의 생성의 현장이 없어지고 있는 현실 속에서 지역공동체, 주민참가형, 그리고 참가형 마을만들기나 체험형 ○○교육 · 운동 등에 대한 어프로치는 어떻게 하면 가능한 것인가. 이와 관련한 본 연구의 원풍경의 공동 이야기는, 카타(嘉田, 1997)가 설명하는 바와 같이 등신대(等身大)의 자신에게 익숙한 장소나 자신의 생활과 관련된 것으로부터

「작은 이야기」들을 찾아내고 지역 · 삶의 터전에 근거하여 살펴보기 위한 하나의 방법으로서 생각할 수 있지 않을까 한다. 최근 일본에 있어서는 「주민참가형 마을만들기」가 각광을 받고 있지만 참가의 형태는 겉으로만 유지되고 행정이나 전문가에 의한 「큰 이야기」에 참가하게 되는 경우도 많은 것같다. 본 연구논문의 결과로부터 생활 가운데서의 「작은 이야기」에는, 공간 · 장소에 대한 통칭이나 식물 · 곤충 등 생물의 통칭에 대한 표현에 교과서 등에는 나오지 않는 고유명사 · 방언의 표현이 있는데 그것들은 생활자체의 감각, 신체감각을 수반하는 토착성이 가미되어 나타나고 있다는 주목할만한 시사점이 있다.

그리고, 본 연구논문에 있어서 조사자와 분석자인 필자가, 조사협력자들과 동일한 지역출신의 서로 아는 사람이라고 하는 점도 시사하는 점이 있다. 지역의 공동성을 찾아 보려고 할 때, 동일 지역의 사람이 보는 경우와 타지역 사람이 보는 경우에는 그 내용으로 나타나는 것에 조그만 차이라도 날 가능성이 있다고 판단된다. 본 서의 제5장에서, 각 그룹에서 생성된 공동성의 차원이 각 각 달랐다. 즉, 제주도라고 하는 동일 지역안에서도 보다 한정된 지역안에서 지낸 사람들의 그룹에서 확인할 수 있었던 공동성의 레벨(차원)과 다른 여러 지역에서 보낸 사람들의 그것과는 차이가 있는 것을 가리키고 있었다. 바로 동일 지역의 사람들에게서 신체감각에 수반된 토착성이 보다 더 공유되고 있는 것으로 나타났던 것이다.

이시이(石井, 1996)는, 오키나와 출신들의 이야기하기를 분석했는데, 이야기하는 사람들은 「우치난츄우(오키나와인)」, 「야마톤츄(야마토인)」의 예에서 표현되는 용어에서와 같이 안과 밖을 구분하여 나타내고 그러한 가운데서 상황에 따라 변동해 가고 있는 공동성, 아이덴티티를 설명하고 있다. 이러한 이시이(石井)의 연구와 본 연구의 경우와는, 조사자와 조사협력자의 관계에서부터 성립되어 가는 이야기하기로서의 각기 다른 이점이 있다고 판단된다. 즉, 이시이(石井)의 경우는 안과 밖에 해당되는 다양한 용어가 출현하고 있지만 본 연구의 경우는 조사자도 조사협력자도 제주도 사람이었기 때문에 명확하게 「제주도 사람은」이라고 하는 의미의 용어는 출현하지 않았지만 다양한 고유명사나 방언으로 제주도의 특징이 이야기되는 가운데 이시이(石井)의 연구와 같은 「안과 밖」이 있었다고 본다. 생성되는 공동성의 기반을 분별할 수 있는 실마리(단서)로서 참가 타입이 발견되었다. 이것은 공동성을 조사할 때, 혹은 어떤 공동성을 만들어 가려고 할 때, 참가자 간의 관계(주민 또는 기획 · 운영자)에 의해서 확인되어 오는 것, 보이는 것, 생성되어 오는 것이 다를 가능성이 있는데 이시이(石井)의 연구와 본 연구에 대한 각각의 이점을 살리기 위한 조절이 필요하다는 것도 시사된다. 예를 들면 참가형 마을만들기나 참가형 환경교육 등을 시도할 때, 도움을 주는 페실리테이터(Hart, 1997)의 역할을 하는 사람인 경우에는 특히, 그 지역 출신이 반드시 포함될 필요가 있다.

3. 본 연구논문의 이론적 자리매김

원풍경 연구는 다양한 영역에서 조금씩 연구되어 왔지만 아직 명확한 이론적 위치설정이 되어 있지 않다. 본 연구논문의 자리매김, 즉 이론적 위상에 대해 고찰해 본다.

우선 본 연구는 원풍경을 「상기(想起)」와 「이야기하기」로서 파악하면서 그 주체자의 「지금 · 여기서」의 체험의 리얼리티와 그에 의한 평가 · 의미부여를 중요시했다. 그 현장에서의 이야기의 생성이며, 그것은 아이덴티티와 관련되어 있다고 판단되었다. 이렇게 파악하는 방법과 고찰하는 방식은 생애발달심리학, 사회학, 인류학에서 보이는 라이프스토리 · 네러티브에 대한 연구나, 상기(想起)에 대한 연구 등과 유사한 데가 있다. 그리고 임상심리 · 심리임상에 있어서 치료 행위의 프로세스에서 보이는 것과도 비슷하다.

그러나, 대부분의 연구에서는 일어난 사건에 주목해서 설명하는 경우가 주를 이룬다. 여러가지 사건과 일들을 주체자가 어떻게 이해하며, 그러한 시간을 어떻게 구성하고, 어떻게 의미부여를 하며, 또 어떤 이야기가 되는가 하는 점에 초점을 맞추고 있을 뿐이다.

본 연구에서는, 일어난 사건만이 아니라 그와 관련된 공간 · 풍경 · 장소라고 하는 물리적인 환경도 중시했던 것이 다른 점이다. 이는 장소아이덴티티 · 장소애착에 대한 연구와 밀접한 관련이 있다. 그리고 원풍경을 개인성으로만 보지 않고 공동성으로서 파악하려고 하는 점도, 장소아이덴티티 · 장소애착의 연구가 지리 · 문화 · 커뮤니티의 차원에서 파악하려고 하는 점과도 유사한 데가 많다. 라이프스토리 이론과 장소아이덴티티의 이론을 구체적으로 검토하고 조절하는 가운데 원풍경의 이론적 위치가 설정되는 것으로 판단되는데, 이에 대한 향후의 검토가 요구된다.

다른 또 하나는 방법론으로서의 위치설정이다. 본 연구논문은 가설검증형이 아니라, 가설 · 이론생성형의 한 방법으로서 받아들일 수 있다. 특히 원풍경으로서, 「무엇이 나타났는가」만이 아니라 「어떻게 나타났는가」 하는 것을 설명하기 위한 「이야기 타입」이나 「참가 타입」을 찾아냈다는 점이다. 이들이 검출된 것은, 데이타를 단층적으로 보지 않고 하나의 세트로서 파악한 것과 이야기되는 시간에 따라 순서대로 이야기된 것을 검토한 점등과 연관되어 있다. 따라서 이런 원풍경 이야기하기는 일상적이기 때문에 연구로서만이 아닌 활동으로서의 실천 현장(특히 공동성의 생성과 공유에 관하여)에서도 아이덴티티 연구의 하나의 방법으로서 환원하여 활용할 수 있을지도 모른다.

4. 금후의 과제

본 연구논문에 있어서의 일련의 연구에서 원풍경, 자연관, 환경가치관을 검토하기 위한 척도나 구체적인 접근방법, 설명의 개념 등 조사 · 분석에 대한 방법론이 획득되었다.

향후, 이러한 성과를 바탕으로 대도시에 있어서도 생활하고 있는 그 지역의 물리적 환경의 특징과 문화적 특징이 바로 원풍경이라고 하는 시점으로부터 부각시켜, 지역만들기에의 응용 가능성을 모색한다. 이 때, 「환경」은 「자연환경 : natural environment」이나 마을 공간 등의 「구축환경 : built environment」의 양쪽 모두를 포함해서 생활범위를 중심으로 한 지역차원의 생활환경을 의미한다. 「커다란 이야기(거대 담론)」로서의 「환경 인식」이 아니라, 「작은 이야기(개체적 사실)」로서의 실제 주민의식 가운데서 「공동성의 생성과 공유」가 수반되는 지역성에 관여하고 있는 사람들의 환경 인식에 대한 프로세스를 분명히 하는 것임과 동시에 이제는 지역만들기에 지속적으로 이용할 수 있는 환경요소를 추출하는 것이 필요할 것이다. 이러한 과제가 실현된다면 진정한 참가형 지역만들기의 모델의 제시도 가능한 것으로 기대된다.

보유(補遺)

본 보유는, 박사논문의 공청회 때 질의응답을 통하여 거론되고 논의된 내용의 일부를 기초로 하여, 특히 향후의 과제로서 고찰해야 할 사항에 대하여 정리한 것이다.

1) 마을(지역)만들기에 대한 시사점

동일한 지역의 사람들끼리 생활 체험을 기초로 하는 원풍경의 공동 이야기하기를 통하여, 그 지역의 주민이 살고 있는 터전에 바탕을 둔 공동성이 생성되고 공유인식을 해간다는 것이 본 논문의 결과의 하나였다. 이러한 점을 거꾸로 생각하면, 동일 지역의 사람들끼리 서로 이야기할 수 있는 현장이 매우 중요하고, 그 이야기하기 현장의 존재 때문에 바로 그 자신의 지역에 대한 공동성을 찾아내고 서로 공유해 나가는 것이 가능해진다. 서로 이야기하는 현장에서 생성되어 공유인식되고 있는 내용을, 용어 표현(고유명사 또는 일반명사인가, 방언 또는 표준어인가)의 측면에서 한층 더 자세하게 검토하는 것으로 그 지역의 특징이나 주민에게 있어서의 중요한 점 등을 파악 할 수 있는 게 아닌가 한다.

최근 자주 들리는 바와 같은 「참가형 마을만들기」를 들여다 보면, 우선 최초의 단계에서 주민 스스로가 살며 생활하고 있는 터전에 근거하여 생각할 기회를 잡고, 주민 스스로에 의한 자신들의 지역적 특징이 추출될 수는 없는가 하는 생각이 든다. 자세하게 파악이 가능한 지역의 공동성 · 특징이 마을만들기 이전의 그 지표만들기에 더 크게 참고가 될 때 비로소 「참가형」이라고 부를 수 있는 것이 아닌가 한다.

논문 공청회의 논의 가운데서 지적이 있었던 것처럼 건축계획에 있어서 「경제가치」는 가장 기본적으로 고려할 수밖에 없는 측면이며, 최근에는 생활을 중심으로 한 「이용가치」까지는 그 계획에 반영되고 있지만(예를 들면 광장, 오픈스페이스를 설계하는 것 등) 본 연구에서 고찰한 「원풍경」으로서 나타나는 측면은, 「이용가치」의 범위를 한층 더 뛰어넘는 「심리적 가치」로서 말할 수 있을지 모른다. 이 「심리적 가치」까지 계획에 반영되는 경우에는 보다 풍부한 마을만들기가 될 수 있다고 보지만, 실제 반영하는 데까지 도달하기 위해서는 향후 더 자세하게 한 걸음씩 한 걸음씩 진전되어 나가는 연구가 필요하다.

2) 원풍경의 공동성과 「공원풍경(共原風景)」이라는 개념 만들기

-(「공원풍경」이라는 개념에 다다를 가능성에 관하여)

본 논문에서는, 공동 이야기하기 속에서 원풍경을 동적으로 파악하면서 서로 이야기하는 현장에서의 공동성을 볼 때 「화제제공」·「부연설명」·수락반응」·「확인회전질문」이라고 하는 개념을 가지고 고찰했다. 이 개념은 하나의 소그룹 안에서 나타나는 공동성으로부터 지역성을 보았지만, 아직 지역 전체의 공동성에 이르는 데까지는 완전하게 설명되지 못한다. 실제 이러한 공동 이야기하기 방법으로 지역단위로 공동성을 설명하고, 어떠한 정책(예를 들면, 마을만들기나 지역에 대한 이해)에 반영하려고 할 경우, 공동으로 생성·공유하면서 보다 광범위하게 반영할 수 있는 것으로서 「공원풍경(共原風景)」이라고 하는 개념을 만들어 내는 것은 어떤가 하는 지적이 있었다. 그렇게 하기 위해서는 바로 전 항의 1)과 관련하여 공동성에 대한 관점을 한층 더 진전시켜 나갈 필요가 있을 것으로 판단된다.

3) 「원풍경」이야기하기는 현재의 어린이가 체험하고 있는 「현풍경(現風景)」을 살펴보기 어렵게 하는 점에 관하여 (원풍경과 현풍경에 대한 고려사항에 관하여)

본 논문의 개인 이야기하기나 공동 이야기하기에 있어서도, 과거의 체험을 긍정적인 상태로 위치하게 하며 과거에 체험한 공간·풍경·장소에 기반을 두고 있는 자기아이덴티티·공동아이덴티티가 나타났다. 그와는 달리 현재의 공간 · 풍경이나, 현재의 어린이들의 체험을 부정적인 것으로 보는 것을 알 수 있었다. 공청회의 논의에서와 같이, 원풍경(原風景) 이야기 하기만으로는 현풍경(現風景)의 실체를 충분히 파악 할 수 없는 것이 사실이다. 따라서 원풍경을 특히 어떠한 정책에 반영하려고 하는 경우, 현풍경으로서의 현재 어린이의 상황이 우선 중요하고 원풍경의 장점과 현풍경의 상황이 보다 잘 합치될 수 있도록 해 가는 것이 앞으로 더 고려되어야 할 사항이다.

[주]

1) 신지 進士(1985)가 펴낸 조원용어사전(造園用語事典, 彰國社)에 다음과 같이 기술되어있다. 「개인의 미의식이나 가치관 등에 의해 크게 영향을 끼치는 심층의식을 형성하는 유소년기(7 · 8세경까지) 및 사춘기(20세 전후) 때의 생활환경 속의 풍경이나 체험의 전체상이다. 단순한 풍경만이 아니라 풍토 · 기후 · 인간 · 역사 등이 숙성되어 표출되는 원이미지나 사투리 · 습관 · 체험 등을 포함한 원체험에 자기자신의 내용, 즉 내재된 풍경이 일체가 된 개인적 소산이지만, 원풍경이라고 하면 사람들을 감동시키는 창조성의 기저에서 작용하고 있다는 점에서 근본적인 것이다.」

2) 이와나미 서점의 코지엔(広辞苑, 1992)에는 다음과 같이 기술되어 있다. 「심상풍경(心像風景) 속에서 원체험을 상기(想起)시키는 이미지」

3) 쇼코쿠샤(彰國社)의 건축대사전 제2판(1993)에는 다음과 같이 기술되어 있다.
「지금 눈앞의 경관을 평가할 때 암묵적으로 비교대상이 되거나 경우에 따라서는 평가의 태도를 규정하도록 기능하는 규범적 풍경이나 이미지가 과거의 어떤 풍경에의 근사치적인 표상일 때 그것을 원풍경이라고 부른다. 원풍경에 관해서는, 일정한 풍토를 공유하는 집단(예컨데 민족)에 기반을 둔 공통의 집단표상의 차원과, 각 개인의 유소년기의 경험에 기반을 둔 개인표상의 차원을 생각할 수 있다.」

4) 카미(カミ)는 아직 신(神)이 아닌 출발점, 자연에 대한 원시의 감정, 일상의 공간에서 만나는 비일상 · 틈새에 있는 충격, 놀라움, 불가사의 따위에 존재하면서 신이 될 때까지의 사이에 애니미즘, 샤마니즘, 다신교, 일신교를 성립시킨다. 이와다(岩田, 1989)의 「카미(カミ)와 신(神)」을 참조할 것.

5) 이와나미 서점의 코지엔(広辞苑, 1998)에 「음양(陰陽)」은 「중국의 역학에서 말하는 상반된 성질을 지닌 음 · 양 두 종류의 기(氣)라고 하고 있다.

즉 해 · 봄 · 남쪽 · 낮 · 남자는 양이고, 달 · 가을 · 북쪽 · 밤 · 여자는 음의 유형이다.」라고 기술된 부분이 있다. 본 연구에서 쓴 「음양의 이원성」은 반드시 역학에서 사용하고 있는 내용은 아닐지라도 상반된 두 종류의 개념으로서 쓰고 있다.

6) 이야기하기(口述)에서의 현재성이라고 하는 것은 이야기하는 현시점이라고 하는 흐름에서 묶어어지는 생활 속의 이야기거리를 의미한다. 주체성이라는 것은 어떤 내적 자유성이라고 할 수 있다. 그러나 자유스러운 인터뷰라고 할 경우, 그 자유는 가능성의 확보일 뿐 결과를 보증하지 않는다. 현장성이라고 하는 것은 조사라는 실천의 프로세스 그 자체가 상호작용을 포함한다는 의미이다(사또(佐藤), 1995). 본 연구에서, 이야기하기 방법을 활용하는 시작 단계에서는 이것들 전체를 목적의식적으로 취했다는 것은 아니다. 다만 구술의 주체성을 많이 의식해서 방법을 구사했지만 실제로는 「현재성 · 주체성 · 현장성」 등 전부가 어우러지며 적용되고 있다고 볼 수 있다.

7) 구술에 있어서, 「질문없는 이야기하기 형식」이라고 하는 것은 듣는 사람은 거의 말을 하지 않고 단지 고개를 끄떡이거나 사실확인을 위한 질문 이외에는 전부 발화자에 의한 이야기만으로 진행하는 이야기하기 형식이다. 「질문하는 이야기하기 형식」은 듣는 사람이 말을 거는 회수와 양도 많고 질문하는 것에 따라 흐름도 바뀌고 전반적으로 질문과 응답의 형식을 띤다. 이러한 두 가지 형식 어디에도 속하지 않는 것을 「절충형 이야기하기 형식」이라고 한다(오오테(大手), 1995)

8) 시각적 제시에 관해서는, 제주도를 취급하고 있는 6권의 사진집과 책들 속에서 발췌했다. 사진을 찍은 사람의 본래 표출하고자 하는 의도와는 달리 여기서는 원풍경에 관련한 제주도의 공간구조에 대한 이해를 도모하기 위해 필자가 알맞은 해석과 설명을 했다. 사진의 출전은 다음과 같다.

① 현을생(1998) : 「제주의 여인들-목석원」(사진1)

② 제주도(1997) : 「제주도의 민속유적」(사진9)

③ 제주도(1996) : 「도승격50년 기념사진집 제주100년」(사진8)

④ 제주도교육박물관(1995) : 「만농 홍정표선생 사진유품집-제주의 아이들」(사진2, 7, 17)

⑤ 제주발전연구원(2007) : 「제주발전연구원 10년사」(사진3, 5)

⑥ 제주도 · 제주예총(1995) : 「광복50년, 현재까지 남아있는 일제의 흔적들」(사진15)

9) 동네는 행정구역상의 용어는 아니다. 일본에서 행정구역의 용어로 사용되고 있는 「町(마치)」에 근접한 한국의 용어로는 리(里)나 동(洞)이 있다. 이 「리」나 「동」 전체를 동네라고 부르는 경우와, 「리」와 「동」 속의 일정부분 구분되는 거주공간이 있는데 그 각각의 거주공간(집주변)을 협의로 칭하는 경우가 있다.

10) 본 연구에서 사용한 교류공간 · 탐험공간 · 위험공간 · 금지공간 등의 용어는 미나미(南, 1994), 그리고 수렵 · 채취공간의 용어는 오쿠노(奥野, 1972)가 사용한 것이다.

11) 환경배려행동과 환경가치관과의 관계를 생각할 경우, 통상 행동은 가치관에 기초하는 것으로 파악되고 있다. 그러나, 본 연구의 조사에서 평정득점(評定得点)의 평균치를 들여다보면 환경가치관(M=2.91)에 비해 환경배려행동(M=2.10)의 측면이 낮게 나오고 있다. 이에 따라 일상생활에서는 자연우선적 태도를 취하는 가치관을 지닌다는 점에서도 반드시 환경배려행동을 취한다고 볼 수 없다. 가치관과 행동은 서로 작용하고 있는 가능성이 크다고 보지만, 본 연구에서는 환경배려행동이 가치관 형성에 영향을 주는지 어떤지를 명확하게 하기 위하여 환경가치관을 기준변수로 했다.

12) 환경문제지식에 있어서는, 표준편회귀계수(β)가 -(마이너스)이지만 이것은 또 상관계수(γ)와는 반대로 나타나고 있다. 다른 상관계수와의 분석으로부터 확실한 정(正)의 관계를 보이고 있지만, 기준변수와의 상관

은 낮은데 기타의 설명변수와의 상관이 높기 때문에 들어나지 않고 있는 것으로 해석, 환경문제 지식과 환경가치관은 정(正)의 관계라고 볼 수 있게 한다.

引用文献

Altman, I.& Low, S. M. (1992). Place Attachmant: A conceptual Inquiry. In Altman, I. & Low, S. M. (eds.), *Place Attachmant*. New York: Plenum Press. (pp.1-13)

Balling, J. D. & Falk, J. H.(1982). Development of visual preference for natural environments. *Environment and Behavior*, 14, 5-28.

榎本博明(1994)：環境価値観と環境教育.『環境情報科学』, 23, 2, 57-61.

藤岡和佳(1997)：「ふるさと」を環境教育の場に.『環境教育』, 7, 55-59.

深谷冒志・深谷和子(1991)：環境教育.『モノグラフ小学生ナウ』, 11-5.

Giddens, A.(1991). *Modernity and self-identity: self and society in the late modern age*. Cambridge: polity press.

Hart. R.(1997). *Children's Particpation: The Theory and Practice of involving Young Citizens in Community Development and Environmental care*. London: Earthscan Publications Ltd.

長谷川浩一・星野 命(1982): 幼少期の原風景としての風土－(第2報)原風景の心理的測定法の検討.『人類科学』, 35, 105-134.

堀 信行(1997)：風土の三角形－生きられる「場所」の誕生－. 福井勝義(編).『岩波講座文化人類学第2巻 環境の人類誌』, 第1部 人間は環境をどのように把握するのか (pp.41-76). 東京：岩波書店.

星野 命・長谷川浩一(1981): 幼少期の原風景としての風土－(序報)その心理的パターン,『人類科学』, 34, 45-76.

星野 命・長谷川浩一(1984): 幼少期の原風景としての風土－(第3報)恐怖・不安のイメ ージ.『人類科学』, 36, 149-166.

星野 命・長谷川浩一(1985): 青年の心の風土としての原風景.九学連合 日本の風土調査 委員会(編).『日本の風土』(pp.119-136), 東京：弘文堂.

Hummon, M. D.(1992). Community Attachment : Local Sentiement and Sense of Place. In Altman, I & Low, S. M (eds.), Place Attachment. New York: Plenum Press. (pp.253-278)

日下数信(1991): 環境教育で「ふさわしいと想定している自然とは」どういうものか. 日本 環境教育学会2回大会要旨集, 105-106.

石井宏典(1996):『移動する共同体 環太平洋地域における沖縄一集落移民の展開』東北大 学文学大学院文学研究科博士論文(未公刊)

井上佳郎(1995)：原風景の心理学的研究.『鹿児島大学法文学部紀要:人文学科論集』, 第41号, 27-68.

岩田慶治(1977)：日本文化の深層－全体像のためのフォ－クロア.『諸君』, 9(11), 158-162. 東京：文芸春秋 社.

岩田慶治(1982): 原風景の構図.『季刊人類学』, 13巻 1 号, 127-131.

岩田慶治(1992):『日本人の原風景』, 京都：淡交社.

岩田慶治(1989): アニミズム宇宙の旅.『カミと神』, 東京：講談社.

岩波書店(1992):『広辞苑』

嘉田由紀子(1997): 都市化にともなう環境認識の変遷－映像による「小さな物語り」－. 福井勝義(編)『岩波講座文化人類学第2巻 環境の人類誌』第1部 人間は環境をどのように把握するのか(pp.41-76). 東京：岩波書店.

勝原文雄(1979):『農の美学』, 東京：論創社.

勝原文雄(1986):『村の美学 原風景と修景の座標』, 東京：論創社.

姜榮峯(1998): オルム物語り. 徐在哲(編)『徐在哲済州寄生火山写真集』, 風の故郷オルム(pp.161-169). 済州：図書出版ノップンオルム. (韓国語) [Seo Jae-chul's parasitic volcanos phtotograph album of Cheju Island - The land of wind ORUM]

環境庁(編)(1994):『環境白書』, 環境庁.

川喜多二郎(1986):『KJ法－渾沌をして語たらしめる』, 東京：中央公論社.

岸田文夫・久隆浩(1987): 都市出身者の原風景と環境評価構造に関する考察. 日本建築 学会近畿支部研究報告集,

金 恒元(1998):『済州道住民の正体性』, 済州：済州大学出版部. (韓国語)

日下数信(1991): 環境教育で「ふさわしいと想定している自然とは」どういうものか.『日本環境教育学会2回大会要旨』, 105-106.

Langness, L. L. & Frank, G.(1993):『ライフヒストリ－研究入門:伝記への人類学的アプロ－チ』(米山後直・小林多寿子訳), 京都: ミネルヴァ書房. (Langness, L. L. & Frank, G.(1981). Lives: an Anthropological approach to biography. California: Chandler & Sharp Publishers.).

LoGerfo, M. (1980). Three ways of reminiscence in theory and practice. *International Journal of Aging and Human Development*, 12, 39-48.

丸野俊一(1994): 素朴理論. 日本児童研究所(編)『児童心理学の進歩』, chap. 4, 91-116. 東京：金子書房.

南 博文(1995): 子どもたちの生活世界の変容－生活と学校のあいだ. 南博文・やまだようこ(編),『講座生涯発達心理学3,子ども時代を生きる－幼児から児童へ』(pp.1-26), 東京：金子書房.
南 博文・難波元実・塚本俊明・小原 潔・上向 隆・吉田直樹・松崎えりか(1994): 地域社会における子どもの遊び環境アセスメントと親子の環境体験プログラムの開発.『マツダ 財団青少年健全育成研究助成報告書』, 8 , 57-73.
箕浦康子(編)(1999):『フィールドワークの技法と実際: マイクロ·エスの グラフィー入門』, 京都：ミネルヴァ書房.
鳴海邦碩(1988):『景観からのまちづくり』, 京都：学芸出版社.
日本造園学会(1985):『造園用語辞典』, 東京：彰国社.
沼田真(1982):『環境教育論』, 東京：東海大学出版会.
野中健一(1993)：大学生の原風景にみる生活環境の中の自然.『環境教育』, 13(1), 2-18.
野中 卓・桜井 厚(編)(1995):『 ライフヒストリーの社会学』, 東京：弘文堂.
大出春江(1995):「口述の生活史」作品化のプロセス. 中野 卓・桜井 厚(編),『ライフヒストリ－の社会学』(pp.71-108). 東京：弘文堂.
奥野健男(1972):『文学における原風景:原っぱ・洞窟の幻想』, 東京：集英社.
小澤晶子・土田義郎・平手小太郎・安岡正人(1992): 環境の嗜好構造における風景経験の影 響に関する研究.『日本建築学会大会学術講演梗概集』, 38, 389-390.
Proshansky, H. M., Fabin, A.K., & Kamionoff, R.(1983). Place-identity: Physical world socialization of the self. *Journal of Environmental Psychology*, 3, 57-83.
Proshansky, H. M. & Fabian, A. K., (1987). The Development of Place Identity in the Child. In Weinstein, C. S., David T. G (Ed.), *Spaces for Children: The built Environment and Child Development.* New York and London: Plenum Press.
桜井 厚(1986): 主観的リアリティとしてのライフ・ヒストりー.『中京大学社会学部紀要創刊号』, 73-110.
佐々木正人(1992):『想起のフィ－ルド』, 東京：新曜社.
佐藤郁哉(1992):『フィールドワーク:書を持って街へ出よう』, 東京：新曜社.
佐藤健二(1995): ライフヒストリー研究の位相. 中野 卓・桜井 厚(編)『ライフヒストリーの社会学』.(pp.13-41) , 東京：弘文堂.
佐藤治雄(1991):人々の持つ自然·非自然´自然破壊イメージの強さについて.『環境教育』, 1, 24-38.
下野義人・材 進・橘 淳治(1992):『生物科高校生における環境調査』, 大阪府高等学校生物教育研究会指標生物調査委員会.
下山晴彦(2000):『心理臨床の基礎 1 心理臨床の発想と実践』, 東京：岩波書店.
進士五十八(1996): 原風景の生きるまちづくり.『造園学言論』(pp.30-36). 東京農大学農学部造園学科.
進士五十八(1999): 風景デザイン入門. 進士五十八・森清和・原昭夫・浦口醇二(共著).『風景デザイン－感性とボランティアのまちづくり』(pp.10-88). 京都:学芸出版社.
白石太郎・土田良一(1992):『人文地理：風景・空間・知覚』, 東京:建帛社.
菅原和孝(1998):『会話の人類学 ブシュマンの生活世界Ⅱ』, 京都: 京都大学学術出版会.
関根康正(1982): 原風景試論-原風景と生活空間の創造に関する考察.『季刊人類学』, 13(1), 164-191.
栄成大(1998 a): 済州道の形成と地理的位置 済州史正立事業推進協議会(編):『耽羅歴史と文化Ⅰ 耽羅国以前の環境と文化』(pp.11-15). 済州史正立事業推進協議会(The History and Culture of Tamna).(韓国語)
栄成大(1998 b): 三多の地域性と三無の伝統文化 済州史正立事業推進協議会(編)『耽羅, 歴史と文化』(pp.123-128), 済州史正立事業推進協議会(The History and Culture of Tamna). (韓国語)
菅原和孝(1998):『会話の人類学 ブッシュマンの生活世界Ⅱ』, 京都：京都大学学術出版会.
高橋義孝(1978): 原光景と原風景.『思想』, 653, (pp. 27-35). 東京：岩波書店.
田嶌誠一(1987): 壺イメージの経験から. 成瀬悟策(監)・田島誠一(編)『壺イメージ療法－その生いたちと事例研究－』(pp.120-148). 大阪：創元社.
田嶌誠一(1992):『イメ－ジ体験の心理学』, 東京：講談社.
谷口文章(1992): 環境的自然と人間的自然.『日本環境教育学会第2回大会要旨集』, 107-108.
多尻由美子・井村秀文(1994): 幼児の環境意識・態度形成に影響を及ぼす母親の生活行動に関する調査研究.『環境教育』, 4, 8-18.
手塚恵子(1998): 心像と民俗, 小松和彦・香月洋一郎(編)『講座日本の民族学2身体と心性の民俗』, Ⅳ 記憶のなかの民俗(pp.191-206). 東京：雄山閣.
済州教育博物館(1995):『マンノン　ホンジョンピョウ先生写真遺品集－済州の子ども達』, 済州道.
済州道・済州芸総(1995):『光復50年 今日に残っている日帝の痕跡たち』, 済州道.
済州道(1999):『環境白書 新千年を迎う済州の環境』, 済州道.

済州史正立事業推進協議会(1998):『耽羅´歴史と文化』, 済州道.

済州道(1997):『済州道民俗遺跡』, 済州道

済州道(1996):『道昇格50年記念写真集済州100年』, 済州道.

済州道(1998):1998年度統計年報, 済州道

高野史男(1996):『韓国済州島 日韓をむすぶ東シナ海の要石』, 東京:中公親書.

寺本 潔(1990):『子ども世界の原風景－怖い空間, 楽しい空間, わくわくする空間』, 名古屋:黎明書房.

寺本 潔・石川純子(1994): 子どもの知覚空間内における音・におい・環境の基礎的構造－愛知県吉良町横須賀地区の場合,『愛知教育大学自然観察実習園報告』, 14 , 25-33.

寺本 潔(1994):子どもの知覚環境の展望:メンタル・マップと地理的原風景,『愛知教育大学研究報告』:人文科学第43輯, 75-88.

寺本 潔・大西宏治(1995): 子どもは身近な世界をどう感じているか:手書き地図と写真撮影法による知覚環境把握の試み,『愛知教育大学研究報告』, 人文科学第44輯, 101-117.

梅野光興(1998): 場所と出来事. 小松和彦・香月洋一郎(編)『講座日本の民族学2 身体と心性の民俗 Ⅳ記憶のなかの民俗』(pp. 207-224). 東京:雄山閣.

内田忠賢(1998): 経験と記憶－民俗学への問題提起. 小松和彦・香月洋一郎(編)『講座日本の民族学2 身体と心性の民俗, Ⅳ記憶のなかの民俗』(pp.225-240). 東京:雄山閣

やまだようこ(1999): 喪失と生成のライフストーリ.『発達』79. 20. 2-10. 京都:ミネルヴァ書房.

やまだようこ(編)(1997):『現場心理学の発想』, 東京:新曜社.

やまだようこ(1987):『ことばの前のことば－ことばが生まれるすじみ1－』, 東京:新曜社.

山田洋子(1986): モデル構成をめざす現場心理学の方法論.『愛知淑徳短期大学研究紀要』, 第25号, 31-50.

安田吉実・孫 洛範(編)(1983):『韓日辞典』, ソウル:民衆書林.

安田吉実・孫 洛範(編)(1973):『日韓辞典』, ソウル:民衆書林.

尹 正守(1994): 済州の気候と地質. 韓国移動通信済州支社(編)『済州の自然生態系』(pp.12-43). 済州: 図書出版耽羅人.(韓国語)

저자 오선아(吳 宣兒)

1989년 제주대학교 졸업
1995년 일본 오차노미즈(お茶の水)여자대학 아동학 석사(발달심리학)
2000년 일본 큐수대학(九州大学) 인간환경학 박사(환경심리학)
2001년 일본 문부성 학술진흥회 외국인특별연구원
2004년~현재 쿄아이가쿠엔마에바시국제대학(共愛学園前橋國際大学) 교수

주요저서

- 단저로, 『이야기하기로 본 원풍경: 심리학적 어프로치(語りからみる原風景：心理学からのアプローチ)』, 萌文社 2001년
- 공저로, 『워드맵 질적심리학-창조적으로 활용하는 방법(ワードマップ 質的心理学—創造的に活用するコツ)』, 新曜社 2004년
  『움직이며 엮어내고 관계하며 생각한다: 심리학에서의 질적연구의 지의 실천(動きながら織る · 関わりながら考える：心理学における質的研究の知の実践)』, ナカニシャ出版 2005년
  『환경심리학의 새로운 모습 (環境心理学の新しいかたち)』, 誠心書房 2006년
  『디스커뮤니케션의 심리학: 엇갈림을 살아가는 우리들 (ディスコミュニケーションの心理学：ズレを生きる私たち)』, 東京大学出版会 2011年
  『일한의 상처난 관계의 회복 -원탁시네마가 엮어내는 새로운 대화의 세계2(日韓傷ついた関係の修復—円卓シネマが紡ぎだす新しい対話の世界 2)』, 北大路 2011년
  『어린이와 돈-용돈의 문화발달심리학(子どもとお金—お小遣いの文化発達心理学)』, 東京大学出版会 2016년
- 번역서로, Lerner.R.H(ED), 2015. 『Handbook of child psychology and developmental science(아동심리 · 발달과학 핸드북)』, 2017년 3월 출판 예정
  외 다수

주요논문

- 「자연관과 자연체험이 환경가치관에 미치는 영향 自然観と自然体験が環境価値観に及ぼす影響」(環境教育, 1998년)
- 「이야기하기로 보는 원풍경: 이야기의 종류와 이야기 타입 語りから見る原風景：語りの種類と語りタイプ」(発達心理学研究, 2000년)
- 「지역디자인에 있어서의 원풍경의 공동성- 이론적 실천적 · 모델의 고찰 地域デザインにおける「原風景」の共同性—理論的 · 実践的モデルの考察—」(MERA Journal 2006年, 학회상 수상)
- 「대학생의 결혼하는 것과 부모가 되는 것의 이미지-반구조화 인터뷰를 통해서 大学生の「結婚すること · 親になること」のイメージ-半構造化インタビュー調査を通して」(共愛学園紀要 2012年)
- 「일한중월의 어린이들의 돈 용돈 · 금전감각: 풍부함과 인간관계의 구조 日韓中越における子どもの達のお金 · お小遣い · 金銭感覚：豊かさと人間関係の構造」(発達心理学研究 2012年)
- 「East Asian Children and Money as a Cultural Tool: Dialectically Understanding Different Culture」(Japanese Psycjological Research 2016年)
  외 다수

표지그림

제주발전연구원 제주학총서 21

이야기하기로 본
제주의 원풍경 · 아이덴티티
질적연구방법론의 전개–심리학적 어프로치

초판인쇄 2016년 11월 24일
초판발행 2016년 11월 30일

저 자 오선아(吳宣兒) oh@c.kyoai.ac.jp

펴 낸 곳 온누리디앤피
주 소 제주특별자치도 제주시 신성로12길 21-2
전 화 064.722.0086
전 송 064.755.3380
등 록 제51호 (1995년 8월 31일)

ISBN 978-89-94495-47-7

값 22,000원

이 도서의 국립중앙도서관 출판예정도서목록(CIP)은 서지정보유통지원시스템 홈페이지(http://seoji.nl.go.kr)와 국가자료공동목록시스템(http://www.nl.go.kr/kolisnet)에서 이용하실 수 있습니다.
(CIP제어번호: CIP2016027632)

※이 책의 출판비 일부는 제주학연구센터의 지원을 받았습니다.